新时代流通产业
高质量发展研究

冉净斐　著

中国商业出版社

图书在版编目(CIP)数据

新时代流通产业高质量发展研究 / 冉净斐著．--北京：中国商业出版社，2019.5

ISBN 978-7-5208-0751-7

Ⅰ．①新…　Ⅱ．①冉…　Ⅲ．①流通产业－产业发展－研究－中国　Ⅳ．①F724

中国版本图书馆 CIP 数据核字(2019)第 084878 号

责任编辑：袁娜

中国商业出版社出版发行
010－63180647　www.c-cbook.com
（100053　北京广安门内报国寺 1 号）
新华书店经销
北京亚吉飞数码科技有限公司

* * * * *

787 毫米×1092 毫米　16 开　17.5 印张　227 千字
2019 年 7 月第 1 版　2024 年 9 月第 2 次印刷
定价：65.00 元

* * * *

前言

流通产业的发展是社会分工不断加深的必然结果。随着国际分工逐步深化、经济一体化步伐加快，流通产业依托遍布全球的商品流通网络，正在对全球制造和全球消费网络进行重构。以沃尔玛、家乐福等跨国零售企业为代表的流通产业，正以前所未有的能量对全球经济产生重要影响。在某种程度上，正是由于流通的引导，全球化才得以顺利发展。

改革开放40余年来，中国流通产业得到了长足发展。流通产业在国民经济中的地位不断提升，对国民经济发展的贡献逐步增强，在税收缴纳、吸纳就业、引导生产、促进消费等多方面发挥着重要作用。流通产业已经成为中国国民经济中的基础性和先导性产业。

在中国经济发展方式转变的关键时期，流通产业作为服务业的重要组成部分，将在中国经济发展方式转变中继续发挥重要作用。流通产业是国民经济中不可忽视的重要产业，是中国国内生产总值的重要贡献者，同时在吸纳社会就业上发挥着重要的作用。2016年，我国批发零售业生产总值71 113.4亿元，占国内生产总值的9.6%，行业对国内生产总值增长的拉动为0.6%。2016年我国批发零售业的企业数量达到了193 371家，年末从业人数实现1 193.6万人。[①] 2017年，全年吸收外商直接投资新设立企业35 652家，其中批发零售业的企业为12 283家，占整体新设立企业数量的34.45%；批发零售业实际使用外

---

① 2017年中国统计年鉴［EB/OL］.http：//www.stats.gov.cn/tjsj/ndsj/2017/indexch.htm.

商直接投资金额 770 亿元。[①] 从这些统计数据中可以看出，我国流通产业目前已经取得了巨大的进步和发展。同时，随着电子商务的发展，我国流通产业迎来了全新的发展契机，在这样的时代背景下我们有必要对流通产业的理论与实践进行研究。

本书针对流通产业的理论和实践发展进行分析研究，共分为九章。第一章总体上对流通产业的基本概念进行梳理，介绍流通产业的类型、特点、地位、职能以及发展趋势；第二章针对流通产业结构进行阐述，在阐明流通产业结构基础概念的基础上探讨流通产业结构的优化；第三章为流通产业业态及其创新研究，主要研究零售业态和批发业态的相关内容；第四章探讨流通产业安全问题，这是直接关系流通产业生存和发展的重要问题，研究的主要内容包括流通产业安全度测算和流通产业安全的影响因素；第五章分析流通产业的技术装备，以此为以后发展流通产业利用后发效应、赶超先行流通产业技术装备水平提供有效的着力点；第六章的内容为流通产业发展评价指标体系，对流通产业发展现状进行评价，并针对其统计数据提出改善对策；第七章将流通产业与居民消费联系在一起进行分析探讨，主要研究流通产业对居民消费的影响因素和调控路径等；第八章分析了我国的流通产业政策，分别对我国流通产业的竞争政策、布局政策和技术政策进行分析；第九章则根据我国流通产业的实际情况，探讨了其未来发展趋势，研究全球化、信息化、工业化和城镇化背景下，我国流通产业的未来发展。

本书从总体上分析了我国流通产业的发展现状及相关问题，一方面吸收前人的研究成果，对基础理论进行阐述，以此为更深入地探讨奠定基础；另一方面充分结合目前的发展形势，强调研究的创新性和时代性。第一，本书有完整的研究体系。本书在内容上形成了较为完整的理论体系，不仅从理论角度阐述了流通产业，同时还结合实践，形成了理论联系实践的完整研

---

① 中华人民共和国 2017 年国民经济和社会发展统计公报［EB/OL］. http: //www. stats. gov. cn/tjsj/zxfb/201802/t20180228_1585631. html.

究体系。第二，本书有突出的亮点。本书第九章对流通产业的未来发展进行展望，充分考虑在全球化、信息化、工业化和城镇化的背景下，我国流通产业的发展形势，这充分结合了流通产业基础理论、发展现状和国内国际形势，保证了本书具有时代特征，是在符合时代发展要求的情况下对流通产业进行探讨和分析。

本书在撰写过程中，作者参考了相关专家、学者的著作，从中获得了许多有益的成果、见解，谨致以诚挚的谢意。由于作者水平有限，书中难免有不足之处，敬请同行专家、学者和广大读者批评指正。

冉净斐

2018 年 12 月

目 录

第一章　产业与流通产业

产业是社会分工产生的必然结果，流通产业则是产业的组成部分。[①] 习近平总书记在党的十九大报告中指出："必须坚持质量第一、效益优先，以供给侧结构性改革为主线，推动经济发展质量变革、效率变革、动力变革"。[②] 流通产业在国民经济中占有重要的地位，因此深化供给侧结构性改革就必须加强对流通产业改革和发展的重视。

第一节　产业及其分类

一、产业的概念

产业是社会分工的结果，由于承担的社会职能不同会产生不同的产业，产业会随着社会分工而产生和发展。简单而言，产业指的是国民经济各行各业，从生产到流通、服务以至于文化、教育等大至部门、小至行业都可以称为产业，它是介于微观经济细胞（企业和家庭消费）与宏观经济单位（国民经济）

---

① 洪涛．"十二五"中国特色流通体系及其战略研究［J］．商场现代化，2011（24）：13－17.

② 习近平在中国共产党第十九次全国代表大会上的报告［EB/OL］．http：//cpc. people. com. cn/n1/2017/1028/c64094－29613660. html.

之间的具有某种同一属性的经济活动的“集合”。[①] 有一部分学者认为产业的本质是一种中观经济，是具有某种同类属性的企业经济活动的集合；一个产业可以由多家企业甚至一两家企业（如在单独垄断与双头垄断的市场条件下）的同类经济活动组成；还有学者认为，产业是指国民经济中产品和劳务的生产经营具有某些相同特征的企业或单位及其活动的集合和系统，它是由微观企业的集合构成的，是国民经济的重要组成部分。

因为产业随着社会分工而产生，是社会分工的结果，因此随着社会生产力的不断提高，产业的内涵也会不断丰富和充实，产业外延会不断扩大。纵观人类发展史，随着社会分工和生产工具的逐步改进，农业逐渐从人类狩猎和采集活动中分离出来，农业的产生，可谓开辟了一个崭新的时代，贝尔纳把它称为“一个新进步等级”，托夫勒则将其称为“第一次浪潮”。之后人类社会迎来了生产工具的不断进步和生产力水平的不断提高，人类社会相继经历了三次社会大分工，此后，畜牧业、手工业和商业等部门也随之形成，并与农业并存。[②] 商业的出现并独立化，对人类社会的发展产生了巨大的影响，使得竞争的内容也随之发生了改变，正如马克思所描述的，“竞争不是工业竞赛而是商业竞赛……工业竞赛只是为了商业而存在”[③]。恩格斯对此也提出了自己的见解，他认为商业的产生吞并了工业，“因而变得无所不能，变成了人类的纽带；人与人之间的一切关系（个人的或国家的），都被归结为商业关系”[④]。

二、产业形成的条件

从行业发展到产业需要一定的条件，主要包括以下四个方

① 郭万达等．现代产业经济辞典［M］．北京：中信出版社，1991，第15页．

② 王锦良．流通产业对经济发展的影响研究［D］．哈尔滨商业大学，2012.

③ 马克思恩格斯全集（第4卷）［C］．北京：人民出版社，1958，第173页．

④ 马克思恩格斯全集（第1卷）［C］．北京：人民出版社，1956，第674页．

面的条件：第一，存在使用相同资源生产相同产品和服务的社会组织；第二，这些社会组织的活动主要是生产和经营等经济活动；第三，这些组织要形成一定的群体，组织的经济活动形成一定的规模；第四，这些群体的经济活动对国民经济有所贡献。①

也就是说，只有当组织发展到一定程度后才会形成行业，而当某个行业发展到一定程度后才会形成产业，发展流程如图1-1 所示。

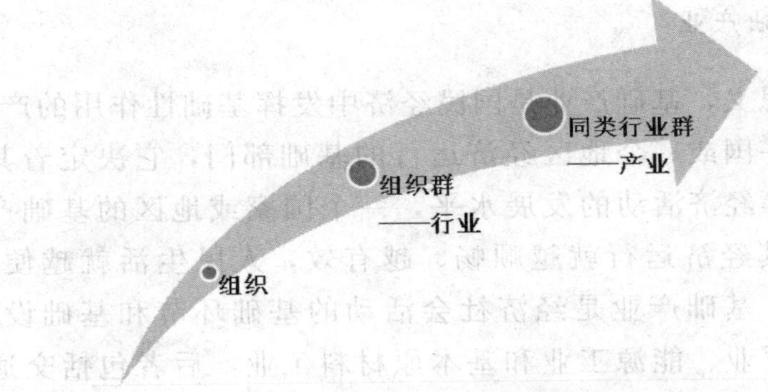

图 1-1　产业形成的过程②

三、产业的类型

（一）按国民经济三次产业进行划分

按照这种方式可以将产业划分为三类：第一产业、第二产业、第三产业，也就是所谓的三大产业。

第一产业是指农、林、牧、渔业。第二产业是指采矿业，制造业，电力、燃气及水的生产和供应业，建筑业。第三产业是指除第一产业、第二产业以外的其他行业。第三产业包括交

---

① 洪涛．“十二五”中国特色流通体系及其战略研究［J］．商场现代化，2011（24）：13－17.

② 洪涛．流通产业经济学［M］．北京：中国人民大学出版社，2014，第 2 页．

通运输、仓储和邮政业，信息传输、计算机服务和软件业，批发和零售业，住宿和餐饮业，金融业，房地产业，租赁和商务服务业，科学研究、技术服务和地质勘查业，水利、环境和公共设施管理业，居民服务和其他服务业，教育、卫生、社会保障和社会福利业，文化、体育和娱乐业，公共管理和社会组织，国际组织。

（二）按产业在国民经济中的地位和作用进行划分

1. 基础产业

顾名思义，基础产业是国民经济中发挥基础性作用的产业，是指支撑一国或一个地区经济运行的基础部门，它决定着其他产业部门等经济活动的发展水平，一个国家或地区的基础产业越发达，其经济运行就越顺畅、越有效，人民生活就越便利。一般而言，基础产业是经济社会活动的基础环节和基础设施，前者如流通业、能源工业和基本原材料工业，后者包括交通运输、邮电通信、港口、机场、桥梁等公共设施。①

随着社会发展，高新技术产业成为热门产业。科创对我们的未来非常重要，但不要忘记所谓的传统产业和基础行业的重要；颠覆性创新和核心技术当然重要，但不要忘记改良式创新以及把普通但刚需的事情做到更好甚至机智的重要；对创业投资者来说，坐在风口上几年创收实现几亿几十亿几百亿当然好了，但能够静心下来在风口之外找个城墙口，用几十年持续精进做好它，做出一个可持续创造价值的事情也很重要。也就是说，其他产业的发展是以基础产业为本的，因此必须始终将基础产业的发展放在重要位置上。②

---

① 黄薇．外国直接投资对我国第二产业增长与结构优化的影响［D］．重庆大学，2007.

② 华为腾讯阿里很重要，茅台酱油和醋呢［EB/OL］．https：//baijiahao. baidu. com/s? id=1636415148772089063&wfr=spider&for=pc.

2. 支柱产业

支柱产业是构成一个国家或地区产业体系的主体，在国民经济中占有较大的比重，同时支柱产业的资源和产品市场也相对比较广泛且稳定，是国民收入的主要创造主体，也正因如此才被称为国民经济的支柱。一般支柱产业是指在一个国家或区域的 GDP 结构中占 6%以上的行业或部门。

3. 主导产业

主导产业是指在经济发展过程中，或在工业化的不同阶段上出现的一些影响全局的、在国民经济中居于主导地位的产业部门。这些产业部门因其利用新技术方面的特殊能力而具有很高的增长率，且在整个国民经济发展中具有较强的前后关联性，因此，这些产业部门的发展能够波及国民经济的其他产业部门，从而带动整个经济的高速增长。主导产业是指在产业发展中处于技术领先地位的产业，它代表了产业结构演变的基本方向或趋势。①

（三）按产业在成长阶段所处位置的性质进行分类

1. 朝阳产业

朝阳产业也可以叫作新兴产业，是指由技术创新带动企业发展的产业，这类产业正处于上升阶段，具有十分广阔的市场前景和强大的生命力。朝阳产业象征着一个国家或地区的未来发展趋势，在一定条件下可演变为主导产业甚至支柱产业。朝阳产业是市场需求正快速增长的、代表了未来几十年潮流的行业，一般指在第二次世界大战之后迅速发展起来的高新技术产业，如电子产业、信息产业、原子能产业、宇航产业等。朝阳

① 黄薇．外国直接投资对我国第二产业增长与结构优化的影响［D］．重庆大学，2007.

产业的特点是：技术知识密集程度高；能源、原材料消耗量小，附加价值大；环境污染较轻等。冠以“朝阳”主要意指该产业的发展前途广、发展潜力大。

一提到朝阳产业，大多数人想到的都是高新科技产业，认为石油化工这样的产业并不属于朝阳产业。马永生院士对此指出，中国的石油石化是朝阳产业不是夕阳产业，目前已找到的石油和天然气仅占我国资源总量的30%和15%，仍有大量资源待发现。①

2. 夕阳产业

夕阳产业又可以称作衰退产业、传统产业，是与朝阳产业相对的概念，夕阳产业是指那些产品技术已经成熟，难以进行产业创新，市场不断趋于饱和，产业产品具有严重的同质性，市场竞争激烈且利润很低的产业。如第二次世界大战后纺织、钢铁、造船等日趋衰落的产业，其产业特点表现为能源、原材料的消耗较大；劳动和资本使用较为密集，环境污染较严重；且生产设备老化，技术构成和生产效率低下等。因此，在发达国家，他们原先在整个经济中的优势地位渐趋衰减。托夫勒（Alvin Toffler）1980年在《第三次浪潮》（The Third Wave）中，谈到工业文明犹如夕阳西沉，此后，在对高技术产业的憧憬中把一系列传统产业称为“夕阳产业”，认为这些产业会趋于消亡。

但需要注意的是，夕阳产业是一个相对概念，如IBM认为PC产业利润低且会占用大量资金，甚至可能带来亏损，于是将PC业务出让给联想，转而将资金投向笔记本、服务器和电子商务解决方案等项目中，提高投资利润率。更典型的例子是胶卷行业，因为数码相机的普及，使用胶卷的人越来越少了。

① 马永生院士：石油石化是朝阳产业，仍有大量油气资源待发现［EB/OL］. https：//baijiahao. baidu. com/s? id=1636047252561037380&wfr=spider&for=pc.

（四）按产业的上、中、下游关系进行划分

按照这种方式可以将产业划分为上游产业、中游产业、下游产业三类。上游产业是指中间产品供给型基础产业；中游产业是指中间产品供给型产业；下游产业是指最终产品供给型产业。按供求关系分类，可分为向前产业，即提供以供给为需要的产品的产业；向后产业，即提供以需求为需要的产品的产业。按时间序列分类，可分为前工业产业、工业产业、后工业产业等。

从具体产业来说，每个产业都有其自身的上中下产业链条，我们可以以当前在世界引起瞩目的5G产业来说。2019年将开始进入5G的建设时期，基站天线、射频模块、光模块等关键器件最先受益；受益最大的主设备板块将晚于前面三块半年时间建设，最后会进入各垂直行业应用与融合发展。网络规划运维和光纤光缆将贯穿于5G建设的整个过程。5G产业链上游为通信基站，这是最先受益的板块，也是本轮5G上涨的主线；基础硬件建好了，中游就是网络规划设计、运维工程了；下游则是5G的应用场景。未来的新兴产业，无论是人工智能、物联网，都需要大量的数据传输工作，大数据是数据之根，云计算是数据的仓库，5G就是数据的运输工具，所以5G的应用将无处不在。①

（五）按多维角度对服务产业进行划分

按照发展水平，可以将服务产业划分为传统服务业和现代服务业（图1-2）；按照不同的服务对象进行划分，可以将服务业划分为生产性服务业、消费性服务业、公共服务业（图1-3）②；按

① 2019将进入5G建设时期，上中下游产业链梳理！［EB/OL］. http：//t. 10jqka. com. cn/pid _ 100706602. shtml.

② 杨兴柱，王群．皖南国际文化旅游示范区服务业集聚特征及成因［J］．安徽师范大学学报（自然科学版），2018，41（02）：161—169.

照服务提供者的目的进行划分，可划分为市场型服务业和非市场型服务业（图 1-4）；按照市场结构进行划分，可以将服务业划分为竞争性服务业、垄断性服务业等（图 1-5）。

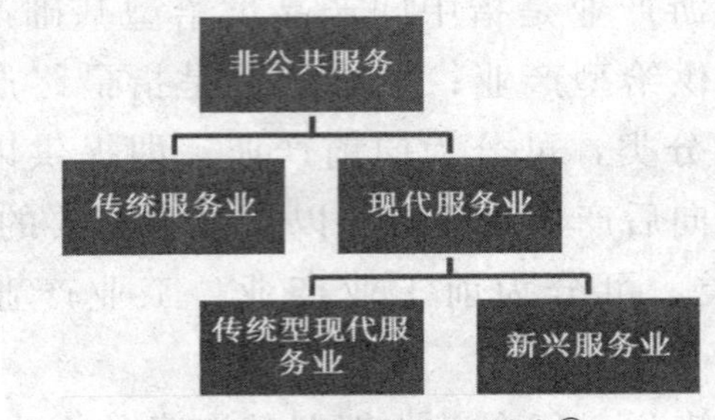

图 1-2　按发展水平划分①

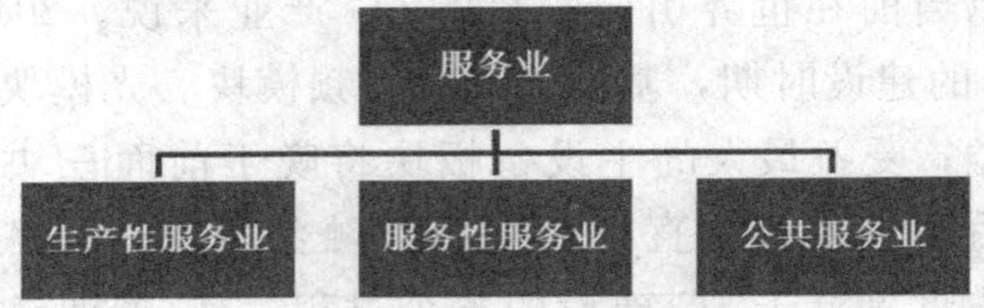

图 1-3　按服务对象划分②

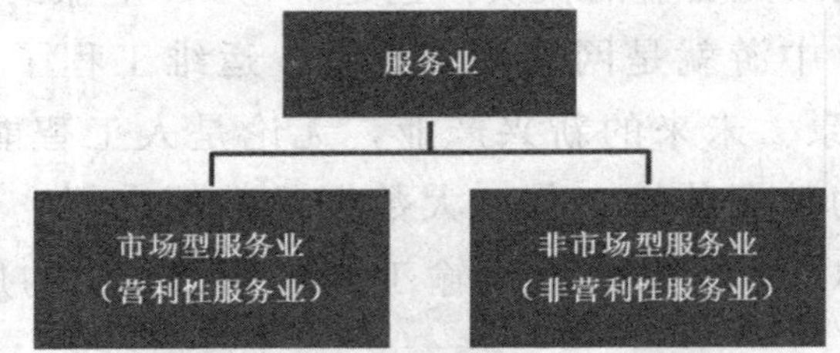

图 1-4　按服务提供者的目的划分③

---

① 杨兴柱，王群．皖南国际文化旅游示范区服务业集聚特征及成因［J］．安徽师范大学学报（自然科学版），2018，41（02）：161－169.

② 洪涛．流通产业经济学［M］．北京：中国人民大学出版社，2014，第 2－5 页．

③ 洪涛．流通产业经济学［M］．北京：中国人民大学出版社，2014，第 2－5 页．

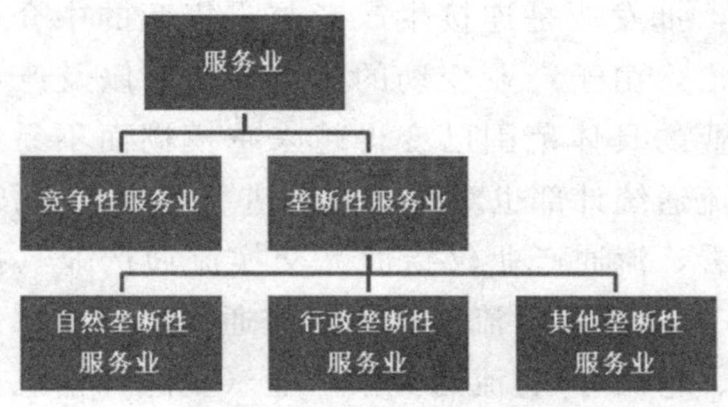

图 1-5　按市场结构划分①

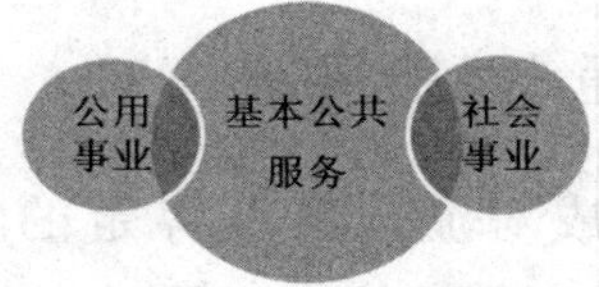

图 1-6　按公共服务划分②

第二节　流通产业及其特点

一、流通产业的概念

（一）国外对流通产业的界定

辛格曼（1978）从服务角度界定了流通部门，他认为从本质上来看，流通部门与批发和零售业、交通和仓储业以及其他销售服务相似；Nishimura（1993）在运用产业关联表的基础上比较了美国和日本的流通系统，通过研究比较，他指出流通产业包括批发业、零售业及运输业等相关行业；OECD（1997）认为，流通产业主要包括批发业及零售业，其中零售业是面对消

① 洪涛．流通产业经济学［M］．北京：中国人民大学出版社，2014，第2—5页．

② 洪涛．流通产业经济学［M］．北京：中国人民大学出版社，2014，第2—5页．

费者的终端，批发业是连接生产者与零售商的中介机构，但其也进一步指出，由于产业变动的速度加快，以及产业的不断融合，流通产业的具体范围已变得越来越模糊而不易区分；日本统计审议会流通统计部也对流通产业进行了界定，按照其观点，从狭义上来看，流通产业仅指商品交换流通产业（批发业和零售业）；从广义上来看，流通产业由流通专门产业（批发业、零售业、运输、仓储等）、流通关联产业（金融和信息）和流通周边产业（服务流通产业）三部分组成。[①]

（二）国内对流通产业的界定

我国目前没有形成对流通产业界定的统一意见，不同学者对流通产业有自己的看法。林文益（1995）认为，一切包含在流通领域内的产业部门均属于流通产业，这主要包括商业、物质贸易业、仓储业、邮电通信业、金融业和保险业等部门[②]。张绪昌和丁俊发（1995）认为，流通产业具体包括流通加工业、流通配送业、流通批发业、流通零售业、流通运输业、流通包装业、流通信息业、流通仓储业、流通科技业以及其他相关的行业，相对应于我国《国民经济行业分类》中第三产业内的第一层次——交通运输业、邮电通信业、商业餐饮业、物资供销和仓储业。[③] 张声书（1999）则认为，流通产业是指从事商品流通活动的经济群体或部门，在市场经济中流通产业为主导性产业，同时流通产业也是第三产业最重要的组成部分之一。按照不同的方式可以将商品流通划分为不同业种，按商品流通业种划分，包括生产资料流通和生活资料流通；按业态划分，包括百货店、超级市场、连锁店、仓库式商店等；按阶段划分，有批发业与零售业；按地域范围划分，有内贸和外贸等。在经济

① 王锦良．流通产业对经济发展的影响研究［D］．哈尔滨商业大学，2012.

② 林文益．贸易经济学［M］．北京：中国财政经济出版社，1995，第11—13页．

③ 张绪昌，丁俊发．流通经济学［M］．北京：人民出版社，1995，第329—332页．

现实中，其同归于《国民经济行业分类与代码》中的H门类“批发和零售贸易、餐饮业”和G门类“交通运输、仓储及邮电通信业”。[①] 乔均（2000）认为，可以将流通产业划分为一般性商业和专门为商业服务的行业，前者是流通产业的主体，后者则是流通产业的外延，一般性商业是指批发业、零售业、饮食业和外贸业等行业，专门为商业服务的行业是指物资供销业、仓储业、运输业、包装业等行业，一般性商业和专门为商业服务的行业共同构成流通产业的产业体系，但不包括邮电通信、金融、保险等行业。[②] 马龙龙（2006）指出，交易流通和物流业共同构成了流通产业，具体包括专门从事商流媒介的批发业、零售业，以及从事物流服务的运输、仓储业等，但他把餐饮服务业、资金与信息流通，以及劳动、自然土地等生产要素的流转排除在流通产业范畴之外。[③] 夏春玉（2009）认为，流通产业是指专门以商品流通为经营内容的营利性事业，具体相当于第三产业中的“交通运输业、国内商业、对外贸易、物资供销和仓储业”或者国际标准产业分类中的“批发与零售业、运输及仓储业”。[④] 彭辉（2010）分别从广义角度和狭义角度界定了流通产业，他认为从广义角度来说，流通产业是指商品所有者一切贸易关系的总和，是商流、物流、信息流和资金流的集合，包括批发、零售、物流、餐饮、信息和金融等多个行业；从狭义角度来说，流通产业仅包括三个行业，即批发、零售和物流。[⑤]

可以从以上分析中看出，流通产业是国民经济中的重要部分，对于推动国家和社会的发展而言具有重要意义。2017年以来，商务部在以习近平总书记为核心的党中央坚强领导下，牢

---

① 张声书．流通产业经济学［M］．北京：中国物资出版社，1999，第6—9页．

② 乔均．转型期流通产业发展实证分析及对策研究［J］．经济学动态，2000（10）：18—21．

③ 马龙龙．流通产业组织［M］．北京：清华大学出版社，2006，第3—4页．

④ 夏春．流通概论［M］．大连：东北财经大学出版社，2009，第36页．

⑤ 彭辉．流通经济学［M］．北京：科学出版社，2010，第57页．

固树立四个意识，全面贯彻落实党的十九大精神，深入学习习近平新时代中国特色社会主义思想，着力推动内贸流通改革创新发展，不断提升流通信息化、标准化、集约化、品牌化、绿色化水平，推动流通产业优化升级，为建设流通强国和消费大国作出了积极贡献。[①]

二、流通产业的特点

（一）流通产业作为服务产业的特点

服务产业包括的子产业很多，如教育产业、信息产业、流通产业等，但是这些产业都具有显著区别于生产性产业的特征。流通产业是构成服务产业的主要产业分支，作为服务产业的一部分，自然也同时具有这些经济特性，它们决定了流通产业在技术装备、组织结构、管理手段、经营战略等方面均与生产性产业有所不同。

1. 不可储运性

服务产业的产品不可储存也不可运输，服务产品通常都是生产和消费同时进行的，也就是说服务产品只能在一定的时间和空间内实现消费，否则相应的产品将失去被消费者消费的可能。这一特性决定了服务产业人力资源和设施设备的浪费要比生产性产业严重得多。

而服务产品的不可储存、不可运输性对流通产业而言带来了巨大的经营挑战。对销售效率低下的流通业者而言，虽然商品的使用价值和价值并不会因为未实现销售而出现显著的缩水，但销售人员和流通设施共同提供的服务价值却会遭到浪费，而且这部分浪费是无法通过以后的商品销售来弥补的。正因为如

① 推动流通产业升级 促进扩大消费［EB/OL］. https：//baijiahao. baidu. com/s? id=1588752652947653082&wfr=spider&for=pc.

此，现代流通产业出现了强调峰谷服务供给调节、增加顾客自我服务、推进设施对人员替代的发展趋势。

2. 生产消费不可分性

一般情况下，服务产业的生产和消费是不可分的，也就是说其生产过程和消费过程是在同一时间和空间上存在的，服务产品在被消费时才会创造出来，而在生产的同时就被消费掉（不排除个别生产和消费分别进行的情况，如餐饮服务）。服务产业的这一特性又可衍生出另外三大特性：服务消费的现场性、服务质量的后验性和服务供求的地域性。

流通产业作为服务业也存在生产消费不可分性，也就是指流通服务的生产和消费同样具有时空上的不可分性。为此，流通产业在技术装备、组织结构、管理手段、经营战略等方面同样需要进行必要的适应性调整。针对服务消费的现场性，流通产业必须重视交易环境的优化；针对服务供求的地域性，流通产业必须形成覆盖范围巨大的流通网络，并尽可能地将网点设在便利的区位；针对服务质量的后验性，服务产业必须提升流通设施的先进性，弱化服务人员主观因素对服务质量的干扰，提升消费者的先验性感知质量；针对服务产销不可分性，流通产业可以借助现代信息通信技术（如网络、电视、电话、邮寄等）消除购销双方在时空上的分离。

3. 产品无形性

服务产业劳动是为了创造无形的使用价值，这就导致其为消费者提供的交换价值很大一部分都是无形的，这些交换价值不具有质量和空间感，并不能像其他产品那样进行实物展示，但需要注意的是也有一部分服务产品是有形的，如摄影、理发等。由于服务产品的无形性，人们在接受服务之前，不能通过感官体验它，因而不能直接对服务进行鉴别和选择；人们接受服务后，也只能从感觉上评价它的质量效果，而不能通过横向的对比评价服务质量。

流通产业提供的交易服务、物流服务以及辅助服务在多数情况下也具有无形性特征，与其他服务产业略有不同的只是无形的流通服务主要是围绕着流通中的有形商品而提供的，消费者对流通服务的评价往往是伴随着对流通中的商品的质量、价格、便利性等属性的感知而做出的。正因为如此，现实中流通产业的技术装备、组织结构、管理手段、经营战略等往往都是围绕着优化商品属性和提升服务可感知性而确定的。

（二）流通产业作为网络产业的特点

从理论层面来看，流通产品是从生产领域出发，借助流通产业主体的推动力量以及各种载体，经过一定的集散点和线路向消费领域运动，这些商品流通中经过的集散点和线路就构成了商品的流通网络。商品流通的规模达到一定程度之后，必然要求有一个庞大的商品流通网络，把生产者和消费者联结起来。

从总体上来看，流通产业从某种层面来看驾驭着流通网络，因此可以说流通产业是一种网络型服务产业；从个体来看，越来越普及的连锁经营也正使得越来越多的流通业者具备了网络型产业的经济特性。网络型产业最典型的代表是互联网产业、电信业、航空业等，这些产业特殊的质的规定性体现在其正常的经济活动都建立在一个覆盖范围足够大的网络基础之上，并基于网络而出现了网络外部性，转换成本和锁定，规模经济性，互补性、兼容性和标准等特殊的经济属性。

随着近年来我国社会建设在一定程度上向农村倾斜，充分发挥出流通产业的网络的产业特征成为推动农业和农村经济发展的关键。2019 年 5 月，商务部在推进消费升级工作现场会上指出，为了“深入实施消费升级行动计划，推动消费稳定增长、提质升级，促进形成强大国内市场”，必须“促进乡村消费，深化电子商务进农村综合示范，进一步完善农村流通网络，促进工业品下行和农产品上行双向流通”，必须“创新流通方式，加快推动商品交易市场发展平台经济，深入开展城乡高效配送专项行动，加快现代供应链创新发展”。[①]

1. 互补性、兼容性与标准

在网络产业中，一些商品想要发挥自身价值就必须与其他产品一起消费，这是其发挥作用的前提，与网络兼容的计算机软硬件等产品就是如此，具有这类特征的产品就称为互补性产品或服务。在消费者成套购买互补性产品或服务的倾向的驱动下，跟随厂商不得不根据领导厂商的产品和服务来开发自己的产品和服务，使之与领导产品相兼容从而得到市场的认可。由此便出现了领导厂商通过设定行业标准而控制整个产业发展走向的趋势。

流通产业也具有比较显著的互补性、兼容性。国际零售巨头沃尔玛公司与IBM公司合作，将自己数千家全球供货商纳入到了以互联网为基础的标准化体系当中，新系统改善并标准化了沃尔玛与供货商之间采购订单、商品定制、发票、出货通知等数据交换方式，并用通用信息网络替代了专用信息网络，大幅度削减了信息系统支出。[②] 而我国流通产业不仅信息技术和装备水平低下，而且缺乏统一规范：一方面广大批零企业与供货商采用的管理信息系统相互封闭、互不兼容，无法进行有效的电子数据交换；另一方面广大供货商与物流企业采用的包装、运输标准不统一，造成了分拣、包装和运输中的种种不便。

2. 规模经济效益

生产型企业想在传统的产业经济格局下赢取利益，就必须依靠供给方规模经济，这是指企业通过不断增加自身规模，而实现降低边际成本和单位成本的目标，从而利用自身具有的成

① 商务部：促进乡村消费进一步完善农村流通网络［EB/OL］. https：//baijiahao. baidu. com/s? id=1633137380413369163&wfr=spider&for=pc.

② 聂凯. 农村流通产业组织优化研究［D］. 湖南大学，2008.

本优势占领市场，排挤对手。但对于网络产业情况则有所变化。网络产业的核心竞争优势并非源自大量提供产品，而是源自数量巨大、范围广泛的用户。从某种意义上来讲，这种规模经济性可以称为需求方规模经济。

网络产业需要凭借投资规模巨大的网络设施或技术研发向消费者提供相应的产品和服务，这就形成了需求方规模经济效应，成本构成中大部分为固定成本，只有很小一部分为变动成本，这部分成本几乎可以忽略不计，所以只有需求规模扩大才能有效摊薄巨大的固定成本，形成成本优势。

流通产业也具有类似的经济特性。比如在零售网点数量和密集度较低的情况下，设置物流中心、配备先进的管理信息系统等都是不经济的；再如随着顾客数量增加，电子商城的边际收益呈递增趋势。另外，对流通产业而言，随着需求数量的增加，流通业者对上游供货商的谈判能力也将不断提升，作为可变成本的采购成本也将出现下降的趋势。可以说，流通产业需求方的规模经济效应是双重的。

可以以家电制造业为例，当前我国现代流通发育并不成熟，制造与流通正处在一个痛苦的磨合期，而这个磨合期实际上延缓了整个产业的调整过程，制造能力受到限制。在海外，发达国家的现代流通渠道都非常成熟，问题只有一个那就是怎样快速进入，但是，如果以租借品牌的方式进入的话，我们整个制造业的脖子还是攥在别人手里，这对中国的制造业来说是不安全的，在流通导向的全球产业环境中不自己掌握流通环节的产业就像是一个人在玩单腿站立，因此建设并不断完善流通产业是时代发展的必然选择，是帮助其他产业借助自身力量发挥规模效应的重要基础。①

① 三座大山挡路中国家电未来发展［EB/OL］. http：//www. emkt. com. cn/article/240/24080. html.

3. 转换成本与锁定

转换成本会随着消费者使用网络的转换而形成，也就是说，当消费者从某种网络产品或服务转向其他网络时就会产生一定的转换成本，因此，他们不愿意变更自己原来所处的网络。在这种情况下，用户可以说被“锁定”了。显然，锁定程度可以由转换成本来度量。而影响锁定程度的转换成本有以下几种。

（1）忠诚度成本。一旦顾客对某种网络型产品建立了忠诚度，就不愿再转换交易对象，否则需要克服一定程度的心理障碍。

（2）搜寻成本。寻找、了解新的网络型产品并形成购买决策总是需要一定成本的。

（3）学习成本。当用户只有通过学习才能熟悉某种网络型产品的使用方法时，那么学习新的网络型产品使用方法的成本就构成了转换成本。

（4）合约成本。被网络使用合约锁定的用户的转换成本等于违约方支付的赔偿。

转换成本会直接影响流通产业的经营战略。一方面，流通业者通过各种技术和管理手段提高老顾客的转换成本以锁定顾客是提高交易稳定性和降低交易成本的必要举措；另一方面，通过技术和营销手段降低潜在顾客的转换成本以解除竞争对手对潜在顾客的锁定是拓展市场份额和扩大交易规模的有效策略。

4. 网络外部性

网络外部性是指随着新增消费者进行消费产生的正向外部效应，也就是指在产品的消费数量不变的前提下，消费者增多、网络扩大因素为用户带来的相应收益。由于新增加的节点和新延伸的覆盖范围都会成为原有网络的一部分，所以，整个网络都将因网络规模的扩大而受益；并且网络规模越大，外部经济性就越明显；另外，当网络规模超过一定数值时，外部经济性还会迅速增大。①

根据外部性的来源，可以把它分为两类：直接外部性和间接外部性。网络的直接外部性是指基于网络范围扩大对网内用户之间直接联系的强化而产生的外部性②；网络的间接外部性是指基于网络规模扩大对整个市场结构造成的影响而产生的外部性。

对流通产业来说，其网络体系同时存在直接外部性和间接外部性。在C2C电子商务体系中，交易用户的增加，一方面拓展了商品品种和数量；另一方面引入了多样化的需求，从而提高了整个商务体系交易成功的可能性；对连锁经营的商业企业而言，网点数量的增加和网点覆盖范围的拓展，有助于企业均衡实现规模经济和范围经济，从而降低采购成本和交易成本，为消费者提供更为低价高质的商品。

第三节　流通产业的地位与职能

一、流通产业的战略地位

（一）流通产业可以推动经济结构的优化转型

随着时代进步，现代流通产业成为在人类生产生活中起到重要作用的产业，是满足人们消费需求的产物，是有效连接社会生产与社会消费的重要桥梁，是促进经济发展的基础，更是推动社会劳动力向第三产业转移的重要渠道。现代流通产业是第三产业的重要组成部分，也是现代服务业的核心，现代流通

① 孙唯．互联网对我国对外贸易流量的影响及区域差异［D］．华中科技大学，2011.

② 王旭海．不同业务的双边市场平台博弈研究［D］．云南大学，2013.

产业发展的水平直接决定了现代社会经济的服务化水平，是衡量现代经济社会发达程度的重要指标。根据产业结构的演进规律，产业结构会沿着以第一产业为主导到第二产业主导再到第三产业主导的方向发展，而在第三产业内部，产业结构也会沿着传统服务业到多元服务业再到现代服务业方向发展，作为第三产业的支柱产业，现代流通业的发展速度也会越来越快。现阶段，我国三次产业结构的优化正在逐渐进行，与改革开放前相比，第一产业明显下降，第二产业有所提高，第三产业快速发展，因此三次产业结构正朝着服务型现代经济发展方向转变。这其中现代流通产业的发展对促进第三产业发展，进而对优化我国三次产业结构起着重要的影响。

另外，城乡流通多业态并存、渠道日益通畅，促进消费增长明显。中国流通业态日益丰富。在中国农村，集市依旧存在。以消费为起点的现代流通，催生了许多新型流通业态。新零售、无人超市、无人机配送、VR 应用场景等流通新模式、新业态不断涌现。“互联网＋流通”战略的实施，促进网络零售额增长的效果十分显著。随着农村电商的快速发展，农村网店数不断增长，带动就业人数一路飙升。2017 年农村网店达到 985.6 万家，同比增长 20.7％，带动就业人数超过 2 800 万人。①

（二）流通产业可以拉动经济的稳定增长

流通产业是第三产业中的主要服务部门，其一直对第三产业的发展提供重要的力量，对第三产业增加值的贡献率一直维持在 30％以上，而随着第三产业在国内生产总值中所占比重越来越大，流通产业对国内生产总值的贡献也越来越大。从表 1-1 中可以看出，我国第三产业在国内生产总值中所占的比重逐渐

---

① 发展方式相对粗放我国流通产业亟待优化［EB/OL］．http：//news. hexun. com/2018－11－28/195341976. html.

增加，从 2006 年的 41.8%已经上升至 2016 年的 51.6%。[①] 虽然流通产业在第三产业中的比重有所下降，但从整体上来看，流通产业在国内生产总值中的比重并没有下降，始终是国民经济发展的重要组成部分。

表 1-1　国内生产总值及其构成[②]

年份	国内生产总值（亿元）	第一产业比重（%）	第二产业比重（%）	第三产业比重（%）
2006	219 438.5	10.6	47.6	41.8
2007	270 232.3	10.3	46.9	42.9
2008	319 515.5	10.3	46.9	42.8
2009	349 081.4	9.8	45.9	44.3
2010	413 030.3	9.5	46.4	44.1
2011	489 300.6	9.4	46.4	44.2
2012	540 367.4	9.4	45.3	45.3
2013	595 244.4	9.3	44.0	46.7
2014	689 052.1	9.1	43.1	47.8
2015	689 052.1	8.8	40.9	50.2
2016	744 127.2	8.6	39.8	51.6

（三）流通产业可以促进社会就业的扩大

随着我国就业人口的不断增加，就业市场竞争越来越激烈，同时还面临农村剩余劳动力转移的问题需要解决，导致就业成为我国发展需要解决的一个严峻问题。从根本上来说，就业问题是关系国计民生的重大政治经济问题，构建和谐社会离不开充分就业状态下的稳定增长。根据克拉克定理，当经济发展与

① 中国统计年鉴 2017［EB/OL］. http://www.stats.gov.cn/tjsj/ndsj/2017/indexch.htm.

② 中国统计年鉴 2017［EB/OL］. http://www.stats.gov.cn/tjsj/ndsj/2017/indexch.htm.

人均收入达到一定水平时，就会出现劳动力从第一产业向第二产业、第三产业转移，服务业日益成为社会就业的主渠道。目前发达国家的服务就业已经达到70%；但是从统计年鉴中可以看出，我国2016年的三次产业比例为8.6∶39.8∶51.6，和发达国家相比还存在一定的差距，还需要继续大力发展第三产业。大力发展服务业成为解决中国未来就业问题的主要途径。流通产业由于门槛低、发展快、劳动密集，成为社会就业的重要渠道。从统计数据可以看出，2016年城镇单位就业人数中，流通产业就业人数达到1 724.5万人，占城镇单位就业人口总数的9.64%，如表1-2所示。同时，在私营企业和个体就业人数中，流通产业就业人数达到9 190万人，占全国私营企业和个体就业人数的44.37%，可以看出流通产业部门是整个国民经济中就业比重最大的部门。①

表1-2 按行业分城镇单位就业人员数（年底数）②

年份	合计（万人）	批发和零售业（万人）	交通运输、仓储和邮政业（万人）
2006	11 713.2	515.7	612.7
2007	12 024.4	506.9	623.1
2008	12 192.5	514.4	627.3
2009	12 573.0	520.8	634.4
2010	13 051.5	535.1	631.1
2011	14 413.3	647.5	662.8
2012	15 236.4	711.8	667.5
2013	18 108.4	890.8	846.2

① 中国统计年鉴2017［EB/OL］. http://www.stats.gov.cn/tjsj/ndsj/2017/indexch.htm.

② 中国统计年鉴2017［EB/OL］. http://www.stats.gov.cn/tjsj/ndsj/2017/indexch.htm.

续表

年份	合计（万人）	批发和零售业（万人）	交通运输、仓储和邮政业（万人）
2014	18 277.8	888.6	861.4
2015	18 062.5	883.3	854.4
2016	17 888.1	875.0	849.5

随着中国流通业主体多元化发展，就业带动功能日益增强。流通领域法人企业数量大幅增加。到 2017 年底，限额以上批发零售业法人企业单位数为 5 903 家。其中批发企业 4 018 家，零售企业 1 885 家。2018 年 9 月底，中国限额以上批发零售业法人企业单位数为 6 372 家。批发企业 4 422 家，零售企业 1 950 家。内资、港澳台和外资多元化投资主体结构已经形成。港澳台商、外商中的独资法人企业数增加非常明显。2017 年底，内资企业 5 408 家，港澳台商投资企业 184 家，外商投资企业 311 家。2018 年 9 月底，内资企业 5 849 家，港澳台商投资企业 196 家，外商投资企业 327 家。流通业的发展带动就业增长，2017 年底中国限额以上批发零售企业就业人数为 677 672 人。2018 年 9 月底，中国限额以上批发零售企业就业人数为679 957人。①

随着社会的发展，很多产业为人们提供了全新的就业机会，而流通产业在就业上占有很大比重是具有一定原因的，具体来说，流通产业相较于其他产业具有以下几项显著优势。

1. 就业成本低

随着工业化的推进，制造业的资本流动比例迅速上升，资本对劳动力的吸纳能力减弱，使得工业增长的就业效应越来越小。而流通产业的就业弹性大，平均每百万元投资带来的就业人数远高于制造业的水平。

① 发展方式相对粗放我国流通产业亟待优化［EB/OL］. http://news.hexun.com/2018－11－28/195341976.html.

2. 就业层次多

与其他产业相比较而言，流通产业具有多层次性和高差异性的特点，即现代化的大型连锁商业与大量分散的、小规模的个体工商户并存，城市中心的高端零售店铺与社区的夫妻店并存。相应地，流通产业对从业人员的需求就同样具有层次性，既可以为具有专业技能和经验丰富的高层次人才创造就业机会，也可以为那些经过短期培训、不具备技术专长的人员提供就业机会。总体上，流通产业的就业门槛较低，就业形式灵活。

3. 就业潜力大

流通产业属于劳动密集型产业，满足消费者的多种产品与服务需求，提供具有人性化的直接服务，多数要依靠人力完成。而社会经济越发展，流通产业对从业人员需求越大。当代中国城市化的进程快速推进，对流通产业的发展需求旺盛，流通产业就业效应明显。

二、流通产业的职能

流通产业的职能是流通产业经济组织在一定的环境和过程中产生的客观的、内在的、本质的功能，包括流通产业的基本职能、重要职能与派生职能。

（一）基本职能

现代流通产业随着社会发展而形成和发展，现代流通产业包含的内容十分广泛，如批发业、零售业、餐饮业、家庭物业、会展业、交通运输业、仓储业和邮政业等均属于现代物流产业。基于这些具体行业，流通产业的最基本职能是交换职能，又叫最古老、最主要的职能，流通产业的交换职能是通过商品买卖活动实现商品的价值，转移商品的使用价值。

（二）重要职能

1. 信息职能

流通产业通过发挥其信息职能引导生产和引导消费，其信息的传导可以使生产按市场需求来进行，按订单进行生产或者实现“精准性生产和供货”，如JIT，其信息的传导可以使消费者按信息来搜寻自己所需要的产品和服务。在市场经济的条件下，更多的是通过价格载体来表现商品的信息，实现信息的传递过程，即通过我们经常所讲的“无形的手”的作用来引导生产和消费。①

2. 调节职能

流通产业通过发挥其调节职能促进商品生产和消费在时间和空间上的统一。如生产和消费在时间上是有矛盾的，有些生产是常年生产、季节性消费，有些生产是季节性生产、常年消费，为了解决这一矛盾，就需要通过储存的方式，使商品使用价值在时间上延续。如生产和消费在空间上也是有矛盾的，有些产品的生产具有地域性特点，但是消费不具有地域性，即地域性生产、全国性或区域性消费，这就需要商品物流和配送来使商品实体在空间上转移，而商业具有这两个方面的调节职能。

（三）派生职能

1. 风险职能

在流通产业的生产和消费过程中需要承担各种风险，也就形成了其承担风险的职能。在流通过程中存在许多风险，如流通事故的风险、价格波动的风险、使用价值丧失的风险、信用

① 吕怀涛．流通产业对辽宁经济结构的调节作用：理论与实证［J］．大连海事大学学报（社会科学版），2013，12（06）：28—31.

风险（资金无法收回）、外汇波动的风险等。当然，商业经济组织在流通过程中，在承担风险的同时也孕育着利润。

2. 融资职能

流通产业的融资职能是一种垫支资本活动。流通的运动形式是“G—W—G”，即用货币去购买商品，然后将商品销售出去。在生产者和消费者中间，如生产者—商人—消费者，商人用货币资金去购买商品，然后将商品销售给消费者，在这里商人履行着垫付资本的活动。随着现代商业经营方式的创新，人们采用许多新的交易方式，如预购、赊销——信用交易，所有权和使用权分离——租赁，都是商人发挥了中介人融资的方式，使生产者或者消费者的“即时需求”得以满足。

随着市场经济的不断发展，商业会在国民经济中起到越来越重要的作用，会逐渐形成其在国民经济中的先导和基础性地位，并将发挥越来越重要的作用，现代商业决定现代化生产，没有现代化商业就不会有现代化大生产。

第四节 现代流通产业发展的趋势

一、我国流通业进入新的时代

党的十九大报告中指出，中国特色社会主义进入新时代，我国社会主要矛盾已经转化为人民日益增长的美好生活需要和不平衡不充分的发展之间的矛盾。从现在到 2020 年，是全面建成小康社会决胜期。从“十九大”到“二十大”，是“两个一百年”奋斗目标的历史交汇期。第一个阶段，从 2020 年到 2035 年，在全面建成小康社会的基础上，再奋斗 15 年，基本实现社会主义现代化。第二个阶段，从 2035 年到 21 世纪中叶（2050

年），把我国建成富强民主文明和谐美丽的社会主义现代化强国。

改革开放 40 余年既是我国流通业不断探索社会主义流通发展道路的时期，也是流通业高速发展的时期，我国开始成为展大国，未来 30 年将是我国成为流通强国（贸易强国）的时期。我国流通业将在我国三个历史阶段发挥更大的作用：一是全面实现小康的流通业发展阶段，这一时期要以脱贫攻坚战、实现全面小康为主要任务，农村电商的精准电商扶贫，城市居民的新消费满足。二是在 2035 年初步实现流通强国的目标，在商流、物流、信息流、资金流等方面由传统流通业向现代流通业转型升级，率先成为流通（贸易）强国。三是在 2050 年我国实现富强民主文明和谐美丽的社会主义现代化强国时，我国也成为现代化流通（贸易）强国，并且在强国目标中发挥先导性、基础性强国作用。

我国流通业要满足“人民日益增长的美好生活需要”，在当前，我国供不应求的时代已经基本结束，数量型满足的阶段已经过去，质量型的满足已经成为新时期的主要任务，即健康、安全、品质、品牌、服务、体验性的消费需求需要现代流通业发挥基础性和先导型的作用，在引导生产、引导消费方面发挥更多的作用。网络技术的出现，使农民可以按照订单生产消费者所需要的品种，并按照所需要的时间、数量精准地完成，同时各类无人店、无人机、无人车、无人仓等新业态不断涌现，各种无现金交易也在迅速满足人民的消费需求，使人民对美好生活的需要、甚至梦想正在逐步实现。

我国流通业在满足人们对物质文明、对精神文明需求的同时，也在“更好满足人民在经济、政治、文化、社会、生态等方面日益增长的需要，更好推动人的全面发展、社会全面进步”。如“卖实物商品、卖服务商品、卖体验（理念）”，人们获得多元化的享受，这就需要现代流通产业更充分地发挥其作用。

二、流通产业发展大趋势

（一）经营方式连锁化

连锁经营是指被同一总部集中统一管理的，由共同开展同类商品或服务的分散经营的多家店铺所组成的商业或服务业集团。相较于一般商业形式，连锁店具有统一经营、专业化分工、多店铺结构、联购分销、企业形象统一、商品结构大众化等显著特点。[①] 连锁经营的灵魂是一条经营链条，连锁经营主要包括以下几条经营“链”条：

（1）资金链——资金筹集、投资决策、业务运作、商品周转、供应链管理。

（2）组织链——战略架构、目标体系、组织系统、管理机制、营运标准、监控体系。

（3）信息链——业务信息、财务信息、营运信息、管理决策信息、决策支持系统。

（4）商品链——商品定位、供应链关系、采购系统、物流系统、销售系统。

在对现代物流产业进行连锁经营时，应该遵循标准化、单纯化、专门化、集中化的基本原理，具体来说就是将现代工业大生产的原理应用于流通领域。连锁经营的优势在于能够提高经营效率，有利于减少交易费用，能够取得规模经济效益，有利于增强竞争能力，所以连锁经营是一种先进的经营方式。

对于连锁经营来说，其最显著的特征就是进货职能与销售职能是分离的。这两种职能的分离，是由总部与连锁店的分工作业所造成的，体现了连锁经营企业总部与连锁店的分离，体现了零售商业的集中与分散、规模化与专业化，所以进货与销

---

① 李殿平．国外流通业发展趋势［J］．中国供销合作经济，2003（05）：55－56.

售职能的分离是连锁经营的前提，没有这种分离就没有连锁经营存在的可能性，总部与连锁店缺少任何一方面，连锁经营系统都难以形成。

我国是在正式加入 WTO 后才开始真正发展连锁业态的。随着我国改革开放程度不断加深，国外大零售业公司逐渐渗透中国市场并不断发展，他们也带来了在其国内发展成熟的连锁经营模式，促进了我国零售企业在各个方面的改革。我国零售企业认识到不改革就没有能力和外资企业竞争。所以最近几年国内的连锁经营发展得很快，而且这个模式已经不限于零售业，正在纵向发展，向其他行业转移，由浅入深。

从各国的流通产业发展实践中可以看出，实行连锁经营可以推动产业发展，这是一种十分有效的现代化流通产业经营方式，当前大部分发达国家的大型流通集团都采取连锁经营形式。目前，世界各国连锁店的种类很多，从产权关系来看，有正规连锁店、自由连锁店、特许连锁店；从地域范围来看，有局部性连锁店、地区性连锁店、全国性连锁店、国际性连锁店；从主导者来看，有“厂商生产者”主导型连锁店、批发商主导型连锁店、零售商主导型连锁店、批发商与零售商联合主导型连锁店；从经营内容看，有综合性连锁店、专业性连锁店；从业态来看，有超级市场连锁店、便利店连锁店、专业店连锁店、廉价店连锁店等；从行业来看，有连锁百货店、连锁饮食店、连锁旅店等。①

纵观我国连锁业的发展现状，零售业的新格局正在形成。在未来的 20 年内连锁经营将会主导我国的零售业，并在餐饮、服务等相关产业中形成规模。连锁经营和业态的多样化将成为我国未来几年内零售业变革的主要内容。按目前连锁商业的发展速度，到 2010 年底，连锁经营的销售额已占到社会消费品零售总额的 30%以上，达到发达国家 20 世纪 90 年代的水平。国

---

① 李殿平．国外流通业发展趋势［J］．中国供销合作经济，2003（05）：55—56.

家相关部门明确表示，今后要大力推广连锁经营这种现代流通组织形式和经营方式，力争经过5年的努力，初步确定连锁经营在商业和服务业中的主体地位，使连锁经营销售额、连锁企业店铺数有较大幅度的增长。①

（二）组织结构扁平化

流通产业实行扁平化管理实际上是为了构建全新组织结构模式，实现新机构的组建和新流程的再创新。变矩阵式管理为扁平化管理，其可以突破次序、等级结构的界限，突破部门和职能职责的界限，变分散管理为集成管理，对企业进行整合。流通组织实施扁平化管理，应该注意以下几点。

1. 提高管理人员的素质，打造知识团队

流通组织实施扁平化管理就必须减少中间环节，实现管理层次的减少和管理幅度的增加，这就要求流通产业必须实行竞争上岗，只有这样才能保证关键岗位上人员具备符合要求的综合素质。知识团队是扁平化组织内部组织的基础。美国著名管理学家德鲁克指出："由于现代企业组织由知识化专家组成，因此企业应该是由平等的人形成的组织。知识没有高低之分，每一个人的业绩都是由他对组织的贡献而不是由其地位高低来决定的，因此现代企业不应该是由老板和下属组成的，必须是由平等的团队组成。"扁平化组织本质上可被视为一种知识体系，其竞争优势的建立主要在于如何通过在一个精益的组织内，对组织所拥有的知识、信息进行整合、创造和管理，从而更直接地面向市场、面向用户。为了支持这种知识、信息的整合、创造和管理，扁平化组织内部不是以职能为单位，而是形成一个个动态的知识团队，这种团队将个体和组织结合起来，促进用户知识的显性化和实体化，最终形成完整、统一的市场知识和

① 中国连锁经营发展的趋势及展望［EB/OL］. http：//www.jmw.com.cn/rdgz/17587259.html.

转化机制。从根本上来讲，扁平化组织的运作核心就是通过这种知识团队的自我管理，不断释放整体知识能量，进而实现企业价值创造空间的创新和拓展。①

2. 构建企业信息网络

流通产业实施组织扁平化管理必须有 Intranet 技术提供支持。相较于其他网络技术，Intranet 技术可以在流通产业进行扁平化组织管理中发挥更大优势。团队成员工作共享、团队之间信息交流、团队与上下层沟通都可通过使用 E-mail、OA 系统、MIS 系统等现代网络技术与工具进行，可在提高工作效率的同时，大大增加管理幅度。组织扁平化的基本实现途径是流程再造。流程再造即借助信息技术，以重整业务流程为突破口，将侧重于纵向控制的职能部门改造为侧重于横向协作的团队，实现以顾客需求驱动组织运行。因此，首先要构建企业内部信息网络，企业内部信息的畅通是保证一个组织高效运转的必要条件之一。目前，企业的组织一般都是基于职能设立的，不可避免地会出现各部门为了自身的利益而各自为政，从而失去协同作战能力的情况。所以，企业在进行组织结构调整的同时，还需要建立相应的制度来保证信息网络的畅通。其次要构建企业外部的信息网络。随着互联网的发展，信息的获得越来越具有同质性的特点，谁能及时获得信息，谁就能领先进入市场。②

3. 构建扁平化组织

具体来说，流通产业实现扁平化管理包括信息扁平化、组织结构扁平化和业务流程扁平化这三个方面的内容。组织结构的扁平化只是为扁平化管理提供了一个平台，在这个平台上要不断地进行业务流程的优化，从而为信息的扁平化提供物质载

① 百度百科：组织扁平化［EB/OL］. https：//baike. baidu. com/item/%E7%BB%84%E7%BB%87%E6%89%81%E5%B9%B3%E5%8C%96/1767624.

② 扁平化管理百家谈［EB/OL］. http：//www. docin. com/p-138442396. html.

体。实施扁平化管理不是简单地撤并机构就可以完成的，特别是对于大型流通企业而言，其管理关系和业务流程复杂，在推行组织结构扁平化时，首先要对管理业务整合和职能调整进行认真的调查和论证。业务流程设计应做到职能设置科学、管理流程短、信息畅通。管理层的机构和岗位设置应做到精干高效、责权对应。其次要对作业层进行整合。整合的原则是业务相近、区域相邻、集散有度、管理有利。[①]

(三) 流通业态多元化

在社会化大生产和流通产业现代化发展的背景下，传统流通业态和现代化流通业态共同存在，这就导致流通产业的业态呈现多元化的趋势。流通业态很多，从经营内容来看，有专业店、综合店、百货店、超级市场、巨型超级市场（大卖场）、便利店、杂货店、精品店、专卖店、旧货店、跳蚤市场、家庭生活改善中心等；从价格特点来看，有廉价店（折扣店）、仓储店、目录廉价展销店、一价店、会员店、消费合作社等；从店铺形式来看，有店铺零售商和无店铺零售商（如网络、邮购、直销、自动售货机等）；从管理形式来看，有独立零售店、购物中心、商店街、摩尔等。批发业的业态主要有：专职批发商，包括完全职能批发商和有限职能批发商；代理商和经纪商；生产厂家的销售分支机构和办事处；其他批发商业组织，包括农产品收购批发商和拍卖行等。[②] 传统百货店仍然拥有特定的消费群体，业态要素组合相对比较稳定，在3～5年内受外资百货店的冲击可能不会太大。从长期来看，新型业态必然替代旧态势的百货店，这是符合经济发展规律的。

流通业态变迁与创新的根本动力源于业态本身的竞争优势，在经济全球化条件下竞争优势的构筑很大程度上取决于业态要素组合机制是否有利于充分、合理利用合作伙伴的资源。现代

---

① 扁平化管理百家谈［EB/OL］. http://www.docin.com/p—138442396.html.

② 李殿平．国外流通业发展趋势［J］．中国供销合作经济，2003（05）：55—56.

市场竞争日趋由品牌竞争过渡到体系化供应链竞争。在生产环节上降低成本几乎无所作为，基于供应链管理的成本控制比较富于成效，对于流通业务更加具有现实的意义。流通企业如果能在理顺业务流程的前提下，有效利用计算机技术，充分发挥网络竞争优势，立足于供应链对采购、销售、库存、结算予以战略“链”管理，那么，就有可能做到以最低的成本、最便捷的渠道，将标准的产品交付给顾客，并随时与顾客沟通信息，从而不断提高经营反应速度，使业态的创新真正做到名副其实。①

新技术带来新流通，这标志着中国正在进入全新产业链的新经济时代，技术驱动之下所有的生产都将按照消费需求进行。相应的，新经济时代也推动着流通产业的创新与升级，随着时代发展不断形成新的流通产业形态是一种必然需要和趋势。流通行业的健康发展势必会为中国经济的良性稳步增长带来不可估量的作用，流通模式势必会为新经济形态稳中有进不断发展增添新的动力。②

（四）产业转型网络化

1. 互联网推动流通产业转型

互联网技术的结合、电子商务的快速发展将对流通的地位和作用产生更加深远的影响，同样会带动流通产业的巨大转变，主要体现为以下几个方面。

---

① 徐万华．当前我国零售业面临的问题与对策［J］．边疆经济与文化，2005（10）：38—40.

② 认清流通的重要性 为新经济形态稳中有进不断发展增添新动力［EB/OL］. http：//jl. people. com. cn/n2/2019/0315/c349771—32742661. html.

（1）信息对称化

流通具有联系生产者和消费者，平衡供需的作用，互联网信息技术的应用有利于消除流通过程中信息的不对称性，提高信息的即时性和准确性，突破了传统流通产业信息不对称带来的效率低下甚至信息错误等问题，有利于企业的正确决策和消费者需求的满足，为流通的均衡化发展创造了条件；因此，以互联网为基础的流通系统除了自我革新，还有提供较全面的经济信息，稳定经济发展的作用。

可见，在“互联网”时代下，以信息技术为核心的大数据、云计算等迅速崛起，流通行业迎来了更多的发展机遇与转变可能，当前以网络信息数据为基础的消费者市场已经形成，利用互联网技术，拉近供需距离，提高生产经营能力要求企业进一步地注重流通环节的发展与创新。

（2）流通高效化

互联网技术的应用将从根本上改变传统流通产业的技术和运作方式，从而使流通效率达到一个前所未有的高度。通过互联网可以实现与消费者的实时沟通，并且利用计算机信息处理技术可以及时地掌握消费者动态和市场需求的总体变化，从而在生产端做出迅速反应。例如，零售商通过信息系统管理库存和销售情况，可以实现数字化、智能化管理商品库存，及时地向上游生产厂商发出订单，实现高效运转。另外，在电商平台通过大数据技术掌握消费者的个性需求偏好，可以让零售商或生产厂商相应对供给进行及时调整，达到整个流通系统的高效运转，大大增强了竞争力。

（3）流通国际化

线上交易有效地打破了地域的限制，同时也为流通的国际化发展提供了强有力的保障。一方面，流通国际化是在国内统一市场上更进一步的发展，而基于网络的扩张可以大大地降低企业受到的空间地域、消费者群体、基础设施和贸易壁垒等限制因素的影响；另一方面，互联网技术的兼容性和标准化为不同国家、不同文化的人们提供了一个统一的国际化市场，为企业面向全球消费者提供了可能，这也让个性化需求的特点发展到了一个新的高度，在网络环境下，流通全球化与消费者个性需求完美地结合，能够极大地推动经济全球化的发展。

（4）流通主导的地位进一步明确

在互联网时代，商品流通的作用进一步加强，以电子商务为基础的现代流通，通过网络互动交易创造的大数据，对消费者的偏好和特定要求的了解达到了更高的层次，以消费者需求为中心的买方市场得到了全面的体现。互联网先进的信息技术能够帮助企业快速、有效地获取消费者相关信息，生产转向为以消费需求为中心。产业链的中心也由生产转向为流通，由电子商务所支持的现代化流通将在社会生产中占据绝对的主导地位，互联网信息技术为沟通连接生产者和消费者的中介作用赋予了新的内涵。

2. 网络时代流通产业发展策略

2018 年 1 月 22 日，由中国市场学会流通专业委员会、中国流通管理学院主办的首届中国流通大会在九华山庄举行，来自创新电商企业、微商企业、区块链技术应用企业、新型支付技术应用企业、O2O 模式企业、新型直销企业、共享经济类企业、流通领域的管理者、经营者及研究人员等 4 千余人共聚一堂，集中探讨新经济形态与流通创新的课题。首届中国流通大会以新经济形态与流通创新为主题，聚焦流通创新、区块链技术应用、新经济形态治理规则、规范运作等热点话题，展示流通产业新动态，分享产业升级发展方向，探讨发展产业大计，旨在为中小微企业搭建交流合作的平台。①

在“互联网流通”在我国的发展与实践过程中，也出现了基础设施不完善、商业模式不成熟、缺乏监管、技术相对落后

① 艾家凯：流通产业的发展离不开创新［EB/OL］. http：//www. xinhuanet. com//money/2018－01/22/c_129796377. htm.

等问题。对此，我们应采取相应策略，以便充分发挥互联网技术优势，实现新一轮的流通方式革新。

（1）加强技术型和创新型人才的培养

重视“互联网流通”领域专业人才的培养，使人才和市场需求相对接，培育高素质、高技术人才，推动信息技术的进步和流通模式的创新，企业通过信息化建设，利用新技术进行创新活动。同时对于微小企业也要加强支持力度，加强其创新动力。

（2）完善相关法律法规

目前，商贸流通的网络化和数字化尚处于发展阶段，市场管理体制以及大数据技术应用缺乏完善的监管；因此，需要及时制定各项法律法规，保证市场的公平竞争，监管大数据的应用，保证安全可靠的网络交易环境。在完善监管的同时要进一步推动流通制改革，减少复杂的审核程序，鼓励企业创新，促进行业的健康发展。

（3）鼓励模式创新

流通企业要明确发展目标，充分利用“互联网流通”的作用，积极进行创新发展模式，发展新业态，覆盖各种商业流通形式，包括垂直电商、自营电商、综合电商等多种主体，避免模式单一缺乏创新，同时注重消费者个性化、多样化需求，拓宽流通发展途径，推动上下游对接，实现流通一体化发展。

（4）加强流通相关基础设施建设

在互联网背景下的现代化流通过程中，物流业作为重要的一环，基础设施有待完善，特别是在农村地区和中西部不发达地区，与发达的城市形成了较大的差距；因此，当前发展要鼓励完善城乡配送体系，充分利用物流资源，将服务覆盖范围逐步拓展，整合资源，建立物流、信息流统一的基础体系，降低成本，提高流通效率。

（五）企业边界融合化

1. 零售商与供应商有机融合

在买方市场条件下，零售商与供应商实现的零供合作关系就是二者有机融合的表现。从资金业务的角度来看，零售商连锁化的经营模式为其快速的规模扩张找到了一种简单的方式，但这种快速扩张模式的背后，是零售商与众多供应商在资金链上的融合。零售商利用其渠道主导的优势，可以无偿占用供应商3～5个月免息的货款，形成资金链上稳定的零供关系。在促销业务上，也出现了零供的融合，形成共同策划、共同出资、共同分担促销成本的格局。

2. 零售商与制造商有机融合

观察现代流通企业的发展可以看出，零售商与制造商的融合已经成为一种发展趋势，现代流通企业充分发挥信息化技术的作用对供应链进行信息化管理，促使了零售商触角的延伸，促使了零售商与制造商的融合。现代大型零售商依靠连锁化经营模式，形成了强大的规模优势，控制了主要的商品销售渠道，也就控制了制造商的命运，许多制造商被迫成为零售巨头自有品牌的代工企业，甚至出现零售商控股上游制造企业的格局。例如，国美电器作为中国最大的家电零售商，不仅掌握了家电销售的主渠道，而且还控股了上游家电企业，或者购买、租赁制造企业中的生产线，由零售商派人进行现场监管，形成了零售商与制造商的融合。

3. 批发商与零售商有机融合

在现代流通业不断发展的背景下，不论是批发商还是零售商，企业边界都出现了模糊现象，当前很多零售企业不仅具备零售功能，还具有一定批发功能。在传统流通体系中，由于三级批发体系的存在，不仅造成商品流通时间长、损耗大、成本高，而且经常出现商品倒流的现象，造成流通的低效率。现代流通企业的业务边界不再局限于单一的批发或者零售功能，批零兼营的模式越来越广泛。零售巨头大多由厂家直接供货，免去了中间批发环节，不仅为广大消费者提供“一站式”的增值服务，而且通过采取会员制的形式，为会员单位或者个人提供优惠的低价商品，其最终的零售价格有时甚至比厂家批发价格还低。

4. 全渠道融合成为零售商超行业新趋势

目前，零售企业线上获客成本的不断提升与线下业绩的持续下滑，促使线上、线下更加注重商业本质的回归，开启创新、融合之路。线上线下优劣势各异，在客群、场景、渠道三大方面均存在明显的互补关系。线上渠道方便、快捷，但线下的体验及信赖度优势同样无法取代。偏好在线上购物的消费者认为，“商品极大丰富”“价格实惠”“送货上门”“可以节省时间”是他们喜欢线上购物的关键。而偏好去实体店购物的消费者则认为，线下可以亲自挑选、质量更有保证。为满足消费者多元化的购物需求，零售商开始走向线上线下融合的全渠道零售，使得消费者能够随时、随地、随心、方便快捷地购买到自己所需要的商品和服务。①

（六）发展方式绿色化

1. 绿色流通与低碳流通的内在关联

绿色流通是经济发展的必然产物。绿色流通在我国不是新的概念，学界已经对它有较深入的研究，很多学者已经对绿色流通的发展策略进行了深入研究。随着社会发展，这些研究成

① 我国首部零售商超融合发展年度报告发布［EB/OL］. https: //baijiahao. baidu. com/s? id=1616527722298046184&wfr=spider&for=pc.

果和思想为后来的低碳流通概念的产生奠定了基础。低碳流通是在绿色流通的基础上升级而成的，所谓低碳流通就是指在商品流通的过程中，贯彻科学发展观和环保理念，利用各种具有节能功效的科学技术，实现低污染、低能耗目的的一种流通形式。低碳流通包含了商流、物流和信息流、资金流等各个环节，它是这几个环节间的互相转换和传递的较为完善的过程和体系。

2. 绿色流通向低碳流通升级的必要性

（1）低碳流通符合当前市场经济要求

随着社会的发展，当前市场竞争的核心已由原来的价格竞争逐渐转为商品质量的竞争。在经营过程中，如果不注重产品的质量，不注重从绿色环保、安全健康的出发点生产产品，那就必将在市场竞争中被淘汰。之前对国产奶粉产生严重冲击的“三鹿”奶粉事件，就是最好的例证。三鹿奶粉正是在产品生产过程中，忽视了添加剂对人体的危害，才导致企业的倒闭，甚至让国人对国产品牌的质量失去了信任。因此，在当前的产品生产、销售和流通的过程中，贯彻和坚持低碳环保、绿色安全的理念，建立一套具有可行性的低碳产品质量安全监测体系，不仅有利于提高产品质量，增强品牌的公信力，而且也是当前市场经济发展的需要。

（2）低碳流通有助于降低能源消耗

我国作为发展中国家，在过去的经济发展过程中就是依靠消耗资源而谋求经济的发展的，资源利用率非常低下。同时，随着我国餐饮和商贸流通行业的不断发展，在建筑设计方面能源的消耗问题也日益凸显。虽然国家提出了综合利用能源的相关政策，但是现状还是不容乐观。与国外相比，我国同一行业的能源消耗量还是比较高。我国人均能源有限，而现实中能源消耗现状却又如此惊人，并且能源的再生需要很长时间，甚至很多还是无法再生资源，因此，当前我国的能源现状是非常紧张的。而发展低碳流通，有助于改变这一现状，能够有效降低能源的消耗，提高能源的循环使用率，缓解我国因能源过度消耗带来的压力。

（3）低碳技术的创新为低碳流通提供保障

要实现低碳流通，就一定要有具有科学可行性的低碳技术为依托，为充分发挥低碳流通的优势提供支持与保障。低碳技术的创新对低碳流通的保障主要体现在以下两个方面：首先，在实现低碳流通的过程中，技术的创新，有助于对一些废旧的能源和材料实现循环利用，或者是对经济生产过程中排放的废气和污水进行净化再处理，从而减少对环境的污染。其次，低碳技术的创新，能够有效地处理好高能源的利用效率和优化能源结构等问题，为实现低碳流通提供重要保障。

3. 流通产业向低碳流通创新升级的对策

（1）引导低碳流通市场机制建立

低碳流通是适应当前经济发展需求的最好模式之一。我国流通产业要实现向低碳流通的成功转型，就需要努力建立起一个较为完善的低碳流通市场机制，通过该机制对当前市场上那些碳排放量超标或者污染严重的企业行为进行有效监督和整改。尤其要奖罚分明。国家要严格依据之前出台的相关政策和法规，如《绿色饭店等级评定规定》等，对在低碳环保方面做得比较出色的企业或单位给予表扬和适当奖励，而对于那些碳排放较高的企业则要给予适当惩处，绝不姑息，如可以向这些企业征收一些高额的费用以作惩罚，同时也要监督他们进行整改，将碳排放量降低，提高资源利用率，减少对环境的危害。此外，国家还可以采取措施积极培育一些较为成熟的碳交易市场，不断拓展和丰富碳交易的品种。

（2）培养低碳消费模式

在经济发展过程中培养低碳消费模式，促进低碳经济的发展，已经得到了世界各国民众的普遍认可，而且在很大程度上也被公认为是改变当前现状的主要经济发展模式。在世界各地已经有很多企业对培养低碳消费模式进行尝试，并且取得了很多成功的经验。比如英国的一些零售企业，设置了低碳环保店，在商品的身上贴上低碳环保的标签，同时还附上商品原产地等详细信息，让顾客对商品有更全面的认识。我国流通产业可以借鉴这种经验，同时也可以建立相关的体系和制度，对供货商的产品的低碳程度进行检测，并且对其进行排名。这样不仅让消费者在购物的过程中逐渐培养低碳消费模式的观念，而且也能让供货商们逐渐增强低碳环保意识。

（3）完善相关法律制度建设

低碳经济和低碳流通的实现，仅依靠企业自身的力量，是难以为继的，它还需要保障措施的大力支持，而法律法规则是确保低碳流通能够有效实现的重要支持因素。因此，国家要加大低碳流通的法律制度建设和完善力度。首先，建立一个较为完善的事前预防体系。比如，可以建立一套对环境的质量进行评判的标准，让以后的环境纠纷等情况能够有章可循。流通企业在各个流通环节中的活动都要严格依据这一标准进行。其次，要制定和完善法律，对企业的排污种类和数量进行有效控制。比如，制定排污收费的相关制度、环境监督和监察的制度，对流通过程中的包装和物流等进行监察，从而让排污者能够增强环保意识，让流通企业切实做到低碳流通。

（4）鼓励企业创新低碳流通技术

在流通产业向低碳流通转变的过程中，要鼓励企业不断创新低碳流通技术。在经济发展过程中，流通产业不是一个独立发展的个体，而是三大产业链条中的一个重要分支。因此，鼓励流通企业选择具有战略性的低碳流通技术，不断创新发展路径，具有重要的意义。比如，可以鼓励企业在超市或商场的建造过程中，选择综合节能技术，充分发挥其优势，并且结合使用相关的控制系统，从整体上控制水、电能源的使用，节省消耗；可以引导企业在流通过程中多用新型的清洁能源代替煤炭、石油、汽油等能源，减少二氧化碳对环境的污染；此外，要特别鼓励企业应用先进的物联网技术，将这项技术有效应用到产品采购中，最大可能地选择低碳环保的产品。物联网技术的应用，能够增强流通企业与电子商务的联系，在更大程度上降低中间环节的消耗，提高流通管理效率。

以常州国家高新技术产业开发区为例。常州高新区属于最早成立的国家级高新区之一，经过 20 多年的发展，现已成为全国临江沿海型工业园区的成功典范。常州高新区开发、建设和发展取得成功的一个关键原因是不断鼓励园区企业进行创新，包括减排技术创新、能源创新、产业和制度创新等，其中低碳减排技术创新是当前常州高新区建设和发展的核心问题。针对园区内企业效率不高问题，园区制定了低碳化发展战略，从低碳产业、生产和产品等着手，谋求园区实现低碳化发展，针对园区内的流通企业，常州高新区投资了50 多亿元用于控制水、电源以及环境管理方面的基础建设。据统计，2016 年常州高新区内的流通产业用水复用率为 97.7%，比 2014 年的 92.3%提高了 5 个百分点；2016 年流通产业资源利用率为 96.5%，比 2014 年的 90.1%提高了 6 个百分点，而且整个高新区的碳排放强度大大下降。

此外，园区还通过各种优惠政策来鼓励企业，如对能有效减少污染量排放的企业、在低碳技术上有创新发明的企业给予一定的税收优惠、为部分企业发展和升级生产技术装备给予一定的财政补贴等。

三、我国流通产业发展创新路径

第一，加强全品类流通理论研究。传统流通理论的研究局限于商贸流通领域，即商务部主管的业务范围，被称为“商贸流通”的研究，或者只研究商务部分管的商品流通领域，而商品流通涉及农业农村部、供销合作总社、国家发改委、工信部、国家市场监督管理总局、财政部、交通部等诸多部门，因此本书提出要加强“全品类、全流程、全产业”的商品流通研究，只有这样，才能够真正进行流通产业的顶层设计，探讨具有中国特色的全品类、全流通、全产业的流通产业研究体系。

第二，充分发挥流通产业的先导性、基础性作用。充分发挥现代流通产业的先导性、基础性作用，就必须确立在现代市场经济条件下流通的先导地位和基础性地位，这种地位和作用应着眼于大流通产业如何促进国民经济持续、稳定、协调、健康地发展，着眼于如何加快整个社会商品流通速度，着眼于提高整个社会的经济效益。

第三，按照全品类流通产业理念建设统一的流通体制。加快我国流通业行政体制改革，在2003年将内外贸行政管理机构合并的基础上，尽可能将流通业的行政管理集中，形成“大部制”的体制，将商品流通的监督管理机构合并“监管部门”，为我国重建开放的大流通体制奠定了基础。统一的流通产业政府职能部门有利于加强对流通产业的宏观调控，有利于统一制定流通产业政策，有利于集中精力研究和制定市场经济所需要的法律、法规、标准体系，并依法规制市场经济秩序，给予国内外各种所有制商人统一的国民待遇，形成一个良好的竞争环境。内外贸的统一不仅仅是内外贸行政管理的一体化，还包括企业经营的一体化、市场的一体化等诸多内容。

第四，培育一批大型流通企业集团。加快流通现代企业制度建设，培育一批大型流通企业集团，借鉴香港冯氏集团、日韩综合商社的经验，按市场原则和规律，通过兼并重组形成一批销售额在2 500亿元左右的大型流通企业集团，充分利用国内外分销渠道优势参与国际市场竞争。

第五，迅速出台《商品流通法》及相关的管理规范。我国已经成为第二大消费国，但至今我国还没有《商品流通法》，从而导致流通业条块分割十分严重，需要迅速规范商品流通的政府管理职能、商品自由流通的规范、中央与地方政府的职能、地方商品流通的管理，在《商品流通法》的基础上，形成完善的商品流通法律、法规、标准体系。

第六，培养既懂内贸又懂外贸的复合型流通产业大军。在开放经济的条件下，长期分割形成内贸员工不懂外贸与投资而外贸员工不懂内贸的状态，在开放经济条件下这些必须改变。在开放经济条件下“国内市场竞争已经国际化”，这就需要在整合资源时，加快培养既懂内贸又懂外贸还懂产业投资、现代流通科技等的复合型流通人才。如新员工持证上岗，在岗员工加强持续教育，形成一支高素质、多层次、多规格、复合型的流通人才队伍。

第七，按照开放经济的要求优化流通产业结构。流通产业结构调整包括流通产业行业结构、所有制结构、空间网络结构、规模结构、市场结构、业态构等调整和创新，如生产资料、日用工业品、农产品、再生资源等流通体系的建设与完善；商流、物流、信息流以及与之相适应的资金流、消费流的协调与统一，这些必然会反映到流通产业结构的优化上来。

第二章　流通产业结构及优化研究

流通产业结构可以切实反映一个国家或地区流通产业的发展情况，只有保证流通产业结构的科学合理，才能保证流通产业的健康发展。当前，流通产业在国民经济中占有重要的地位，流通产业结构对国民经济的持续发展也具有重要的作用，因此，研究流通产业结构及其优化是我国促进流通产业和国民经济健康稳定发展的重要工作。

第一节　流通产业结构研究

一、流通产业结构的内涵

流通产业结构是指流通运行的各种要素的比例关系和经济联系，属于国民经济中服务产业的重要内容之一，其产业结构对国民经济的持续发展起着重要的作用。

（一）流通产业结构的类型

流通产业结构包括诸多类型，这些不同类型的结构共同构成了一个国家或地区的流通产业结构特征，具体来说，流通产业机构包括流通业的所有制结构、流通行业结构、流通业态结构、流通规模结构、商品市场结构等。我国流通产业机构构成了我国流通产业独有的流通产业结构特点。在流通产业结构中其所有制结构是核心，它决定着流通产业的性质和发展方向。

（二）流通产业规模内部要素的构成

从静态角度来说，流通产业规模表现为各个构成要素的大小；从动态角度来说，流通产业规模表现为各个构成要素有机结合所达到的质地均衡基础上的数量比例关系。[①]

第一，流通规模的内在要素在商业活动的横向层次上构成，并形成一定的比例关系。如流通业的主体是许多流通企业，如批发商、零售商、物流与配送商（含第三方物流、第四方物流）、餐饮企业（含酒楼）、宾馆饭店、美容美发店、洗浴中心、家政服务、修理服务商、租赁商、拍卖商、旧货商、电子商务企业等。

第二，流通规模的内在要素在商业活动的纵向层次上构成，并形成一定的比例关系，如采购、运输、储存、销售等诸环节。

（三）流通产业结构合理化的意义

2017年以来，商务部在以习近平总书记为核心的党中央坚强领导下，牢固树立四个意识，全面贯彻落实党的十九大精神，深入学习习近平新时代中国特色社会主义思想，着力推动内贸流通改革创新发展，不断提升流通信息化、标准化、集约化、品牌化、绿色化水平，推动流通产业优化升级，为建设流通强国和消费大国作出了积极贡献。推动流通产业发展，实现产业结构合理化是一个重要方面。[②]

1. 有利于提高流通经济效益

流通产业结构合理是流通产业内部健康发展的重要保障，

---

① 流通经济学1－5（从交换流通商业到流通产、流通产业的地位和作用、流通产业结构、流通的组织形式、商业业态）［EB/OL］. http：//www. docin. com/p－578946398. html.

② 推动流通产业升级 促进扩大消费［EB/OL］. https：//baijiahao. baidu. com/s? id＝1588752652947653082&wfr＝spider&for＝pc.

可以有效避免由于流通产业网络供过于求或供不应求造成资源浪费的情况发生，从而有利于提高流通产业经济效益。流通产业结构合理有利于流通产业内部的和谐发展和有序发展，这有利于流通业产业升级，从而提高了流通产业经济效益。

2. 有利于满足人民生活水平不断提高而产生的需要

流通产业结构合理有利于流通业内部结构合理和有序发展，如商业服务业的发展有利于满足城乡居民生活水平的提高，促进城乡居民消费水平的升级、流通业分工的细化，有利于满足消费者多层次的消费需求。①

3. 有利于实现流通产业合理分工和专业化发展

合理的流通产业结构可以实现合理的流通产业内部分工。同时，合理的流通产业结构还可以使产业更好地进行专业化分工，向客户提供更具针对性的产品和服务，例如合理的流通产业结构促进了物流产业内部的第三方物流、第四方物流的形成和发展。

4. 有利于国民经济有计划、按比例地发展

流通产业是国民经济的重要组成部分，因此，流通产业结构是国民经济结构的重要组成部分。在过去，相较于流通产业结构，人们更加关注农业产业结构、工业产业结构②，这就导致流通产业结构的建设和调整相较于工业、农业比较落后。从外部来说，流通产业结构与国民经济结构不均衡；从内部来说，流通产业结构内部也存在一定的不均衡现象。而没有合理的产

① 流通经济学1－5（从交换流通商业到流通产、流通产业的地位和作用、流通产业结构、流通的组织形式、商业业态）［EB/OL］. http：//www. docin. com/p－578946398. html.

② 流通经济学1－5（从交换流通商业到流通产、流通产业的地位和作用、流通产业结构、流通的组织形式、商业业态）［EB/OL］. http：//www. docin. com/p－578946398. html.

业结构，流通产业难以健康稳定地发展，同时流通产业结构不合理也影响了国民经济有计划、按比例地正常发展。

二、流通产业所有制结构

流通产业所有制是保证我国流通产业在适应我国实际的基础上顺利发展的重要基础，在2002年印发的《“十五”商品流通行业结构调整规划纲要》中，明确指出，“继续按照‘抓大放小’、‘有所为，有所不为’的原则，除少数关系国计民生的重要商品和涉及国家安全商品的储备和流通，继续保持国有经济的主导作用外，对一些经营业绩良好，有发展潜力的国有企业要积极推进股份制改造，重组上市，建立现代企业制度。对于多年亏损，扭亏无望，资不抵债的企业，要在安置好职工、处置好资产债务的前提下，依法实施破产；进一步支持和鼓励私营企业发展；在加入世贸组织谈判承诺框架下，积极引进资金和国际一流管理技术，适度增加外商投资流通企业的比重，促进流通企业加快经营结构优化和所有制结构调整。”直到今天，随着社会发展不断创新和升级流通产业所有制结构都是一项重要工作。[①]

（一）流通产业所有制结构的概念

从概念来说，流通产业所有制结构是指流通产业内部各种所有制的企业数目、人员、资产、经营额等方面的比例和相互制约关系。从我国商业历史发展来看，我国流通产业的所有制结构形成和发展主要经历了三个发展阶段，即私有制商业结

① 关于印发《“十五”商品流通行业结构调整规划纲要》的通知［EB/OL］. http：//www.mofcom.gov.cn/aarticle/b/d/200304/20030400081925.html/.

构—公有制商业结构—混合所有制商业结构。[①]

（二）流通产业所有制结构的变迁

1. 1949—1956 年

该阶段是多种经济成分的商业并存时期。中华人民共和国成立后我国为了促进经济发展大力推进国有商业建设，扶持中华人民共和国成立前已经建立的供销合作社商业，同时对私有商业进行社会主义改造，在这样的背景下，我国建立了五种经济成分并存的商业结构，具体来说，五种经济成分分别为：全民所有制商业、集体所有制商业、个体所有制商业、民族资本主义商业；国家资本主义商业。

2. 1956—1957 年

该阶段我国商业所有制结构正处于四种经济成分的商业并存时期。分别是占主导地位的全民所有制商业；在农村市场居主导地位，且作为国营商业助手的供销合作社商业；城镇合作商店与其他合作商业，公私合营商业逐渐成为国营商业；起到积极补充作用的个体私营商业。

3. 1958—1960 年

供销合作社商业在该阶段开始转变，逐渐从集体所有制向全民所有制转变，同时还大力支持个体私营商业的发展，促使其成为社会主义经济组成部分，从而形成了单一国家所有制商业。在该发展阶段，我国暂时关闭了农村集市贸易。在该时期，商业结构在一定程度上超越了当时的生产力发展水平，这也对流通产业的健康发展造成了一定的不利影响。

---

① 流通经济学 1－5（从交换流通商业到流通产、流通产业的地位和作用、流通产业结构、流通的组织形式、商业业态）［EB/OL］. http：//www. docin. com/p－578946398. html.

4. 1961—1965 年

在这一发展阶段，我国商业在经济调整中又重新恢复了“主体—助手—补充”的商业所有制结构：全民所有制商业为主体、集体商业为助手、个体私营所有制商业为补充的结构，同时开放了集贸市场，这促进了当时流通业的发展。①

5. 1966—1976 年

该时期的商业所有制结构将三种所有制并存的结构变为单一所有制商业结构，并且再次关闭了集贸市场。

6. 1978—1997 年

该时期我国流通产业所有制结构为“主体—补充”结构。该时期最大的变化就是我国开始大力推进改革开放，这有效地促进了流通产业的成长和发展，并逐渐形成了以公有制流通业为主体、多种经济成分为补充的流通业结构。这里所说的主体，是指实行全民所有制和集体所有制的流通产业；补充是指实行个体所有制、私人资本所有制、公私混合所有制的流通业。此外，在该时期，我国再次开放集贸市场。1992 年，我国政府正式对外开放商业零售业试点，还有在之前已经由开放区引进的外商流通业，逐渐形成了“三资”商业的概念，但是这并不算真正意义上的外商独资商业企业，一直到 2005 年，我国才正式出现了这种形式的经济主体。②

① 流通经济学 1—5（从交换流通商业到流通产、流通产业的地位和作用、流通产业结构、流通的组织形式、商业业态）［EB/OL］. http：//www. docin. com/p—578946398. html.

② 流通经济学 1—5（从交换流通商业到流通产、流通产业的地位和作用、流通产业结构、流通的组织形式、商业业态）［EB/OL］. http：//www. docin. com/p—578946398. html.

7.1997 年至今

从 1997 年开始，我国流通产业所有制机构就呈现为“主体—并存”结构，自此以后的发展都围绕着这一所有制结构，该结构也在发展过程中不断完善。1997 年党的十五大明确提出：“公有制为主体，多种所有制经济共同发展，是我国社会主义初级阶段的一项基本制度。”① 这一论述是马克思主义经济理论的一个重要突破，促进了我国流通业所有制结构的形成，如公有制流通业的外延上增加了“混合所有制商业的公有部分”，明确了股份制的“中性”特征，多种所有制流通业也实现了由“补充”变为“并存”，“公有”和“多种经济成分”共同构成社会主义初级阶段流通业的一个整体。②

我国流通产业所有制结构在经过以上发展阶段后，逐渐形成了以公有制流通业为主体、多种经济成分流通业共同发展的格局。2001 年年底，在社会商品零售总额中，我国公有制商业企业占 48.51%，多种经济成分流通企业占 51.49%，已经完全改变了公有制流通企业“一统天下”的所有制结构。

三、流通产业空间网络结构

流通产业空间网络结构是指商品流通过程中渠道、环节、网点所形成的网络体系、分布状态及其比例关系。流通产业通常以中心城市为枢纽，形成大小不一、向外辐射的网络系统，连接地区之间、城乡之间的经济关系，形成一个多层次、互相交叉的立体网络机构。

① 江泽民在中国共产党第十五次全国代表大会上的报告［EB/OL］. http：//cpc. people. com. cn/GB/64162/64168/64568/65445/4526285. html.

② 流通经济学 1—5（从交换流通商业到流通产、流通产业的地位和作用、流通产业结构、流通的组织形式、商业业态）［EB/OL］. http：//www. docin. com/p—578946398. html.

中国正处在一个崭新的发展时期，随着商品流通总体规模的逐步扩大和流通产业的急剧变革，商品流通空间发展已经出现并将继续出现新的组合格局。探讨商品流通空间经济结构中诸要素发育状态如何；要素之间的关联方式、等级构成和空间分布是否合理；总体结构的功能和效益发挥是否正常等问题，有助于认识商品流通空间的经济机制，寻求从根本上纠正商品流通空间运行中的偏差，推进商品流通空间结构优化和功能增强。[①]

（一）商品流通网络的地区差异

第一，集散外向型结构。沿海港口城市和一些出口量大且集中的城市，通常是集散外向型结构，外向型经济是这种类型的城市的主要功能，也就是说这些城市的主要功能是组织出口和进口。

第二，远程对流集散型结构。交通枢纽城市和国内商业中心城市通常为远程对流集散型结构，这些城市通常会作为商品流通中心、商品流通网络中心发挥作用，这些城市一方面可以与毗邻地区或城市形成一定结构网络，另一方面还可以与距离较远的城市形成对流。此外，这些城市还会在流通网络中发挥商品集散的作用。

第三，同心圆外推型结构。这种网络结构通常都会将一个较大的城市设立为中心，以此为基础均匀地向四周辐射和对流，从整体网络结构上来看，就像是形成了若干个同心圆。例如，辽宁省以沈阳为中心，辐射邻近的本溪、抚顺、辽阳、鞍山、铁岭、新民等城市或地区，这就属于同心圆外推型结构。

第四，多中心平行型结构。这种网络结构类型是指在某个地区性的商品流通网络中，同时存在多个城市中心，其中有一个流通中心在所有城市中比较明显，但是这些城市都是流通中

---

① 晏宗新，陶浪萍．论商品流通空间结构优化［J］．商场现代化，1999（1）：4—6.

心的网络结构。例如，长江三角洲地区就是这种网络结构，上海、南京、无锡、常州、苏州、杭州、宁波、温州等城市均为流通中心，但其中最明显的流通中心为上海，其余城市为“次中心”。

（二）我国商品流通网络结构的特点

1. 整体性

我国商业发展是以城市为中心，围绕城市向外辐射的，这就决定了我国商品流通空间网络结构同样是以城市为中心而向外辐射的，以城市为中心、农村为基础，形成了一个城乡结合、相互依存的有机整体。

2. 多中心性

我国在 2006 年正式进入城市时代，城市数量达到 666 个，并且大部分为大中型城市。据统计，2003 年我国有 100 万人以上的特大城市 49 个，50 万～100 万人的大城市 78 个，20 万～50 万人中等城市 213 个，20 万人以下的小城市 320 个。[①] 截至 2017 年年末，城镇常住人口为 81 347 万人，占总人口比重（常住人口城镇化率）为 58.52%，比 2016 年年末提高 1.17 个百分点；户籍人口城镇化率为 42.35%，比 2016 年年末提高1.15个百分点。[②] 这就决定了我国当前的商品流通网络以大中城市（镇）为中心，呈现多中心形式。

《国家新型城镇化规划（2014—2020 年）》中根据市区常住人口规模认定城市规模。与 20 世纪 90 年代的城市划分相比，小城市人口认定从 20 万以下提升至 50 万以下，中等城市人口认定从之前的 20 万～50 万上升至 50 万～100 万，大城市从之

① 洪涛．流通产业经济学［M］．北京：中国人民大学出版社，2014，第 47 页．

② 中华人民共和国 2017 年国民经济和社会发展统计公报［EB/OL］．http://www.stats.gov.cn/tjsj/zxfb/201802/t20180228_1585631.html.

前的 50 万～100 万上升至 100 万～500 万。此外，增加对超过 500 万人的城市认定为特大城市。目前我国只有 658 个建成市，在认定标准改变后，我国 1.9 万多个小城镇中有很大一部分有望改变成“市”。①

3. 多层次性

我国商品流通空间网络结构具有多层次性，大体上说主要分为四个层次。第一层为大中城市内部的商品流通网络；第二层为大中城市与周围地区或毗邻地区或经济区内的商品流通网络；第三层为大中城市与国内其他城市之间、地区之间的商品流通网络；第四层为某些城市与国外一些城市或地区的商品流通网络。②

(三) 城市流通空间网络结构的层次

城市流通空间网络结构可以分为四个层次，即中央商业区、区域商业中心、社区商业中心以及商业街区。

1. 中央商业区

中央商业区是一级商业区，主要指位于特定商业地理区位，在城市经济发展和流通现代化建设中具有方向性和领衔作用，经济社会效益突出的特定中央商业区，外来流动人群占较大的比例。如北京中央商业区指位于市中心黄金三角商圈的王府井、西单、前门商业区和两大新型功能商业区即 CBD 商业区和中关村商业区。

---

① 我国城市规模划定标准将重设 众小城镇将变成“市”［EB/OL］. http：//finance. people. com. cn/n/2013/0704/c1004－22069922. html.

② 流通经济学 1－5（从交换流通商业到流通产、流通产业的地位和作用、流通产业结构、流通的组织形式、商业业态）［EB/OL］. http：//www. docin. com/p－578946398. html.

2. 区域商业中心

区域商业中心是二级商业区，主要指分布于城市各区域，已具有一定的基础或随城市建设需要而新发展的商业区。如在北京市二、三环之间及三环周边较成熟的区域型商业区分布密集，同时根据《北京市“十五”时期商业发展规划》，新发展的居住区，人口规模为 10 万～15 万要规划建设一个地区级商业中心。①

3. 社区商业中心

社区商业中心是三级商业区，这一层次的商业主要是为了基本满足居民生活消费需求。随着市区人口和产业向远郊区迁移，当前新建社区的规模一般为 1 万多户、1 万～3 万人，由若干小区组成。现代都市生活概念将是社区商业区现代化的主题。在 2017 年中国社区商业论坛上，中国连锁经营协会秘书长裴亮曾如是说：“社区商业将是电商和实体店博弈的最后一块阵地。”可以看出，社区商业将是我国商业未来发展的一个重要领域。

4. 商业街区等

除了中央商业区、区域商业中心和社区商业中心外，还有商业街区、特色商业街区、新城商业区、中心镇商业区、一般镇商业区等，这些均属于城市流通空间网络结构的第四层次，在整个空间网络结构中起到了补充作用和突出地区特色的重要作用。

当前，随着供给侧结构改革的不断深入，国家相关配套政策将陆续出台，供应链迎来历史发展的重要机遇期，流通产业空间网络结构也逐渐发生改变。当今时代的供应链，是以客户

① 流通经济学 1—5（从交换流通商业到流通产、流通产业的地位和作用、流通产业结构、流逍的组织形式、商业业态）［EB/OL］. http：//www. docin. com/p—578946398. html.

需求为导向，以提高质量和效率为目标，以整合资源为手段，实现产品设计、采购、生产、销售及服务全过程高效协同的组织形态。作为全球最大的电商市场和最大的贸易国家之一，我国新流通领域的创新发展正走在世界前列，以怡亚通、京东、阿里为代表的现代流通供应链服务体系正在形成，为我国经济增长注入了新动力。希望所有的供应链企业都能一如既往地发挥行业和专业优势，为我国社会经济建设与供应链的创新发展，做出积极和努力和应有的贡献。①

四、流通产业规模结构

（一）流通产业规模的概念

流通产业规模是指在一定时期内构成商业活动要素的积聚程度和结合形式，以及他们之间的比例关系。从投入角度来说，流通产业规模包括流通产业从业人员的数量、流通产业占用资金的数量、流通产业企业的营业面积，以及设施先进程度等方面，从产出角度来看，它包括一定时期流通经营服务能力的大小，主要表现为流通产业所实现的商品销售额、流转额、所服务的人口数量和地区范围、所实现的利润和交纳的税收金额等。

（二）流通产业规模的内部组成要素

1. 固定资产

固定资产是部分商业资本的物质转化形态，在实际商业活动中，商人购进商品后，不可能直接地把商品从生产者手中转移到消费者手中，必须在某一固定的空间范围内接受购买者对商品的选择与比较，其固定的空间范围越大，用以吸引、容纳

① 供应链+互联网新流通模式 助力商品流通业全面升级［EB/OL］. http://shenzhen. sina. com. cn/news/2017-11-16/detail-ifynwxum1084439. shtml.

的购买者数量也就越多。在零售领域表现为营业面积。

2. 流通从业人员

流通从业人员就是指流通产业人力资源，主要包括劳动力和人力资本两项内容。

（1）劳动力，是指从事流通产业的企业员工，企业需要根据工作情况按月向其发放工资，计入企业成本。

（2）人力资本，如企业经营管理人员，特别是股份制企业高层管理人员，采取年薪制，即基本年薪加奖励年薪，基本年薪是指基本工资，按月发放，计入企业成本；奖励年薪按年发放，根据每年企业的经营状况，由董事会研究给予奖励，在企业税后利润中提取。

3. 商业资本

（1）纯粹的商业资本，它的大小是由一定时期内商业所购买的全部商品价值总量和其周转速度所决定的。

（2）不直接用于购买商品的资本，这是指商人在购买商品时，还需要拥有用于购买商业设备、建造商业设施的费用以及雇用一定数量的商业劳动者时所支付的工资，用于支付完成商品资本形态和货币资本形态相互转化的各种技术费用等。

（3）风险准备金，是指通常为了防止销售时间超限度延长和价格变动而准备的一定量的风险准备金，旨在出现风险时以弥补损失。

（三）流通产业规模结构和层次

流通产业规模结构是指构成流通产业活动要素的积聚程度和结合形式，以及他们之间的比例关系。流通产业规模的结构层次包括宏观流通产业规模、中观流通产业规模、微观流通产业规模。①

五、流通产业结构调整推动我国向商贸强国转变

打造商贸强国就是要让一个国家出口的产品在生产要素等方面含量较高，并且保证该国出口产品可以在国际贸易中获得较高的商品利润。我国要成为商贸强国主要应体现在以下五个方面的发展转变：第一，要保持经济中高速的发展和 GDP 生产总量的持续稳定；第二，要实现我国商贸的规模以及对世界商贸的影响力增强；第三，持续加快我国的对外开放程度和对外贸易发展程度，扩大国际合作水平，使我国拥有比较强的市场竞争力和强大的抵御金融危机和经济风险的能力；第四，我国所出口的商品应该掌握较强的关键性核心技术，拥有属于我国自主的品牌产品；第五，我国应积极参与国际经贸类别的会议和提高国际商贸合作能力，在国际贸易的发展舞台上有一定的实力和话语权。

随着改革开放的不断深化，我国经济发展一直保持着迅猛的劲头，GDP 稳步提高，新常态下的经济发展和全球商贸下的对外交流也正在不断地扩大和深入，使我国的综合实力不断提高，对外贸易规模不断拓宽，已经对世界商贸的发展产生了一定的影响。同时，我国正在拓展国际合作方面的宽度和广度，并且随着我国流通产业开放范围的不断扩大，我国已具备较强的全球竞争力和雄厚的抵御金融危机和经济风险的能力，使“对外贸易”“创新发展”和“扩大消费”成为我国未来经济发展的主要推动力。

另外，近年来我国大力发展“互联网”和跨境电子商务，互联网普及程度已经大大提升，电子产品不仅在城市中得到了

---

① 流通经济学 1—5（从交换流通商业到流通产、流通产业的地位和作用、流通产业结构、流通的组织形式、商业业态）［EB/OL］.http：//www.docin.com/p—578946398.html.

大范围普及，在农村地区的普及程度也不断提升，网上商店更是越来越受消费者的关注，消费领域的做大、做强，有效地促进了我国流通产业的迅猛发展，但是，我国的流通产业主要还是依赖于技术设施的完善性，以此来推动我国流通产业中各行业的发展，所以就目前现状来看，我国流通产业在基础设施上的软硬实力还亟待提高。与此同时，全球经济一体化步伐正在逐步加快，我国流通产业必须要顺应这种发展潮流，逐渐走向连锁化和国际化的经营模式，使我国流通产业依靠国际需求和连锁发展形成国内外两个市场的产品数量和商品种类逐步增长。并且，在“十三五”期间，降低流通成本，推进流通体制改革，提高商品流通效率已经成为全方位降低企业成本的一大亮点，这必然使我国的流通产业普遍加强经营管理等方面的技术含量，从而使我国流通产业结构的调整出现新的发展方向，以更加符合消费者的需求，而且，在结构性改革的攻坚阶段，其重点任务就是在调结构领域。因此，我国积极推进流通产业结构调整和优化，可以有效地促进我国自主品牌的发展，提升我国商贸企业在国际市场上的话语权，并以此为基础有效地推进我国从商贸大国向商贸强国转变。

第二节　流通产业结构的优化

一、我国流通产业结构现状与存在的问题

我国流通产业结构是随着我国生产、消费以及科学技术的不断发展而形成和调整的，尤其是自党的“十八大”以来，随着我国经济进入中高速发展的新常态，我国的对外贸易不断深入，改革开放力度不断加大，我国流通产业结构更是不断地调整和转变，成为我国国民经济中第三产业的重要组成部分，流

通产业的产业结构更成为我国经济结构的主要表现形式之一，从我国的流通产业结构中已经可以看出我国的经济结构和发展水平。另外，在经济全球一体化的当下，世界各国的流通产业都在不断崛起并迅速发展，全球市场的竞争力持续加大，致使我国流通产业的结构性缺点也不断显现出来，导致我国流通产业呈现出发展放缓的危险趋势，再加上面临的结构性改革攻坚、去除传统过剩产能、降低企业经营成本、补充行业发展短板、防范化解金融危机等实际挑战，我国流通产业结构的调整真可谓任重而道远。

(一) 我国流通产业结构现状

经济全球一体化的步伐正在逐步加快，因此，为了能有效实现我国去产能、去库存、去杠杆、降成本和补短板的五大任务，我国的流通产业结构必须要逐渐发展成为连锁化和国际化。我国流通产业的结构主要包括餐饮业、商业服务、售后以及物流业，改革开放之初我国流通产业中商业服务所占的比重最大，流通产业结构呈现出不平衡的现状。在 2008 年金融危机发生之后，我国经济受金融危机影响严重，充分暴露了我国流通产业在结构上所存在的全部问题，使我国流通产业的结构调整不但面临着严峻的挑战，而且进行改革更是迫在眉睫。在这一阶段，我国流通产业结构所暴露出来的问题主要是流通结构失衡问题，并且，我国在流通产业中的各行业发展现状均同发达国家有着很大的差距，加上我国将长期处于社会主义初级阶段的实际国情，和我国经济发展起步较晚且发展不均衡的现状，使得我国流通产业的发展差距越来越大。另外，我国流通产业发展现状和发达国家的差距主要表现在物流业态、物流规模、基础设施建设、高科技应用以及配送中心建设等方面，这是因为我国的流通产业起步较晚，与国际接轨的更新换代速度较慢，不能紧跟时代步伐对我国流通产业进行适时调整。

在党的“十八大”以后，我国实施了“互联网”和“大众创业、万众创新”战略，这使我国流通产业销售的产品数量和商品种类都在逐渐增多，流通产业结构的形态更在不断地调整，而且，随着我国认识和引领新常态经济的发展，市场已经在资源配置中起到了决定性作用，流通产业获得空前重视，尤其是餐饮业迅速发展，已经成为流通产业的重要组成部分。

（二）国内外流通产业比较分析

发达国家经济发展起步较早，经济积淀的基础雄厚，GDP生产总量也较高，其国家层面的对外开放程度和对外贸易发展程度均高于我国，并且，与我国相比较，其流通产业的发展在物流模式、物流规模、基础设施建设、高科技应用以及配送中心建设等方面具有强大优势。与此同时，随着泛太平洋战略经济伙伴关系协定（TPP）的签订和跨大西洋贸易与投资伙伴协议（TTIP）的正式开启，发达国家的零售流通产业正在不断地创新和发展，而且许多发达国家所出口的商品是在本国内掌握了较强的关键技术，并拥有了属于自己国家的品牌产品，同时，这两个协议所形成的商贸规模，以及对世界商贸的影响力极其强大，迫使我国的零售流通产业必须要加快发展的节奏，并通过网上购物、跨境电子商务和“互联网”促进我国商贸流通产业结构的调整。

此外，国外零售商跨国扩张会对我国流通产业发展造成一定影响。大多数商品都要通过中间商方能达到消费者，故成功的企业（尤其是制造商）往往都离不开中间商（销售终端）。在中间商中，零售商居于核心地位。而随着零售商在全球范围（尤其是在一些经济迅速增长的发展中国家）的迅速扩张，少数零售商的市场势力将会越来越强大，必然对发展中国家的流通产业组织产生更多的影响：不仅会对零售业内部的产业组织产生影响，而且会对制造商与零售商之间的纵向关系产生影响，从而影响制造商的战略和行为，甚至还可能对国际流通产业组织产生影响。[①] 因此，必须做到知己知彼，在正确认识和把握国际市场的基础上不断推进我国流通产业的发展和升级。

（三）我国流通产业结构存在的主要问题与建议

我国的改革开放正在纵深推进，实现更高质量、更有效率、更加公平、更可持续发展的流通产业，是推进我国结构性改革，推动我国经济持续健康发展的重中之重，然而，我国的流通产业亟待创新发展和转型升级，依然存在很多难解之题。一是我国的流通基础设施建设不够完善，需要建设物流配送终端和智慧物流平台，从而完善智能物流配送调配体系。二是流通产业市场准入资质亟待改善，应该推进一照多址的登记制度改革。三是流通创新管理服务不足，应该利用“互联网”开展大数据建设和电子商务的应用。四是股权众筹和第三方支付等互联网金融对流通产业的支持力度较弱，并且发展缓慢。五是流通产业的市场秩序不规范，需要创建公平竞争的“双创”环境和诚实守信的市场环境。六是流通人才缺乏，使我国的流通运营水平低下，出口商品也没有掌握较强的关键性核心技术，因此，应尽快建立流通产业继续教育基地，拓展人才培训。七是流通行业组织较弱，应该建立流通行业规则，提高流通行业自律发展的速度。

二、流通产业所有制结构的优化

（一）加快产权制度改革，推动国有流通企业转制

虽然我国国有企业改制在持续推行中，但是当前大中型国有流通企业改制仍然不够彻底，与规范的现代企业制度还存在一定的差距。因此，必须加快流通企业的产权制度改革，培养

① 国外零售商跨国扩张对我国流通产业的影响［EB/OL］. https://wenku.baidu.com/view/bee2c2a99fc3d5bbfd0a79563c1ec5da51e2d607.html.

一批高水准的专业化流通企业，使国有流通企业的经营权和所有权真正分离，使企业真正成为市场运行的主体。流通企业按照流通经济运行的规律，通过资产重组等形式，促进流通产业分工，在规范的商业竞争中提高竞争力。①

（二）谨慎对待中资企业的行政性重组

很多人混淆了大和强的意思，认为大即是强，强即是大，但实际上这并不完全正确。很多人认为一些国外大型流通企业之所以强，就只因为其规模大。因此，为了建立更多具有较强实力的企业，政府通常会发挥作用撮合国有企业进行重组，通过国有企业合并这种方式，可以帮助地方政府在较短时间内提升企业实力，能形成这一结果的基础理论保证是规模经济，但是在实践中往往结果并非如此。麦肯锡咨询公司针对公司重组问题进行研究，其针对1972—1983年，200家最大的公营公司的并购开展研究分析，研究结果显示，如果将股东财产的增值作为评价标准，仅有23%的企业通过并购实现了发展，不相关经营领域企业的并购成功率则仅仅为8%。② 由此可以看出，在实践中，企业进行并购会降低效率，这并不是真正意义上的创新式发展。在当前的时代背景下也是如此，当前很多大型企业想要通过并购促进企业发展，但其目标的实现情况总是不太理想。

需要注意的是，并不是说流通不可以通过并购的方式强大自己，而是应该在制订并购计划时清晰地认识到并购的动机及意义，以及双方企业文化融合的可能性。企业资产和股份的合并相对容易，但内部的管理风格、经营理念在短期内是很难改

① 王超超．城乡商贸统筹背景下重庆零售业发展研究［D］．重庆工商大学，2010.

② 王超超．城乡商贸统筹背景下重庆零售业发展研究［D］．重庆工商大学，2010.

变的。[①]

（三）给予内资企业同样的“国民待遇”

我国为了实现快速发展，打开国门招商引资，在这样的背景下到我国发展的外资企业一直享受着“超国民待遇”。一些地方政府甚至为了实现吸引外资、增加税收、扩大就业等目的，擅自降低外资进入的门槛或放宽外资进入的数量，当地的工商、税收、异地贷款等方面都给予外资企业超过国内企业的待遇。这使国内企业与外资企业享受着不平等待遇，国内企业不仅要承受更多的税负、复杂的政府管理手段，而且有时还要受到各种“歧视”。[②]比如，在我国许多城市，当内资企业与外资企业同时选中了一个地点开店时，在双方条件同等的情况下，外资企业往往能够优先获得审批。长此以往，最后受侵害的必然是中国的整体流通业。

想要促进流通市场的健康发展，就必须营造良好的市场竞争环境，要保证市场的公平公正，坚决反对歧视性的政策，也就是说，我们欢迎外资的进入，但我们反对外资以超国民方式，享受贵族的服务。中国的本土流通企业不应受到外资的不公平的挤压。每一个地方政府都应制定切实可行的引资政策和规划，避免盲目引进、过度引进，取消外资流通商享有的种种优惠待遇，为中国的流通企业提供一个公平竞争的环境。另外，政府还应通过制定相关政策，打破地区封锁，切实解决流通企业跨地区开店时在工商登记、税务缴纳方面的问题，建立起公平的工商管理和税收环境，彻底扫清中国本土流通商之间在跨区域收购、重组等方面的体制、人事等障碍，为中国本土流通商的

① 荆林波．提升商业价值链［J］．商业时代，2003（06）：36－37.

② 外资零售业进入对本土零售业的影响及启示［EB/OL］．http：//www.docin.com/p－330830157.html.

资源整合与规模化发展创造良好的条件。[①]

（四）规制流通业的过度进入，规范外资企业的发展

为了规范流通市场，促进流通产业健康发展，我国应该制定相关政策规范流通产业，规范外资企业。在我国加入 WTO 以后，承诺在 2004 年 12 月 11 日全面放开对外资流通业的限制，但是，为了某些地方利益和局部利益，这个日期大大提前。这导致某些地区的外资流通业进入过快，使得该地区的国内流通业提前面临巨大的竞争压力，城市网点提前饱和或过度饱和。而这种影响持续至今，尤其是随着改革开放程度不断加深，在市场放开的背景下，政府有必要制定一些政策来规范后续外资企业的进入，同时对已进入的外资企业进行调整。

我国当前对于流通产业发展实行商业网点规划制度，但是在具体实践过程中，商业网点规划的科学性与可操作性还需要进一步加强，应该制定更为科学合理的商业网点规划。同时还应专门制定和完善针对大型店铺设立的审查制度，审查的标准可以是当地人口密度、现有商店的数量和服务地域范围、新开店可以创造的就业机会等。大型店铺审查应组织专门的听证会，听证人员包括政府的城市规划、商业管理、交通、环保部门的代表，以及专业研究机构、行业自律组织、同业单位的代表等。有关部门应根据听证会提出的意见，决定项目是否审批。[②] 实际上，一些发达国家一直在采用这种办法来对商业网点的有序发展和内外资企业的合理竞争进行调控。如世界排名第一的沃尔玛在全球有 4 000 多家门店，但在美国加利福尼亚却没有几家店，这是由于当地的议会经过听证程序，认为不符合当地商业发展需要，因此不予发放项目许可。日本国会在前几年通过的

① 汪旭晖，李飞．跨国零售商在华战略及本土零售商的应对［J］．中国工业经济，2006（02）：21－29.

② 陈姗．跨国零售企业在华投资现状及其影响研究［D］．重庆工商大学，2013.

《大型流通商店选址法》，对开设大型流通企业规定了详尽而明确的听证程序。[①] 这表明，通过政策对流通企业，特别是外资企业的发展进行规制，并不违反 WTO 的原则，我国完全可以借鉴发达国家的经验。

三、流通产业空间结构的优化

面对外资流通企业在空间发展战略上的优势，为了更好地应对挑战，促进本土流通企业的跨区域发展，必须优化产业空间结构。

(一) 积极开拓农村市场

习近平总书记在党的十九大报告中指出，我国要大力实施乡村振兴战略。截至 2017 年年底，我国农村居民人口规模达到 57 661 万人，占总人口比重的 41.48%，农村居民人均可支配收入 13 432 元，比 2016 年增长 8.6%，扣除价格因素，实际增长 7.3%。全年社会消费品零售总额为 366 262 亿元，其中农村消费品零售额为 51 972 亿元，增长 11.8%。[②] 农村市场的迅速发展和农民生活水平的快速提高为农村流通市场的开拓提供了基础。我国农村由于人口分散，大多数流通商的规模小，以杂货店、代销店居多。因此，在开拓农村市场时应该注意以下几个问题。

第一，将经济比较发达地区的农村市场作为首选地，通过发展连锁经营的形式，以小城镇为中心，利用小城镇连接广大农村和城市的枢纽位置，逐步向其他地区推广。

第二，加强对原有农村网点的升级改造，要充分利用这些

① 外资零售业进入对本土零售业的影响及启示［EB/OL］. http: //www. docin. com/p—330830157. html.

② 中华人民共和国 2017 年国民经济和社会发展统计公报［EB/OL］. http: //www. stats. gov. cn/tjsj/zxfb/201802/t20180228 _ 1585631. html.

网点的客户资源和网络资源，以特许的方式进行重组与整合，通过提供适合的培训，统一店面、统一采购、统一配送等，将农村现有的分散的流通企业组成一个利益共享的连锁经营体。

第三，要有明确的定位，明确具有地域特色的经营模式。为农村流通市场服务，关键是要在“农”字上下足功夫，以服务“三农”为已任，为农业提供优质高效的生产资料，为农民提供物美价廉的生活用品，促进全面建成小康社会目标的实现，才能够成功地开拓农村市场。①

（二）发挥本土流通企业优势，推动流通产业跨区域发展

1. 加强人才培养

任何企业之间的竞争归根结底都是人才的竞争。企业对人才的培养既可通过自身培养，也可通过与高等院校合作的方式来加快培养的速度。

2. 加强自有品牌培养

本土流通企业应该充分发挥自身贴近市场、贴近消费者的优势，运用各种疏通资金渠道自设生产基地，按照实际需要确定产品产量，发挥自身商家品牌的优势，不断培养自有品牌。

3. 提升本土流通企业的综合素质

培育本土流通过企业核心竞争能力是实现跨区域经营的关键。本土企业要注意避开其他竞争企业的优势，根据自身的特色进行市场定位、商品定位和创新定位，只有这样，才能以独特的经营理念、经营模式和经营内容吸引消费者，形成企业的核心竞争力。

---

① 杨晓刚．农村零售商业连锁经营研究［J］．人民论坛，2013（17）：106－107.

4. 加强与相关行业联合

这主要是指，开拓农村市场应该加强银行、房地产与流通企业之间的联合以实现商业资本增长方式的转变，从而为本土流通业的健康发展提供可靠保障，促进流通产业的健康发展。

5. 加强本土企业的横纵联合

流通产业跨区域经营的一个基本前提就是实现本土企业的纵横联合。因此，应该做到以下两点：一是加快跨区域的优势企业并购，做大企业；二是打造地区品牌，实现与外资流通巨头的合作。这就要求本土流通业要具有一定的资源优势，包括店铺优势、业态优势、人才优势等，通过各种合资、合作等形式，来共享跨国流通商的采购、物流等优势。

（三）政府制定政策法规，为本土流通业的跨区域发展提供良好的外部环境

我国流通产业发展在异地扩张的过程中会遇到一定的困难，其中比较显著的就是由于条块分割和地区保护主义而产生的政策限制，各地政府为了保护本地产业而在政策设置上限制其他地区产业的跨区发展严重影响了我国流通产业的整体发展。因此，政府有必要针对流通企业的跨区域发展建立一个咨询机构，加强政策指导，减少跨区域发展的制度障碍，简化审批手续。在行政管理方面，工商、环保、质检等各部门必须依法行政，加强各部门之间的协调合作，同时还应该推行由不同部门组成的联合检查，通过这种方式有效地避免或减少多头和重复检查的情况发生，尤其是应该以连锁企业的特点为基础，加强总部管理，将总部和配送中心的检查作为重点工作。提升收费标准透明度，公开收费标准，严格规定连锁企业收费标准，严禁向连锁企业乱摊派、乱收费。另外，应该制定和完善《反垄断法》《反倾销法》等法律法规，通过这些法律法规维护经营者的合法权益，加强市场规范和治理，构建公平公正的市场竞争环境；

制定和完善市场主体准入制度，并提高准入制度透明度，制定并完善产品的市场准入标准，制定全国统一的、合理的商品技术标准和强制性的技术法规，加强对产品质量的监督和管理，严禁制造、经营假冒伪劣商品的行为；清理并取消那些对商品自由流通产生消极影响的政策和制度，制定并完善全国统一的经贸政策和法律法规，规范市场，制定统一的市场竞争规则，打通商品流通通道，打破行业垄断情况，实现跨地区、跨行业、跨所有制的流通经营。

美国是高度发达的市场经济国家，流通产业极其发达，其平均劳动生产率明显高于其他国家。美国流通产业的发展离不开政府的推动，而这种推动大多是间接的。与美国高度发达的流通产业相比，美国所制定的与流通业直接相关的政策非常少，更多的是在营造公平竞争的环境上下功夫，这主要体现在以下几个方面。一是产业结构优化调整政策为流通产业的发展创造了适宜的经济环境；二是提高市场竞争程度的相关政策使美国流通产业保持良好竞争秩序，颁布《谢尔曼法》《克莱顿法》《鲁宾逊—帕特曼法》《米勒—泰丁斯法》等反垄断法；三是大力扶持中小企业的政策，促使中小流通企业获得良性发展，其通过直接扶持的方法支持中小流通企业的发展；四是政府致力于推动科技进步，极大地提高了流通产业的技术水平。[①] 我国在发展物流产业的过程中可以吸取美国经验中有意的部分，结合自身国情打造适合自己的相关法律和政策。

四、流通产业规模结构的优化

市场经济发展带来了商业的大发展，我国流通产业在这样的背景下实现了巨大发展，政府、企业和市场都对流通业的发展表现出了极大的认同。随着改革开放的进一步深化，流通业

① 肖怡．透视美国流通产业发展及相关政策［J］．中国市场，2007（25）：59—61.

的竞争将更加激烈。我国的流通业必须在规模结构上有更大的调整、优化，才能摆脱困境，在竞争中处于优势。

（一）支持中小企业的发展

近年来，我国中小企业已经成为最主要的市场主体，习近平总书记在党的十九大报告中指出，我们要加强对中小企业创新的支持，对于流通产业发展来说，中小企业具有不可替代的重要作用。为了促进中小企业健康发展，必须构建合理的市场竞争格局，具体来说就是要构建以大企业集团为主导、中小商业企业为主体，各市场主体相互竞争、相互支持、相互补充的健康市场竞争格局，这是一种有利于中小企业和整个市场发展的金字塔形结构。中小企业在市场中占有重要地位，中小流通企业可以通过科学的市场细分和合理的市场定位，在维持自身生存和发展的基础上填补大企业存在的市场空缺，充分发挥中小流通企业的作用可以更好地满足多样化的市场需求；同时，中小流通企业还可以缓解就业市场压力，提供大量职位，吸纳大量劳动力，可以有效地促进社会稳定，还可以在一定程度上促进社会福利的增加。因此，政府有必要加强对中小流通企业的扶持，应该制定并完善一系列可行的扶持政策，重点扶持对象应该是那些由于规模原因而发展受限，但是对于整个行业竞争起到重要作用的中小流通企业。一方面，政府应该推进中小企业整合，促使他们不断提升自身的竞争力；另一方面，还应该建立健全维护市场秩序的法律法规，为中小流通企业的发展创造公正、公平的竞争环境，使他们免受大企业的恶意侵害。

（二）注意把握企业的适度规模

一般来说，商业企业发展需要扩大规模，随着规模扩大就会实现更高的市场占有率，同时这就会为企业带来更多经济效益。但是，企业规模并不一定会与企业经济效益成正比。例如，美国凯玛特公司销售额达 343.89 亿美元，却亏损了 100 万美元；英国马莎公司销售额仅为 111.92 亿美元，但纯利额就达到了 10.11 亿美元。[①]

随着商业企业规模的扩大，其经济收益通常会出现三个阶段的变化，即收益递增、收益不变、收益递减。收益增加的幅度大于规模扩大的幅度，这是规模收益递增的阶段；收益增加的幅度与规模扩大的幅度相等，这是一个短暂的过渡时期；收益增加的幅度小于规模扩大的幅度，甚至收益的绝对数量减少，这是收益递减阶段。因此，对于中国流通企业来说，不可盲目地追求企业的规模，关键是要适度，即应考虑企业所处的地区、城市、业态、商圈等作出综合的决策。[②]

（三）通过资产重组、横向联合，构建流通企业集团

通过发达国家的发展实践可以看出，大企业集团战略可以促进产业成长和国家经济发展，这是企业增强自身市场竞争力的重要途径。加入 WTO 后，国外大型商业集团对国内流通企业造成了冲击，客观地说，国内流通企业的资金规模、基础设施、经营手段等方面都与国外大型商业集团存在一定的差距，因此在市场竞争中处于劣势。在这样的现实情况下，国内流通企业想要生存并进一步发展，就必须推进企业的规模化、集团化，坚持市场为导向，竞争为动力，加强企业管理，以创造利润为目标，将资产作为纽带建立跨行业、跨地区、跨所有制的大型流通业集团。[③] 国内大型流通企业应该通过资产重组的方式进行社会资源的优化配置，推动流通企业从商品经营逐渐转向资本经营。通过这种方式，可以帮助国内流通企业形成跨地区、跨行业、跨所有制的大型商业集团，这样可以有效地提升国内流通企业的市场竞争力，可以有效地推动我国的流通业发展从

---

① 张立．中国零售业发展模式与战略研究［D］．湘潭大学，2002.

② 张立．中国零售业发展模式与战略研究［D］．湘潭大学，2002.

③ 周宁．中国零售业竞争态势及战略选择［J］．山东财政学院学报，2004 (01)：81—85.

偏重外延数量扩张转向以提高经济效益为中心的集约型增长方式。从各国产业发展的实践经验可以看出，市场并购和重组是提高行业集中度的主要方式。企业进行战略性并购，还可以产生寡头失衡效应，即行业的均衡状态因一个规模较大的并购活动而被打破，行业内没有并购计划的其他企业不得不被动地从事并购活动，从而引起整个行业的重新整合，行业集中度随之提高。①

(四) 通过供应链的整合来获得更多利润

流通市场竞争十分激烈，流通企业在市场上会同时承受来自生产企业和消费者双方的压力，这就导致流通企业会向批发领域和生产领域渗透，通过这种方式为自己谋求更多利润空间。这些企业会运用自身在采购、销售和信息等各方面的力量占据分销渠道的主导地位，以此为基础，这些企业会取代其他相关机构成为渠道的主导和领袖。一般情况下，流通企业可以通过一定的方式重新分配取得利润，从而获取更多的额外生产利润，这些方式主要包括：要求生产商提供较低的进货价格，通过订购商品的方式从生产商获取自有品牌的商品，通过为生产商提供资金、技术、人才等资源的方式参与其生产经营活动。此外，流通企业还可以渗入批发领域，流通企业可以充分发挥自身在渠道方面具有的强大影响力，自己建立物流配送中心或是与生产商合作建立物流配送中心，有效地降低企业的流通成本。从国际经验可以看出，世界著名的流通商几乎都有自己的分销体系。在日益复杂的市场竞争中，流通企业之间的竞争实际上已经升级为供应链之间的竞争，只有掌握了供应链的主导权才能在激烈的市场竞争中取得胜利。

在过去的20年里，供应链企业和品牌商实现了双赢发展的结果，供应链能帮助企业专注核心，非核心业务外包，从而实

① 周宁．中国零售业竞争态势及战略选择［J］．山东财政学院学报，2004(01)：81—85.

现降本增效，保持总成本领先，增强市场竞争力。但是，从更大的纬度来说，供应链的价值不止于此。供应链是一种资源共享、平台共赢、共融共生的思维，不仅能帮助企业个体，更的价值体现在对行业乃至国家供给侧结构性优化、升级的作用上。今天，是全球一体化和行业细分化的时代，合作共赢成为新的发展主题，未来的竞争，属于步调一致、理念一致，能充分合作共赢的企业生态圈阵营。供应链正在改变中国，并将成为中国经济体创新发展的持续动力，为中国供应给侧结构性创新变革提供源源不断的力量。新流通模式以供应链＋互联网为核心，对整个商品流通行业进行全链条升级，构建O2O/B2B2C模式的商业生态，打通品牌商、代理商与零售终端、消费者之间的壁垒，实现各方资源共享、利益共赢。①

第三节　流通产业结构政策研究

一、流通产业融合趋势

早在20世纪70年代，信息产业部门就已经逐渐出现了产业融合迹象，到了90年代，产业融合已经成为产业谋求进一步发展的重要方式，成为一种全新的产业革命，逐步延伸至其他所有产业，流通产业也不例外。流通产业融合是指流通产业内不同行业之间以及流通产业与其他产业之间相互渗透、相互交叉，最终融为一体的发展过程。在社会经济高速发展的情况下，流通产业与其他产业之间，流通产业内部的行业结构、所有制结构、地区结构、业态结构、渠道结构等，以融合为主导，进

① 供应链＋互联网新流通模式 助力商品流通业全面升级［EB/OL］. http：//shenzhen. sina. com. cn/news/2017－11－16/detail－ifynwxum1084439. shtml.

行大渗透、大交叉、大发展，产业之间的边界日趋模糊。融合化是流通产业结构发展的一大趋势，它将对目前的流通产业结构的调整、优化与管理产生深刻的影响。

（一）流通产业内部相互渗透

随着流通产业的不断发展，产业内部不同行业的边界逐渐模糊，产业内部融合趋势愈加显著，不同行业通过相互渗透的方式谋求进一步发展。例如，很多零售企业也经营批发业务，批发企业也进行零售销售；业态之间的界限趋于模糊，许多企业除了拥有综合超市外，也进行网上销售；所有制之间的界限也趋于模糊，对于股份制企业来说，难以判断其到底是国有企业、民营企业还是外资企业等。随着市场竞争和企业多元化运作的发展，这种流通产业内部，行业之间、业态之间、所有制之间、地区之间、流通渠道之间等的融合趋势将进一步加强。

（二）流通产业向第三产业其他部门渗透

流通产业是第三产业，随着自身不断发展，流通企业开始向第三产业其他部门渗透，这也就形成了流通产业与其他服务产业的有机融合。例如，全球最大的包裹运送公司——UPS已不再是一家传统意义上的物流公司，除提供一般的物流服务外，它还提供整合的融资产品及服务，物流财务、租赁服务、环球贸易融资、付款解决方案和保险服务等一些相当于银行职能的金融业务。又如，集购物、娱乐、餐饮、休闲于一体的购物中心，实际上是第三产业多部门融合的产物。而大型零售商业集团把经营触角向房地产业、饭店业、租赁业、旅游业、娱乐业等多种产业领域延伸，则形成了一种复合型的新兴产业。

（三）流通产业向第一、第二产业渗透

曾经第一产业、第二产业和第三产业之间相对独立，几乎不会产生交集，工、农业生产、加工、研发、销售、服务基本

处于分离状态。但是在产业融合规律的作用下，三种产业开始出现一定的融合迹象，这当然也包括流通产业向第一产业、第二产业的渗透。例如，许多大型零售商为了开发自有品牌的产品，开始收购、兼并某些中小型的生产企业或自建农产品生产基地，在企业内部完成产品的所有生产（种植）、加工、研发、销售、服务的一体化过程。在这个一体化体系中，第一产业、第二产业、第三产业之间的界限消失了，流通产业完成了与农业和制造业的融合。

二、我国流通产业融合政策

（一）为流通产业融合提供良好的外部法制环境

在过去，通常会通过法规或暂行条例的形式管理流通产业，这种管理方式比较短暂，不能对流通产业进行长期有效的、全局性的指导。为了促进流通产业融合的进一步发展，需要制定和实施一系列法律法规。

第一，清理现有行业法规。由于政出多门，地方与中央、部门之间及新老法规之间经常存在冲突。因此，需要对现有法规进行一次大清理，特别是要撤销和废除一些阻碍竞争和制造垄断的法规。①

第二，大力实施反垄断法。不仅是针对垄断企业，也针对垄断行为，特别是要对当前的地方保护和行业保护形成的垄断加以限制。

第三，制定相关法律法规和市场准入规则，以此促进形成全国统一市场，同时要有保证实施法规的执法和监管体系，司法部门和一些重要法规执行管理部门应实行垂直领导，排除层层干预。

---

① 于仁竹．我国流通业改革开放 30 年回顾与展望［A］．中国商业改革开放 30 年回顾与展望［C］．中国商业经济学会，2008：29.

（二）政府调控以间接调控为主，发挥市场规律的作用

在市场经济环境下，经济发达国家对于流通产业的管理大致可以分为两种类型。

1. 管理干预型

比较具有代表性的国家是日本。政府不仅对商业流通管理制定相应法律、法规，而且制定较明确的产业政策和发展规划。无论何种方式，均是以间接调控为主。

2. 管理服务型

比较具有代表性的国家是英国、美国。政府对商业流通的管理，主体是服务型，政府不直接干预市场上企业的微观经济行为，管理的主要手段是制定法律、法规，以及通过税收和信贷等优惠政策加以调节。

流通产业是一个高度竞争的行业，为了保证竞争的公平性、充分性，政府不便于进行过多的行政干预，而应充分发挥市场机制的作用，引导资源的合理配置，利用税收、价格、金融、财政、计划等经济杠杆，调节和推动流通产业内部各个行业、流通业与工农业等产业之间的运行方式和组织模式，冷静、客观地看待流通产业的融合趋势，合理加以引导。因此，以经济手段为主的间接调控应成为政府调控的主导方式，配合必要的法律手段和行政手段，推动流通业的健康发展。①

（三）打破部门、行业等界限，实现统一管理

流通产业是社会分工的产物，因此，其具有严格的经营范围、所有制性质、经营地区范围等界定，但随着流通产业融合，这些界限逐渐变得模糊，而这有利于产业创新。零售企业、批

---

① 李海舰．中国流通产业创新的政策内容及其对策建议［J］．中国工业经济，2003（12）：39—47．

发企业和物流企业，国有企业、民营企业和外资企业，地区企业、跨地区企业和跨国企业之间的界限日趋模糊，通过供应链把上、中、下游相关联的产业整合在一起，形成了新的产业形态，从而带动整个国民经济的持续繁荣。没有融合，就没有创新，也就没有整个国民经济的可持续发展。[①] 传统的依照部门、地区、行业等进行多头管理的方式遇到了很大的挑战。

流通产业融合程度不断深化、不断拓展，其面临的挑战会更加显著。因此，通过实行统一管理的方式，在国家层次上设立一个专门的机构，负责对原有的部门、行业等进行统一协调，可以大大减少企业的无谓成本付出，为流通产业融合创造一个适于创新的外部管理环境。

① 李海舰．中国流通产业创新的政策内容及其对策建议［J］．中国工业经济，2003（12）：39－47.

第三章　流通产业业态及其创新研究

流通产业业态随着国家和地区的社会、经济、技术等发展而变迁，它反映了该国、该地区的发展情况，想要实现流通产业的进一步发展就必须推动流通业态创新。尤其是在供给侧结构性改革的背景下，更应该在掌握流通产业业态变迁规律的基础上，推动业态创新，实现产业发展目标。

第一节　零售商业

一、零售商业业态的概念

流通产业的业态形式十分多样，包括批发、零售、住宿、餐饮等，不同的业态具有不同的性质和特征。零售业态是最主要的流通组织形式之一，通过掌握零售业态的一般规律有助于掌握流通产业其他业态的规律。

现代零售业态是零售企业针对特定消费者的特定需要，按照一定的战略目标，有选择地运用商品经营结构、店铺位置、店铺规模、店铺形态、价格政策、销售方式、销售服务等经营手段，提供销售和服务的类型化经营形态。[①]

① 李安娜．经济层面上的盛京都城持续性发展设计研究［D］．沈阳建筑大学，2015.

一般来说，零售业态的主要构成要素包括以下内容：选址，商圈，规模，商品策略，目标顾客，价格策略，店铺设施，销售方法（柜台售货、自选、通信销售、网络营销等），服务功能（提供信息、送货上门、自由退货、停车场等），有无固定营业场所。[①] 通过这些构成要素的变化会形成不同的流通产业商业业态，这些要素是商业业态的基础。

零售商业是指向个人消费者或最终消费者销售商品或服务的商业，在整个流通体系中，它是生产者与消费者或批发企业与消费者之间的中间环节。在商品流通过程中，零售是最后的流通环节，商品经过这一环节，就从流通领域进入了消费领域。在此以前，消费品不管怎样被转卖，都没有离开流通领域。但是，零售商业并没有承担全部的零售贸易，它只是零售贸易主要的经营者，还有相当一部分消费品是通过生产者自己或生产组织所设立的流通机构直接供应给消费者的。

零售商业具有交易次数频繁、交易批量小的特点。零售商业对店铺选址及店铺设计有较高的依赖度，经营场所分散，经营受商圈的限制。

需要注意的是，零售商业是不断发展和升级的，在当前的新零售时代，零售商业形成了各种各样的新业态。越来越多的线上零售商开始意识到线下拓展的必要性，不仅电商巨头正把线下零售作为重要阵地，一些地产商也在加快探索和布局，推动着“人、货、场”等商业要素的重构。[②]

二、零售商业业态的类型

按照商业业态的形态，可以将零售商业划分为有店铺业态

---

① 流通经济学1—5（从交换流通商业到流通产、流通产业的地位和作用、流通产业结构、流通的组织形式、商业业态）［EB/OL］. http://www.docin.com/p-578946398.html.

② 新零售下地产商重新布局传统商业［EB/OL］. https://baijiahao.baidu.com/s?id=1636004077832925971&wfr=spider&for=pc.

和无店铺业态。

(一) 有店铺业态

有店铺零售业态是指具有固定的场所和空间进行商品陈列和销售，并在该场景内实现消费者购买行为的商业业态，这种零售商业业态的主要特征是具有具体场所和空间，是搭建在现实空间的零售业态。

按照不同的特点可以将有店铺零售业态划分成很多种类，包括食杂店、便利店、折扣店、超市、大型综合超市、仓储会员店、百货店、专业店、专卖店、家具建材商店、购物中心、厂家直销中心等[①]，下面对其中比较典型的几种业态形式进行研究。

1. 食杂店

食杂店是指以香烟、酒、饮料、休闲食品为主，独立、传统的无明显品牌形象的零售业态，其特点如图 3-1 所示。

选址	·位于居民区内或传统商业区内
目标顾客	·辐射半径0.3公里 ·目标顾客以相对固定的居民为主
规模	·营业面积一般在100平方米以内
商品结构	·以香烟、饮料、酒、休闲食品为主
经营方式	·柜台式和自选式相结合
服务功能	·营业时间12小时以上
MIS系统	·初级或不设立

图 3-1　食杂店的特点

① 蔡勇志．零售业产业融合研究［D］．福建师范大学，2006.

2. 便利店

便利店最主要的特征是便利，旨在为消费者提供满足其便利性需求的产品和服务，是比较常见的一种零售业态。一般选址于居民住宅区、主干线公路边以及车站、医院、娱乐场所、机关、团体、企事业所在地；营业面积在100平方米左右，营业面积利用率高；以速成食品、饮料、小百货为主，有即时消费性、小容量、应急性等特点；以开架自选货为主，结算在收银机处统一进行；营业时间长，一般在10小时以上，甚至是24小时，终年无休。[①] 便利店的特点如图3-2所示。

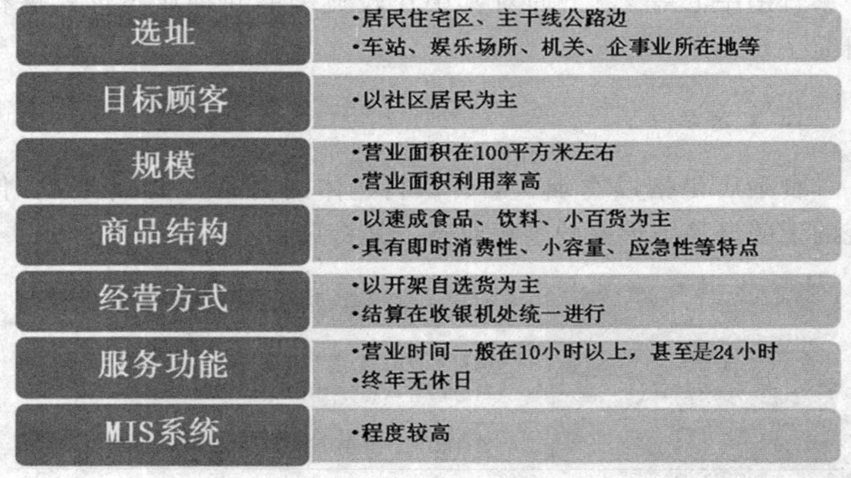

图3-2 便利店的特点

1945年美国南地公司推出了“7—11”店牌，这是世界上最早的便利店，我国直到1990年以后才出现一些具有便利店特征的商店，如1990年12月在东莞开业的美佳商店、1992年在北京开业的幸福商店都具有一定便利店特征，但真正的便利店是

① 流通经济学1—5（从交换流通商业到流通产、流通产业的地位和作用、流通产业结构、流通的组织形式、商业业态）［EB/OL］. http：//www. docin. com/p—578946398. html.

1992 年 10 月开业的深圳“7－11”。[①] 2003 年，西班牙迪亚（DIA）集团的便民店（小型商品最优惠价格连锁店）、日本 7－11 便利店、德国欧倍德（特许零售体系）等便民店业态也陆续进入中国。

3. 折扣店

折扣店是一种小型超市业态，这种零售店业态的装修简单，商品价格比较低廉，并且只可以为消费者提供有限的服务。折扣店提供的商品通常不超过 2 000 种，同时也会经营一定数量的自有品牌商品。相较于综合大型超市，折扣店将其经营产品中比较大众化、使用率较高的商品挑选出来进行集中经营，是一种大型自选店。折扣店以超级市场开发出来的销售技术和管理理论作为基础，发挥自身在价格上的优势，综合大型超市的商品供应方式，根据自身特点灵活选址，降低价格带，对各部门商品进行统一管理，从而形成了连锁店业态。一般情况下，折扣店的面积不超过 1 000 平方米，主要经营商品为非耐用消耗品，通常会将 6～7 折的全国知名品牌商品与自有品牌商品组合在一起。[②] 折扣店的特点如图 3-3 所示。

---

① 流通经济学 1－5（从交换流通商业到流通产、流通产业的地位和作用、流通产业结构、流通的组织形式、商业业态）［EB/OL］. http：//www. docin. com/p－578946398. html.

② 流通经济学 1－5（从交换流通商业到流通产、流通产业的地位和作用、流通产业结构、流通的组织形式、商业业态）［EB/OL］. http：//www. docin. com/p－578946398. html.

选址	·居民区、交通要道等租金相对便宜的地区
目标顾客	·辐射半径2公里左右 ·目标顾客主要为商圈内的居民
规模	·营业面积300～500平方米
商品结构	·商品平均价格低于市场平均水平 ·自有品牌占有较大的比例
经营方式	·开架自选 ·统一结算
服务功能	·用工精简 ·为顾客提供有限的服务
MIS系统	·一般

图 3-3　折扣店的特点

4. 大型综合超市

大型综合超市还可以称为综合超市、大卖场，英文为 Hypermarket 或 General Merchandise Store，可以将其简称为 GMS。GMS 是采取自选销售方式，以销售大众化实用品为主，并将超市和折扣店的经营优势合为一体的、满足顾客一次性购全的零售业态。这种业态可以充分地采用现代商业科技，较易采取连锁经营的方式。许多跨国零售商均采取这种业态，如法国的家乐福等。[①] 2014—2017 年中国连锁十强排名如表 3-1 所示。

表 3-1　中国连锁百强前十排行榜[②]

排名	2014 年	2015 年	2016 年	2017 年
1	国美	苏宁	苏宁	苏宁
2	苏宁	国美	国美	国美

① 于仁竹．我国流通业改革开放 30 年回顾与展望［A］．中国商业改革开放 30 年回顾与展望［C］．中国商业经济学会，2008：29.

② 中国连锁百强［EB/OL］．http：//www.ccfa.org.cn/portal/cn/hangybzhun.jsp？lt=31&pn=5&pg=1.

续表

排名	2014 年	2015 年	2016 年	2017 年
3	华润万家	华润万家	华润万家	华润万家
4	康成投资（大润发）	高鑫零售	康成投资（大润发）	康成投资（大润发）
5	沃尔玛	沃尔玛	沃尔玛	沃尔玛
6	山东省商业集团	山东省商业集团	山东省商业集团	永辉超市
7	联华超市	联华超市	联华超市	重庆商社
8	重庆商社	重庆商社	重庆商社	联华超市
9	上海友谊集团	百胜餐饮集团	百胜餐饮集团	中石化易捷销售
10	百胜餐饮集团	永辉超市	永辉超市	家乐福

大型综合超市通常会选择在城乡结合部、住宅区、交通要道等地进行建设，营业面积在 2 500 平方米以上；衣、食、用品齐全，重视本企业的品牌开发；采取自选销售方式；设与商店营业面积相适应的停车场。① 大型综合超市的特点见图 3-4。

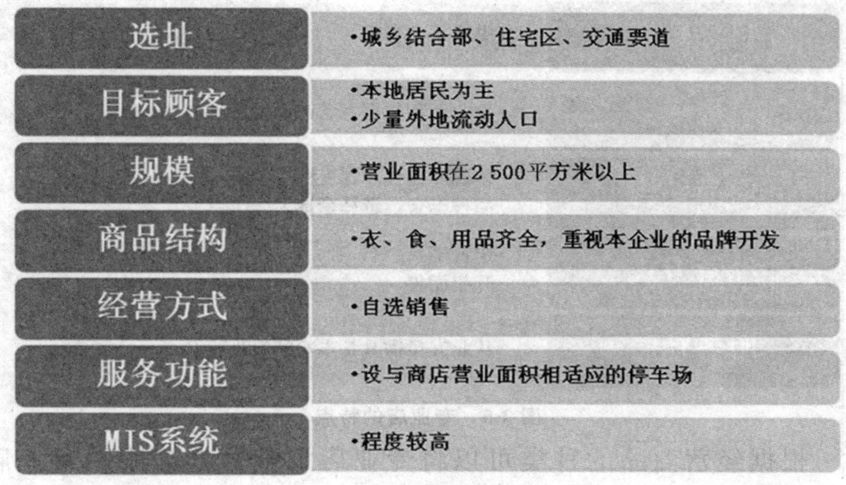

图 3-4　大型综合超市的特点

① 于仁竹．我国流通业改革开放 30 年回顾与展望［A］．中国商业改革开放 30 年回顾与展望［C］．中国商业经济学会，2008：29.

5. 专业店

专业店通常将某一大类商品作为主要销售产品，店内配备具有丰富专业知识的销售人员，消费者可以向销售人员进行专业性咨询并可以获得一定的售后服务，是一种比较常见的零售业态。专业店的选址比较多样化，大部分专业店设立在繁华商业区、商店街或百货店、购物中心内；营业面积也比较灵活，会根据主营商品的特点确定。[①] 专业店的一个显著特征就是具有很强的专业性、深度性，在产品方面品种繁多，但是大部分为主营商品，占全部商品的90%左右，并且专业店经营的商品、品牌都比较具有自身特色。在经营方式上，专业店采取了定价销售和开架面售结合的方式。此外，为了保证专业店的专业性，其从业人员通常都具备较为丰富的专业知识，其特点见图3-5。

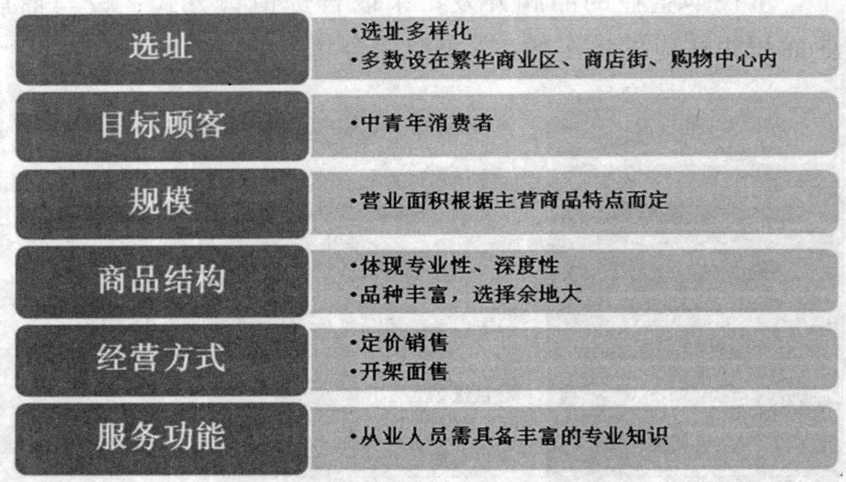

图3-5　专业店的特点

根据经营商品的种类可以将专业店划分为办公用品专业店（office supply）、玩具专业店（toy stores）、药品专业店（drug

---

① 流通经济学1—5（从交换流通商业到流通产、流通产业的地位和作用、流通产业结构、流通的组织形式、商业业态）［EB/OL］. http：//www. docin. com/p—578946398. html.

stores）、服饰专业店（apparel shop）等形式。①

6. 专卖店

专卖店是专门经营或授权经营制造商品牌和中间商品牌的零售业态。专卖店通常会将店铺设立在繁华商业区、商店街，有些专卖店会根据商品特点选择开设在百货店、购物中心内，营业面积不固定，通常会根据商品特点确定。专卖店大多为著名品牌或大众品牌，这些专卖店拥有比较固定的客户群。专卖店在销售方面主要以量小、质优、高毛利等为特点；通常会采取定价销售和开架面售的经营方式。对于专卖店来说，塑造和维护品牌形象十分重要，因此其从业人员都具备比较丰富的专业知识，可以为消费者提供专业性较强的服务。专卖店的主要特点如图 3-6 所示。

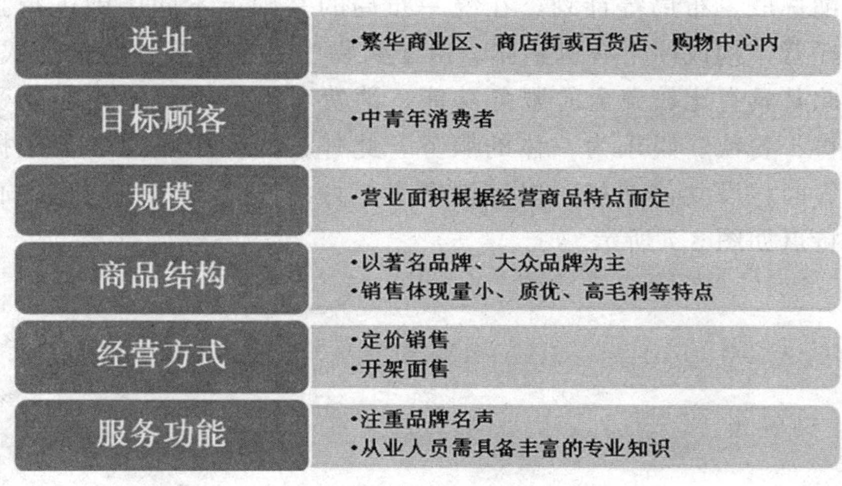

图 3-6　专卖店的特点

① 流通经济学 1—5（从交换流通商业到流通产、流通产业的地位和作用、流通产业结构、流通的组织形式、商业业态）［EB/OL］. http：//www. docin. com/p—578946398. html.

7. 购物中心

购物中心（shopping mall）是一个集多重功能为一体的综合性商业场所，同时具有购物、休闲、餐饮、娱乐等多重功能。也就是说，购物中心是指企业有计划地开发、管理、运营的各类零售业态、服务设施的集合体，是一种新型商业组织群体，从广义层面来说，购物中心属于新型集散经济组织。[①] 购物中心的选址比较灵活，但大部分购物中心设立于中心商业区或城乡结合部的交通要道。购物中心相较于之前提到的几种零售业态，具有更为复杂的内部结构，购物中心通常是由百货店或超级市场作为核心店，此外还包含各种专业店、快餐店等商业形式，是一种多层次的组合式零售业态。一般来说，购物中心中核心店的面积不超过总体面积的 80%；发起者会根据实际情况制订店铺选取、布局等计划，在统一布局的基础上不同店铺进行独立经营，构成一个有机整体。由于购物中心包括多种店铺形式，因此其具有比较齐全的服务功能，消费者可以在购物中心享受零售、餐饮、娱乐为一体的服务。此外，购物中心通常会根据销售面积设立停车场，以使消费者更好地享受购物。购物中心的特点如图 3-7 所示。

---

① 洪涛．购物中心、工厂直销中心及其他……［J］．纺织服装周刊，2008（28）：80－81.

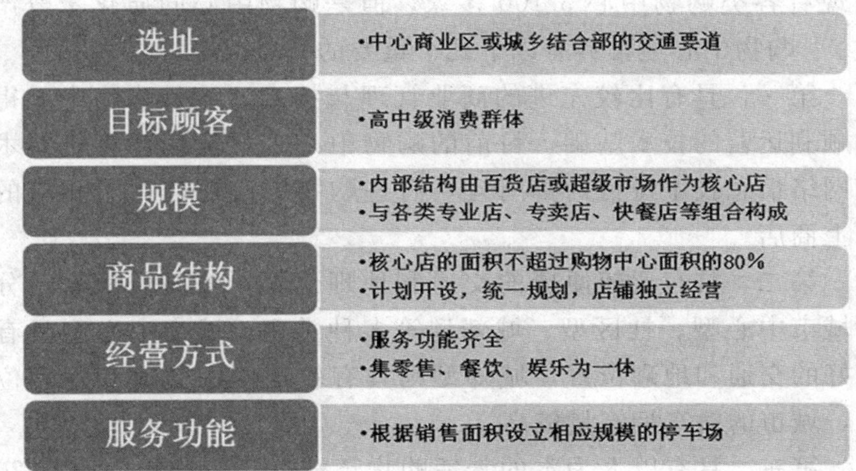

图 3-7 购物中心的特点

按照经营类型不同，可以将购物中心分为近邻型购物中心（neighborhood shopping center）、社区型购物中心（community shopping center）、区域型购物中心（regional shopping center）、跨区域型购物中心（super-regional shopping center）、大型封闭式购物中心（shopping mall）等。①

1956 年，美国建立了第一个信贷购物中心，该购物中心位于美国明尼阿波利斯的郊外，20 世纪 80 年代后期兴起了购物中心建筑高潮，到了 90 年代中期这一势头开始减弱。在高峰时期，美国平均每年有 60 座大型 Mall 拔地而起，最多的一年建了 100 多座。20 世纪 90 年代将该模式引入我国一些发达大城市，近几年来，随着我国传统百货衰退，零售界掀起了建造购物中心的热潮。从 2000 年开始，购物中心迅速在中国发展起来，甚至堪称引发了一场中国城市商业地产运动。② 据统计，我

① 洪涛．购物中心、工厂直销中心及其他……［J］．纺织服装周刊，2008(28)：80－81．

② 洪涛．购物中心、工厂直销中心及其他……［J］．纺织服装周刊，2008(28)：80－81．

国现有各类购物中心 3 100 多家，但是购物中心同质化十分严重。[①] 购物中心通常具有以下几个重要的特点。

第一，具有比较先进的商业管理与技术。这是购物中心得以顺利运营的技术基础，目前的购物中心需要运用计算机技术和网络信息技术进行内部管理，有些购物中心还建立了相应的网上商店。

第二，具有比较便捷的交通和地理位置。按区位而言，分为城市中心型、社区型、城郊型等多种类型，城市中心型具有较好的交通和地理位置，城郊型则具有较便捷的交通和地理位置，城市的轿车拥有量较高。

第三，具有以人为本的舒适购物环境。一般购物中心有 20 万～30 万平方米，大的在 40 万～50 万平方米，一般有 1～3 家主力店，主力店的面积不小于总购物面积的 1/4，专门店、专卖店、餐饮店不少于 200 家，以满足消费者购物、休闲、娱乐、旅游、餐饮于一体的需要。[②]

随着新零售时代的到来，越来越多的商业地产商投资新零售或者用新零售理念改造旗下商业项目。实体零售往往拥有稳定的客源基础，且对于消费者而言，真实可感的门店购物体验要比手机终端的网购来得更加深刻。通过在实体店中感知和体验产品，消费者得到的购物体验是不可替代的。设计独特、运营良好的实体店将继续为那些没有网购经历或不熟悉某一品牌的消费者提供一个切入点。

事实上，在经历了电商的冲击后，商业零售市场亦经历了一番“洗牌”，业态结构的调整较为成功的购物中心销售收入反而出现增长，因为购物中心现在开始接受和学习电商那一套用

---

① 我国 3 100 家购物中心六成差别不大 同质化已达 60% [EB/OL]. http://www.linkshop.com.cn/web/archives/2013/265759.shtml.

② 流通经济学 1—5（从交换流通商业到流通产、流通产业的地位和作用、流通产业结构、流通的组织形式、商业业态）[EB/OL]. http://www.docin.com/p-578946398.html.

户和流量的思维。[①]

（二）无店铺业态

零售商业业态除了有店铺业态外还有无店铺业态，这种商业业态没有具体的商品陈列和销售场所和空间，如邮购、电视购物、网上商店、自动售货等均属于无商铺零售。

1. 自动售货

自动售货是指通过自动售货机销售商品的零售业态，在这种零售业态中，消费者只需要在自动贩卖机上完成几个简单操作就可以完成购买活动，是一种十分方便、快捷的零售模式。自动贩卖机是科技发展的产物，其集聚了声、光、机电等技术，具有技术含量，这种零售业态销售方式新颖简单，获得了广大消费者的喜爱，并且一般自动贩卖机的占地面积小，具有很大的市场潜力，对于商场、超市等商业业态来说，自动售货可以帮助他们实现迅速向外扩张的目的，自动售货的管理成本低廉，还具有利民、便民的特征，可以帮助商家有效地提升自身的知名度和品牌形象。有机结合自动售货和电子购物等新型消费方式，可以为其创造更多的商业价值。随着科学技术的发展，目前可以直接使用手机二维码等方式完成自动贩卖机的商品支付活动，使没有携带现金的消费者也可以购买商品，十分便捷。现在自动售货机出售的商品和服务无所不包，从咖啡、茶、热巧克力等各种热饮，到冷饮、面巾、卫生纸、邮票、电话卡、停车票、银行服务、报纸、药物等，都可以从自动售货机上购得。[②]

---

① 新零售下地产商重新布局传统商业［EB/OL］. https://baijiahao.baidu.com/s? id=1636004077832925971&wfr=spider&for=pc.

② 流通经济学1－5（从交换流通商业到流通产、流通产业的地位和作用、流通产业结构、流通的组织形式、商业业态）［EB/OL］. http://www.docin.com/p－578946398.html.

2. 电话购物

电话购物是一种比较传统的无店铺零售方式，在电视、网络等没有普及使用前就已经出现，是一种通过电话媒体进行销售或购买的零售活动，通过厂方、经营商或者第三方物流实现货物的转移。

3. 电视购物

电视购物结合了电视业、企业和消费者，是随着电视行业发展形成的营销传播模式，在电视购物模式中，电视购物频道和电视直销广告之间存在竞争关系，相互抢夺市场资源，在一段时间内两种电视购物形态共同存在、共同发展。但是随着我国广播电视总局发布了“禁播令”，传统电视购物受到了重创，“禁播令”可以说是电视购物行业的重要分水岭，在此之后，家庭电视购物才真正开始健康发展，进入黄金期。

据统计，我国电视购物行业经过 20 余年的发展已经形成相对成熟的产业链，行业进入了快速发展期。2017 年，全国获得电视购物经营许可的企业共有 34 家，实现销售额达 363 亿元，同比小幅下降 0.8%，降幅比 2016 年收窄 7.5 个百分点，市场规模相对趋于稳定。2017 年整体电视购物企业的平均利润率为 10.7%，比 2016 年的 10.1%增加 0.6 个百分点，利润总额同比增长 5%。其中，播出范围覆盖全国的企业表现良好，销售额占比达 81.8%，较上年提高 0.7 个百分点，销售额增速比行业整体高出 3 个百分点。①

4. 邮购

邮购是指通过邮局发行广告宣传品，引起或激起消费者的购买热情，实现商品的销售活动。邮购的历史可追溯至中世纪

① 2017 年中国电视购物行业发展现状及行业发展趋势分析［EB/OL］. https：//www.chyxx.com/industry/201807/655027.html.

的欧洲。[①] 18世纪时，美国的本杰明·富兰克林开创了运用邮寄的方式来销售书籍。

改革开放后，外资邮购商进入中国，其中比较具有影响力的邮购公司有上海麦考林国际邮购有限公司、贝塔斯曼书店等。2008年贝塔斯曼书店倒闭；成立于1996年的麦考林，2010年以B2C第一股登陆美国纳斯达克市场，但转型近10年来并不成功。

5. 网上商店

随着计算机技术和网络信息技术的发展和普及应用，网上商店应运而生，这是一种通过计算机和网络进行商品的买卖活动的业态，即通过计算机和网络技术向消费者宣传展示商品，消费者订购商品，商品直接送达消费者手中的零售业态。[②] 当前，网上商店已经成为最主要的零售商业业态之一，网络改变了人们的消费理念和消费行为，为网上商店的发展提供了重要的条件。

中国拥有世界上最多的互联网用户，互联网信息中心表示，在这些在线用户中，当前大部分中国网民通过手机上网。中国在电子商务领域的主导地位是有据可寻的，而这些互联网巨头又开始了最新的购物潮流。据电子商务巨头京东称，推动这一惊人繁荣的最大因素之一中国电子商务行业是“实体店基础设施的薄弱环节”。但现在，互联网巨头们正在利用他们所知道的关于消费者如何购物的一切来创建消费方式。[③] 可以说在这样的

---

① 流通经济学1－5（从交换流通商业到流通产、流通产业的地位和作用、流通产业结构、流通的组织形式、商业业态）［EB/OL］. http：//www. docin. com/p－578946398. html.

② 流通经济学1－5（从交换流通商业到流通产、流通产业的地位和作用、流通产业结构、流通的组织形式、商业业态）［EB/OL］. http：//www. docin. com/p－578946398. html.

③ “新零售”利用大数据创建智能商店［EB/OL］. https：//baijiahao. baidu. com/s? id＝1627866061651126403&wfr＝spider&for＝pc.

背景下，“线上+线下”的零售模式将成为我国零售业发展的必然趋势。

三、零售业商业模式发展趋势

（一）构建基于终端客户需求导向的“新零售”模式

随着时代的发展，终端客户需求已由刚性购物需求转变为以购物和娱乐为一体的多样化需求，这也是“新零售”模式呈现的显著特点。未来零售商业的发展必须基于消费者日趋多样化的需求，在商品质量以及附加服务方面不断完善功能机制，构建基于终端客户需求导向的“新零售”模式。例如，坐落在城市的黄金地段的百货商场需转变成为精致商品和人性化服务的体验式大型购物中心，不断完善购物、餐饮、休闲、娱乐等多种功能，同时借助大数据与电子商务平台，向客户推送个性化的零售商业信息，实现零售企业的多渠道发展，构建线上预约和线下体验相结合的高效服务，让消费者服务融入更多的情感积淀和人性化关怀温度，从而加强终端客户的消费黏性。构建基于终端客户需求导向的“新零售”模式，还需要设立市场信息反馈的线上线下渠道，时刻关注消费者的需求导向与变化，为“新零售”模式的创新与变革做出正确的导向作用。

（二）推动科学管理和先进技术的实施

当今世界，零售业发展较为先进的企业大多采用先进的技术，实施商业管理自动化。“新零售”发展模式的成功运行必须基于先进的电子信息技术，构建完善的电子商务系统，如电子商业数据处理系统、客户关系管理系统、决策支持系统等。另外，以信息技术为代表的科学管理技术是现代零售业发展的必然方向。实现“新零售”商业模式的科学管理需要将商业管理自动化渗透到企业的购买、储存、运输和销售各个环节，降低零售企业经营成本，提高商品流通效率，增加社会经济效益。

科学管理还要求大量的混合型人才，即既能够熟练操作计算机等信息设备，又可以精确掌握商业发展及市场营销等相关专业知识的高等教育人才。因此，“新零售”的出现与发展会带动相关专业知识人才的教育与培养。

（三）完善社区零售网点的发展

就当前零售业发展的现状而言，我国社区零售业发展网店的规划存在一定的不足，因此国家也将此纳入了城市发展的战略之中。如今广州、重庆、武汉以及深圳等多座城市都采取了积极措施将社区零售业的发展纳入整体发展规划之中。社区零售网点在满足社区居民基本消费需求的同时，也需要加强品牌效应和优质服务来增强终端消费者的忠诚程度，同时在未来的发展过程中也可根据终端消费者的消费偏好进行自有产品开发，满足消费者更为个性化的消费需求。在美国社区零售网点40%的商品为自有产品，而就英国而言，社区零售网点中平均30%以上为自有产品。我国零售业也可把握这一时代发展趋势，在完善社区零售网点分布的同时，也注重自有产品的开发，增加附加服务的类型，提升服务质量，以更加满足社区消费者的需求。

（四）把握社交化购物的“新零售”销售心理

7—11的创始人铃木敏文曾经说道：“在学习和实践的过程中，我看重数据，从数据里挖掘价值，同时也锤炼出了一双不会盲目轻信数据的眼睛，能在第一时间捕捉数据的细微变化，并深层次的思考变化原因，这是因为我理解他人的心理。”在当前的“新零售”时代，掌握数据和心理是重要的销售保障。[①]

在当前社会交往中，依赖于社交平台的社区化交往已成为重要的人际交流模式，微博、微信等主要SNS社交平台成为了用户活跃度极高的平台。在这些平台之中拥有着社交领域的超

---

① 新零售下，当大数据遇上了心理学［EB/OL］. https://baijiahao.baidu.com/s?id=1582690170966709107&wfr=spider&for=pc.

大用户群及用户信息数据，同时拥有用户活跃度极高的特性，这是促进社交化购物时代来临的重要推动力。以新浪微博为例，众多美妆达人都会定期或不定期更新美妆课程或推荐美妆单品，而其微博粉丝则会依据“美妆明星”的推荐来确定购买需求，长此以往这便形成了极为重要的社交化购物效应。零售业企业应有效地把握社交化购物这一新型消费者需求，不断发挥大数据作用，发展黏性更强的“粉丝会员”作为可识别的潜在消费有效群体，同时不断强化自身产品的品牌标签效应，增强顾客对于零售商品的信赖程度和情感联系，从而构建具备长效性的粉丝生态零售经济，在零售企业和消费者之间发展新型的服务关系。

（五）促进零售业物流链条的飞速发展

“新零售”发展模式离不开与物流业的相互协作与配合。零售业的改革创新为物流业的发展提供了新的机遇，物流业的繁荣发展也极大地促进了零售业的优化转型。但需要注意的是在当前物流行业，有 70 多万家物流企业，但实质上仅有几十亿元的利润，这并不利于物流整体行业的健康发展。因此在未来的发展态势中，零售业物流链条将致力于实现“O2O”的模式，在物流成本方面不断降低，在物流效率方面大幅提升。随着物流业的发展已成为国家战略的组成部分，其发展需基于更加开放的发展思路、更为多样的探寻角度，寻找互联网、零售业和大物流的共生发展，从而促进零售业的时代化发展和转型。

第二节　批发商业

一、我国批发业存在的问题

（一）缺乏对批发业的科学规范和管理

在很长一段时间里，我国政府统一管理批发业，这种管理模式更注重对批发行业的保护，但是在一定程度上却制约了行业发展，政府保护的本意是促进行业发展，但实际上却在一定程度上降低了批发业的自我生存能力。在传统的政府管理下，我国批发行业普遍存在管理水平低、产品流通网络不健全、交易技术落后、交易方式单一等问题。大部分传统批发业习惯了来自政府的保护和统一管理，一直沿用比较落后的批发手段，这种手段相较于现代化的批发技术手段存在很多劣势。虽然传统批发技术相较于现代批发技术明显落后，但是地方政府对这些传统批发业实行扶持和保护政策，导致这些落后的传统批发手段并没有从市场上消失，虽然传统批发业得以继续生存，但是其在激烈的市场竞争中很难找到自己的立足之地。[①] 并且，这种传统批发业影响了整个批发业的健康发展，严重拖了批发业快速发展的后腿，而且这种受到政府保护的传统批发业的存在，严重地影响了大型批发业的组成和发展，这在很大程度上影响了我国批发业的组织化、规模化和集中化。

传统商品流通体制会对我国批发业的发展造成一定的制约，而这也导致我国批发业在很长一段时间内都无法对商品经营行为和进货渠道进行规范管理，市场商品价格无法统一，有时会出现批发价格与零售价格相同的情况，甚至会出现零售价低于批发价的情况。当前我国批发交易存在很多不规范、不到位的地方，影响了整个批发业的健康发展。例如，一些购货商会欠账和赊账，批发商没有诚信、做虚假广告，还有一些批发商用质量差的产品充当质量好的产品等。目前我国的批发交易中大部分主体为小型批发商，大型批发商主要从事的是生产资料的批发交易和国际进出口贸易的批发交易，具有比较先进的技术和管理手段，但是在其他批发领域中，这类批发商数量很少。

（二）批发企业规模小，集中程度低

我国批发商数量较多，但是大型现代化批发商数量比较少，

---

① 李义福．我国批发业发展对策研究［J］．中国商贸，2014（01）：84—87.

小规模批发商在批发业中占绝大多数，这就导致我国批发业的交易手段为：批发企业大批量的从生产厂商购入商品，再向零售商批量卖出商品。批发业的一个明显的特点就是买入量和卖出量大，这就需要批发企业具有一个较大的经营规模，能够形成一个完整的经营运作体系。但是批发业的经营主体日趋多样化，这样就会使得原有的市场模式重新调整，市场中的专职批发商由于市场的重新分割，开始大量地分散，由专职经营变为兼职经营，这种兼职经营的方式很难形成大规模的商业批发体系。这样使得小型批发商的数量大大增加，而具有一定规模的大批发商却相对数量较少。商业批发业存在的问题是“小、乱、散、差”，由于小型批发企业逐渐成为整个批发行业的主体，数量多但没有形成规模企业，这样就不便于管理，批发业整体的市场秩序也会相对混乱，每一家单独的批发企业都会为自己谋求眼前的经济利益，并没有一个长远的经营目标和经营理念，这样就会使相应的服务质量较差。批发业“小、乱、散、差”的问题，对批发业的整体形象造成了严重的不利影响。① 此外，批发商的主要特点就是经营成本低、批量买卖效率高，但是一些规模过小的批发商并不具有这一优势，这严重地影响了批发业在整个市场中批发作用的发挥，制约了我国批发业整体的发展。

由于我国批发业存在经营规模过小、集中程度较低，导致假冒伪劣的情况在整体批发市场中盛行，严重降低了批发业的整体信誉度。② 我国批发业有很多小型批发企业，而现代化的大型批发运营商数量却很少，小型批发商只可以进行小规模的批发活动，对于那些大批量现代化生产来说并不能胜任，只有大型批发企业才可以满足现代化生产中提出的进货成本低、数量大的要求，并且具备较强的商品储备能力和大批量分销能力。小型批发商的规模小，储备能力和分销能力相对较弱，并且不

① 李义福．我国批发业发展对策研究［J］．中国商贸，2014（01）：84－87.

② 李义福．我国批发业发展对策研究［J］．中国商贸，2014（01）：84－87.

能组建起大型的流通网络体系，在管理方面也无法形成有序统一的管理信息化，这就导致这些小型批发商的批发过程中可能混入一些不正规厂商生产的产品。一些小型批发商为了眼前利益，不爱惜自身信誉，导致整个批发业都陷入信誉缺失的困境。并且小型批发商只可以进行小批量的进货、出货，这就会导致商品的单位成本比较高，而一些批发商为了降低单位成本就会在商品中混入一些假冒伪劣产品，[①] 这种行为十分不利于构建秩序良好的市场环境，严重破坏了批发业的良好形象。

（三）信息化程度低，“线上＋线下”融合缓慢

首先，信息化程度很低，导致批发业的销售协同性差。对于许多线下批发的批发商来说，他们一直习惯了传统的批发模式，不管订单大小，大多仍采用手动抄写的记录方式，如果碰到打电话订货下单的客户，则很容易出现忘记发货、漏收货款等问题。传统批发行业在信息化管理销售上投入力度低，从而导致销售的协同性变差，从而小至客户流失，大则至账目混乱，面临倒闭。

其次，“线上＋线下”融合缓慢，导致批发业难以实现成本转系。随着手机、电脑的兴起，批发行业也迎来了移动时代。许多批发商户还没有接触过网上订货软件，甚至连电脑可能都没有。这里不难看出，在客流量越来越少、资金越来越高的经营环境下，大多数商户还没有从传统的经营思想中组出来，更谈不上运用互联网的方式进行销售管理了。当然除了市场的客观原因，许多商家对自己客户的喜好、动态也不是很了解，信息的不对称使商家的营销处于不利地位。[②]

---

① 李义福．我国批发业发展对策研究［J］．中国商贸，2014（01）：84—87.

② 难以言说的痛：网上订货兴起，传统批发行业如何突破客户流失现状?［EB/OL］．http：//news. yesky. com/hotnews/456/1160685456. shtml.

(四) 批发业经营范围单一，缺乏竞争力

为了满足市场需求，批发业应运而生。批发业介于生产厂商与零售商之间，进行货物的大批量经营活动，具体来说，批发商从生产商大批量地组织货源，再向零售商大批量地进行分销，有效地降低了交易成本。但是随着整个批发市场格局的变化，尤其是商品流通格局发生了巨大的改变，这样使得我国批发业的整体发展道路更加坎坷，生存环境更加恶劣。自批发商业体制改革以来，原有的产销、购销、批零之间的这种相辅相成的交易方式已经不再使用，取而代之的是生产商和零售商对批发业的挤压，生产厂商、零售商和批发商原本相互依存共同发展，现在却变成了相互竞争的关系。①

在商品流通领域，生产厂商不断发展，一些大型生产厂商开始自行建立配送网络，实现了生产商到零售商的直接对接，也就在很大程度上减少了对批发商的依赖，在一些商品流通过程中甚至已经完全没有了批发这一环节。相较于批发商，生产厂商拥有品牌优势，并且可以直接为消费者提供质量好的产品；批发商的经营范围比较单一，并没有显著优势，并且批发商市场混乱，产品质量也没有保障，这就进一步压缩了批发商对整个流通领域的影响。也就是说，批发商在生产厂商和零售商的双重压力下，生存空间越来越小。目前，很多大型零售企业开始转变经营方式，从单独个体经营逐渐转向大型连锁超市，这就导致一些零售商的规模极大地扩大，甚至超过一些小型批发商的规模。对于这类零售商来说，不再需要批发商参与其商品流通，而是直接从生产厂商进货。可以看出，批发商这种从生产厂商进货销售给零售商的经营方式太过单一，难以在零售商不断发展的市场上生存。

---

① 李义福．我国批发业发展对策研究［J］．中国商贸，2014（01）：84—87.

二、批发业的发展对策

(一) 加强政府监督和规范管理

随着人们消费观念的转变，企业的知名度、口碑等成为人们进行消费选择的重要依据，这就导致企业越来越重视自己在市场上的声誉，逐渐意识到诚实经营、信誉至上的重要性，但即使在这样的背景下，仍然有一小部分批发企业只顾眼前利益，以损害自身声誉为代价获得更多的利益，甚至扰乱整个行业的秩序，影响行业的健康发展，这就需要政府加强对批发业的监管力度。政府要加强批发业的行业道德规范建设，同时，也要对经营不合法的批发企业给予严厉的法律制裁，规范批发业的经营交易行为，规范批发市场的市场秩序，规范批发企业的商业行为，从而加强对整个批发业的监督和规范管理。地方政府也应适度减少对地方批发业的过度保护，让整个批发行业平等竞争，促进优秀的批发企业发展，淘汰竞争力差的批发企业；同时，要加强对批发业的法律监管力度，让整个批发业得以健康的发展，从而使得整个批发业走上法制化、规范化、现代化的道路。[①]

因此，政府必须进一步加强对批发业的监督管理。这就要求政府要协同批发业共同努力规范批发的交易行为；同时，政府还应该针对批发行业出台一系列健全的强制性批发交易法律法规，以此有效地规范市场行为。

(二) 改变经营模式，实现批发零售一体化

1. 正确认识批发职能

批发商是存在于生产厂商与零售商之间的主体，其主要功

① 李义福．我国批发业发展对策研究［J］．中国商贸，2014（01）：84－87.

能就是集中、中转和分散商品，此外还会发挥一定的运输和存储功能，以此实现商品从生产厂商到零售商这一流程。以上这些职能是批发业的传统职能，现在的批发业如果要继续生存发展下去，原有的这些功能是远远不够的。批发业还要向零售业提供准确可靠的市场信息，为零售商开发和提供独特且新颖的商品，使用独有的供货渠道向零售商提供商品，引入支持零售商促进销售的全方位的服务系统，批发业要重视零售业并向零售领域延伸。①

2. 创新发展批发机能

批发企业的主要交易对象为零售企业，这就要求批发企业应该针对不同零售企业创新研发新机能，以此更好地实现自身与零售商的交易。不同的交易环境，零售企业对批发企业的服务需求也就相应地会发生变化，即使是交易环境相同，由于零售企业之间存在着差异，对批发企业的要求也是不一样的。所以，批发企业要想在不同的交易环境中，满足不同零售企业的要求，就要开发新的批发机能。批发企业要在原有的服务基础上提供更加全面的综合批发服务，对不同的交易环境进行充分的市场调查，分析在不同的交易条件下，开发更加适合具体零售企业的批发机能，与每一个零售企业紧密联系，建立起一个完整的批发与零售体系。②

3. 积极提供全面服务

随着市场经济发展，市场对我国批发业发展提出了新的要求，一是我国批发业必须改变传统经营方式，与零售商建立更密切的关系，尽可能满足零售商的需要，为其提供全面服务，以此打破二者之间单纯的商品批量销售关系；二是建立与零售商之间的合作关系，协助零售商更好地进行商品销售。我国批

① 李义福．我国批发业发展对策研究［J］．中国商贸，2014（01）：84－87.
② 李义福．我国批发业发展对策研究［J］．中国商贸，2014（01）：84－87.

发业要放弃一个固有思想，那就是只是向零售商进行转售商品这种固有的思想观念，要谋求自身的生存与发展，就要对零售商进行销售支援。具体的支援方法是：批发商可以向零售商提供产品具体的经营技术指导、促销方法和产品广告推广等全面的销售辅助服务。另外，批发商可以与零售商合作进行全面的市场调查，并建立信息数据库，从而对市场进行全面的分析并做出合理的预测，为零售商提供更为完善的服务支持。

三、新型批发业态模式

（一）全产业链模式

作为批发贸易的交易平台，一直以来，批发市场的优势主要在于它的聚合效应，这里聚集了大量的商品、经营户和采购商，交通和物流上的便利将进一步强化批发市场的聚合优势。但随着通信技术、国家交通基础设施和经济的发展，传统批发市场的聚合效应正在逐步减弱。一方面，由于商品信息更加对称，采购商可以跨过批发市场直接向生产厂家采购，而且同质批发市场的竞争，也使采购商有了更多的选择，因此采购商对于某个批发市场的依赖性大大降低。另一方面，批发市场对于优质经营户的吸引力也正在下降，很多经营户正在主动改变坐市商的特点，主动走出去直接建立与客户的联系，造成了批发市场对于优质经营户聚合能力的降低。

批发市场的转型升级就是重塑并强化市场聚合效应的过程，鉴于现代企业之间的竞争已经转变为产业链之间的竞争，因此，新型批发市场的特点应该是基于全产业链的整体布局，包括从制造端到零售端，涵盖市场、物流、信息、金融等多种业务的安排。

具体而言，传统批发业态转型过程中，产地型批发市场最为紧迫的任务是升级制造端，形成总部经济，以市场为龙头，通过强化对于制造商和零售商的控制力增加市场的聚合效应。在制造端，由于部分产业开始转移到东南亚等劳动力成本更低的地区，中国批发市场面临产业转移的压力，产地型批发市场的优势正在丧失。因此，必须加强产地型批发市场的产业支撑，鼓励批发市场周边的产业集群向研发、创意设计、营销等领域发展，形成总部经济模式。另外，对于零售端，批发市场应加大招商力度，对接国内外各地区的优势产业，通过扩大市场网络并提供高品质的物流、金融等增值服务把更多零售商纳入自己的供应体系，增加市场经营户的聚合效应。

产业链整合商业模式有极强的抗风险能力，在产业链的某一端、某一环节出现了风险的时候，可以靠全产业链的整体效能抵抗风险，获得利润。但全产业链的商业模式也有巨大的风险，就是当出现行业变革的时候，比如诺基亚是全产业链整合模式，从上游原材料、中游生产制造到下游零售终端全是自己掌控，但手机行业出现颠覆性、革命性的创新产品时候，整个产业链完全失去效能。

所以今天的全产业链整合，不只是单一产业的上下游全产业链整合，更重要的是在产业链与产业链之间实现整合，即使在某一产业出现问题，也会在其他产业上能实现企业存续的目标。产业链整合商业模式是大品牌、国际化、大公司才有这样强大的实力，同时在产业链商业模式情况下，虽然减少了交易成本，但有可能出现大公司病而出现整体管理成本上升的情况。①

（二）供应链模式

发展新一代批发市场的关键是物流服务能力的提升。因为流通业发展的趋势说明物流的重要性将与日俱增，未来没有强大物流支撑的批发市场没有任何竞争力。

① 产业链整合商业模式与商业模式整合［EB/OL］．https：//baijiahao.baidu.com/s?id=1629520682758934983&wfr=spider&for=pc.

目前，中国批发市场物流的服务能力滞后于市场规模的扩张。主要表现在：第一，大型仓储基地数量不够，仓储规模不能满足日益增加的物流需求；第二，众多联托运机构规模普遍较小，未能有效整合，物流过程缺乏统一调配，属于粗放型经营模式，大大限制了先进物流管理技术的应用，造成物流经营成本较高、服务效率低下；第三，物流业综合体系不健全，铁路、公路、航空运输与海关未能实现无缝对接，订舱、集疏、储运、包装、理货、分送等综合功能薄弱，物流设施不足，物流运营车辆少，运力紧张，不能及时提供合适的运输服务。物流问题极大地阻碍了传统批发市场的转型升级。因此，需要加强批发市场物流服务，建立、健全相关配套设施。

新一代批发市场的供应链特点有以下三个方面。

1. 提供供应链金融增值服务

批发市场之间的竞争实际上已经演变为批发市场主导的供应链之间的竞争。同一供应链内部各方相互依存，“一荣俱荣、一损俱损”；与此同时，赊销已成为交易的主流方式，处于供应链中上游的供应商由于资金短缺会直接导致后续环节的停滞，甚至出现“断链”。维护所在供应链的生存，提高供应链资金运作的效率，降低供应链整体的管理成本，已经成为新一代批发市场战略的重要组成部分。因此，新型批发市场应该利用掌握的交易数据，推动供应链融资增值服务，提高制造商和经营户的竞争率，从而增强批发市场主导的供应链的凝聚力。

2. 整合中小物流企业

依托信息平台发布的实时货运信息，调配中小物流企业的配送能力，实现批发市场物流信息平台作为运力管理、调配和优化中心的功能。未来的批发市场通过交易掌握物流信息，再通过物流信息平台整合主要仓储基地和各地中小物流企业。最终实现批发市场网络与物流网络的有机结合。

3. 推进经营主体转变

通过建立仓储、配送基地，推进经营主体从“坐商”向“行商”转变。扩大批发市场的辐射范围，首先是市场配套的仓储、配送“走出去”，把物流与市场扩张结合起来，为经营户和采购商提供强大的物流支撑。投资完善物流配送体系，通过补贴物流服务，加强批发市场网络对经营户和采购商的黏性。

(三) O2O 模式

随着电子商务的发展，商品在网络市场中可以方便地进行展示和购买，实体展贸市场不再是商品信息发布的唯一渠道，传统市场的集聚优势正在被逐渐削弱。尽管目前大多数 B2B 电子商务主要功能是为买卖双方提供一个信息发布和搜寻的平台，但随着社会信用体制的完善、相关法律法规的健全、网络技术的进一步发展，B2B 电子商务将实现包括洽谈、签约、结算、托运、报关、纳税、货物签收等全流程的商务活动。未来的批发贸易将是融合线上与线下交易的全渠道商业模式。新型批发市场 O2O 融合的目标是，充分利用电子商务跨越时空的特点，最大限度地获取客户资源，线上获取客户并将他带到线下实体店，而线下实体店不仅可以提供服务和商品体验，还能成为物流配送点，即利用分布在全国的市场网络和智能仓库中心，完成对周边区域订单的配送。为厂家、经营户和采购商提供信息匹配、物流和支付等电子商务服务，打造新型批发市场的聚合优势。

2018 年 1 月 29 日，易观发布了《中国本地生活服务 O2O 行业分析 2018》的研究分析。报告显示，2017 年，中国本地生活 O2O 整体市场规模冲击万亿大关。其中，到店 O2O 市场规模 7 611.9 亿元，在本地 O2O 整体市场中交易占比 76.2%。[①]

---

① 易观：2018 中国本地生活服务 O2O 行业分析［EB/OL］. https：//www.useit.com.cn/thread—17891—1—1.html.

可以看出，O2O的市场规模还将继续扩大，批发业与O2O的有机融合会为其发展带来新生机。

1. 利用线上市场整合、引导、协同供应链

实体批发市场与线上市场的结合，可以实现线上下单、支付，经营户实时了解各地销售数据，及时结算、补货。结合网络市场、智能仓储、物流配送等方式直接就近供货给线上和线下的采购商，成为开放的商品一站式采购批发平台。

2. 利用线上市场发展新的交易模式

电子商务不是线下市场在网上的简单翻版，线上与线下融合后的批发市场应该创新批发商业模式。传统线下批发市场由于受到技术等因素的制约，很难开展多种批发交易模式。因此，应该充分利用电子商务技术的先进性和网络的聚合效应，探索基于电子商务平台的商品竞价、拍卖、联合采购等多种交易模式。通过融合创新，批发市场更多地介入交易，撮合、促进交易，而不仅仅是简单地作为市场秩序的维护者。①

第三节 业态创新

一、业态创新的内在逻辑

（一）流通产业业态变迁的阶段

商业发展史从一定角度来说也是商业业态的变迁史。随着一个国家和地区的社会、经济、技术等方面的变化，商业业态

① 李义福．我国批发业发展对策研究［J］．中国商贸，2014（01）：84－87.

会发生变化，商业业态变迁实际上就是社会、经济、技术等方面不断发展的必然产物，大体上可以将商业业态的变迁划分为六个阶段。

1. 前百货商店时期

这是商业业态变迁的第一阶段，在这一时期，社会公众的物质需求比较单一，社会发展程度比较低，商品化程度也就相对较低，这一时期的零售商业活动的现代化程度较低，此时的零售业态主要是以流动的商贩和杂货铺形式存在的。

2. 百货商店时期

在美国，百货商店始于19世纪60年代，到19世纪末20世纪初达到高峰。它适应了当时的经济发展，引发了第一次零售革命。它经营品种较多，满足了顾客多样化的需求，节约了顾客的购物时间，为厂商提供了展示自己产品的固定销售场所。①

3. 第二次零售革命时期

该时期由连锁店引发了第二次零售革命。连锁店在同一总部的指导和管理下，经营同类商品，使用统一的商号，统一采购配送，实现了规模经营。连锁店的经营适应了社会化大生产的需要，把现代化的大生产与流通有机地结合起来。具体而言，连锁经营包括正规连锁、自由连锁和特许连锁三种经营形式。②

4. 第三次零售革命时期

随着零售业的发展，20世纪30年代出现了超级市场，而以此为代表也掀起了零售业第三次革命的浪潮。人们的生活节奏

① “流通创新理论与对策研究”课题组．业态变迁学说及其促进我国流通创新的政策建议［J］．财贸经济，2003（01）：70—75，97.

② “流通创新理论与对策研究”课题组．业态变迁学说及其促进我国流通创新的政策建议［J］．财贸经济，2003（01）：70—75，97.

不断加快，在消费上的需求也发生了转变，为了适应城市居民一周一次的采购需要，超级市场应运而生，它同时吸取了百货商店和连锁经营的优点。超级市场的经营特征为大量进货、批量销售、降低商品价格，以食品和生活用品为主营商品①，一般都是消费者自行选择商品采购。超级市场的出现推动了整个零售业的进一步发展。

5. 第四次零售革命时期

该阶段的零售商业业态已经比较丰富，由购物中心、专卖店、仓储商店和折扣店等引发了第四次零售革命。在该发展阶段，消费者逐渐出现分化，这是因为不同消费者的消费需求开始出现差异，收入水平和消费理念也存在很大的区别。因此，零售商为了适应这种变化形成了满足不同消费者需求的零售业态，也就是实现了零售业态的多元化发展。例如，在城市中心设立的百货商店存在交通不便、车位紧张等问题，这就要求零售业出现一种面积更大、购物更方便，同时满足餐饮、娱乐等多种需求的新业态，在这样的需求下，大型的购物中心出现了。专卖店则是针对消费者对某一具体品牌商品的需求而建立的商业业态，仓储商店和折扣店则是主要为那些价格敏感型消费者提供购物场所。②

6. 第五次零售革命时期

随着无店铺销售形式的产生，第五次零售革命就此展开。无店铺销售实际上是对有店铺销售的一次零售革命，在此期间形成了电视销售、电话销售、自动售货机等无店铺零售业态。20 世纪 90 年代以来，伴随着电子技术的发展，电子购物成为时

---

① “流通创新理论与对策研究”课题组．业态变迁学说及其促进我国流通创新的政策建议［J］．财贸经济，2003（01）：70—75，97.

② 为何会产生零售业革命——零售业态演变的原理与规律［EB/OL］. https：//max.book118.com/html/2012/0323/1376469.shtm.

尚，电子商务可以看作无店铺销售的集大成者。[1]

近年来，电子商务发展迅猛，但是仍然没有形成一个统一的界定，但是从某种角度来说我们可以将电子商务当作自由和个性的6A精神结合物，也就是指任何人在任何时间、任何地点以任何方式、任何设备提供任何东西。电子商务的这些属性，使其具有全天候、跨疆域、速度快、准确性高、成本低、加快顾客的信息反馈等优点，同时电子商务还可以实现双向交流，从而及时地了解消费者的需要，满足他们的个性化需求。[2]

（二）流通产业业态变迁的内涵

西方理论界针对零售业态的变迁做出了很多种阐释，其中零售轮转学说、辩证进程学说、手风琴学说、自然选择学说等比较具有代表性，这些学说从不同角度解释了零售业态变迁的动因。零售业态的变迁是不以人的意志为转移的，它不仅受目标消费者的构成、支付能力、购买愿望、消费心理、消费习惯等因素的制约，而且还受到商业企业经营管理理念、管理水平、竞争能力、企业资源优劣势的约束，更受到一个国家的经济发展水平、信息技术、物流配送能力、城市建设、社会文化理念、法律法规等发展状况的制约。因此，零售业态的变迁受制于一个国家和地区的社会经济技术发展状况，是一个国家和地区综合发展的真实写照。[3]

一个国家或地区零售业态的变迁可以切实反映该国、该地区的经济发展情况、市场发展情况以及社会公众的生活水平。因此，发展流通产业必须顺应时代潮流，响应时代需要，与时俱进，以相对超前的眼光去把握业态发展的前瞻性，这样才能

---

① 为何会产生零售业革命——零售业态演变的原理与规律［EB/OL］. https：//max. book118. com/html/2012/0323/1376469. shtm.

② “流通创新理论与对策研究”课题组．业态变迁学说及其促进我国流通创新的政策建议［J］．财贸经济，2003（01）：70－75，97.

③ “流通创新理论与对策研究”课题组．业态变迁学说及其促进我国流通创新的政策建议［J］．财贸经济，2003（01）：70－75，97.

不断创新业态，在市场竞争中确立自身的竞争优势。[①]

二、实施业态创新的基础工作

作为工业企业只有不断开发新产品，才能满足不断更新和丰富的消费需求，在激烈的市场竞争中持续生存和发展；作为流通企业，尤其是连锁型流通企业，必须不断创造不同形式、不同风格、不同规格的店铺形态去面向不同的顾客或满足不同的消费需求，这就是业态开发与创新。工业开发消费产品，商家开发购物场所，这是一个上下衔接、功能互补的过程，只有这样，才能完成商品供应与需求的流程，达到异曲同工的效果。[②]

（一）掌握消费偏好，定位商业业态

改革开放以来我国市场化程度不断加深，经济快速发展，同时科学技术也持续进步，这推动了我国市场经济的快速发展，计划经济、短缺经济已经退出历史舞台。在过去，社会生活方式为生产什么就销售什么，但是随着社会经济发展，人们的消费习惯发生了转变，人们的消费方式、消费趋势越来越多样化。当前，市场呈现供大于求的状态，流通业特别是零售业由社会流通的终端转变成引导消费、促进生产的先导性产业。随着全球经济一体化的推进和对外开放程度不断加深，外国商业越来越多地进入我国市场，改变了消费需求，同时越来越激烈的市场竞争迫使我国商业必须将战略重点放在零售业态的开发、争夺和发展上，这也就导致我国零售市场上的新型店铺形式层出不穷，包括超市、仓储店、便利店、专业店、专卖店、购物中心等，这些零售业态的形成和发展推进了我国流通产业的发展，

---

① 马嘉樑．业态创新是连锁业永恒的主题［J］．连锁与特许，2003（10）：11－12.

② 暑期社会实践论文［EB/OL］．https：//wenku.baidu.com/view/68e3b500de80d4d8d15a4fb0.html.

掀起了整个产业的革命性变革。不同的业态满足不同的消费者或某种共同的需求，因而具有不同的业态功能。

（二）实施差异化策略，促进业态创新

随着市场经济的发展和科学技术的进步，会产生一定的新商业业态，流通业态的产生和发展具有其自身的内在规律性。新业态的产生和旧业态的淘汰在一定程度上受到经济发展水平、需求变化、市场竞争等因素的制约、促进和引导。从商业发展史的角度来考察，各种业态的形成、发展、衰退都是先后有序、融合变异的，有其内在的必然性。

消费层次的拉开和消费选择性的增强为细分市场提供了空间，也为业态多样化创造了条件。就比如便利店业态，习惯上容易看作是单一模式，实际上完全可以细分出不同模式，可针对市场消费的特点来确定网点布局、价格战略和品类策略方针，以满足选择性消费需求。

只有在做到以上两点的基础上，才有可能实现成功的商业业态创新，例如电商龙头苏宁易购就对此做了尝试。2018年，苏宁易购正式收购万达百货有限公司下属全部37家百货门店，希望通过智慧零售颠覆传统百货业态。基于对百货转型潮流的精准把握，苏宁对时尚百货展开了新布局，而其中最关键的举措之一就是“自营联营联动”。苏宁百货“自营＋联营“的业务模式，不但能做到对商品信息和消费者需求有最前沿的把握，与上游品牌商直接建立采购渠道，获得传统百货难以做到的商品经营核心竞争力，同时也降低了经营风险。[①]

---

① 智慧零售颠覆传统百货业态，苏宁商业模式创新推动变革［EB/OL］. http：//www.fromgeek.com/vendor/236650.html.

三、流通业态创新存在的问题

（一）缺乏对业态创新的正确认识

目前，很多流通企业的经营者并没有意识到现代流通业态发展的趋势，缺乏创新意识，没有积极进行业态创新，无法主动适应消费特性以及消费结构的变化，特别是对信息化时代消费的个性化发展的趋势认识不到位，导致许多经营者只是在促销手段上追求即时效应，而不从长远的角度来追求经营业态的变化与创新。所以，我们看到许多城市的传统百货业在外资零售巨头的冲击下，因失去了以往的竞争优势而纷纷倒闭。

（二）缺乏人才支持

人才是实现创新的主体，是推动创新的根本力量，可以说只有人才的支持才可能实现创新。近年来流通人才的培养严重滞后，企业普遍缺乏懂经营、会管理、了解流通业态发展态势的经营管理人才。流通业态的创新，不是简单地改变经营方式，而是在全面动态把握流通业发展的前提下，依靠专业的流通知识，实现在产品、价格、服务、店面设置、商圈范围等各个方面的差异化策略组合。中国加入 WTO 以后，流通领域的人才短缺现象更加严重，国际化的竞争导致许多人才流向外资流通企业，这使得本土流通企业的人才困境更加窘迫，这也是本土流通企业无法自主业态创新的根本所在。

（三）缺乏制度支持

业态创新的顺利开展必须有制度保障。我国确定了社会主义市场经济制度，为流通业态创新提供了重要的外部制度环境，但是从具体制度支持的角度来说，流通业态创新仍然缺乏强有力的支持。主要表现在流通企业内部制度僵化，特别是一些国有流通企业，由于其产权制度的缺陷以及经营管理者选拔制度的不完善，导致其在业态创新方面难有作为。

（四）缺乏技术支持

现代商业的业态创新依赖于信息技术以及管理技术的现代化。从某种意义上来讲，业态创新是技术创新的必然产物。沃尔玛这种大卖场的出现，就是依靠信息化技术为支撑的。但中国流通企业的信息化水平普遍较低，所以在业态创新方面，无法紧跟世界流通技术创新的潮流而适时推动业态的创新。纵观中国流通业态创新的首倡者和领导者大都是外资流通巨头，这些外资流通巨头从国外发达市场引入业态模式，本土流通企业大多采取一种模仿策略，缺乏根本性的业态创新动力。

四、推动流通业态创新的对策

推动流通业态创新可以有效地提升流通企业的市场竞争力，从而从整体上提升我国流通企业在国际市场上的竞争力，想要实现流通产业的业态创新应该注意以下几个方面。

（一）提高流通企业进行业态创新的主动性与积极性

流通企业经营者只有通过考察流通市场，才能真正意识到流通业态创新的重要性和必要性，这是经营者积极、主动地进行业态创新的基础。在计划经济时代，经营者基本上没有竞争压力，所以那时中国流通业态创新的进程异常缓慢。改革开放后，特别是加入 WTO 以后，随着外资流通巨头纷纷进入中国市场抢滩布点，流通产业的竞争就变得异常火热起来，外资流通企业所带来的新型业态的竞争力，使得原来占主导地位的百货业面临前所未有的竞争压力。这在一个层面上给了本土流通企业强烈的业态创新刺激。因此，只要继续保持流通产业对外开放的竞争格局，信守加入世贸组织时的承诺，学习效应以及竞争压力都会使本土流通业者强烈意识到流通业态创新的必要性。

（二）加强流通人才培养

人才是创新的关键，因此流通企业必须加强人才培养，以此为业态创新提供重要力量。一方面，可以通过专业院校以及职业培训机构来加大人才培养的力度；另一方面，可以通过校企合作的方式，为流通企业进行订单培养。这些年，由于人才流动加快，外资流通企业也为本土流通企业培养了一批具有现代化流通意识与创新的人才，这是外资所带来的溢出效应。要利用好人才，留住人才，鼓励知识入股，为流通业态创新提供最大的智力保障。

（三）推动流通技术进步

流通企业应该大力推动信息化，要为业态创新提供技术支持。信息化是现代流通产业发展的技术基础，尤其是对于连锁经营的商业业态以及网络化的流通业态而言，信息化是其形成和发展的重要基础。没有信息技术的支撑，流通业态的创新将受到极大的制约。要推动流通技术进步、实现流通信息化，就要完善社会信息网络以及企业内部网络的建设。信息技术、网络技术的发展为流通业创新带来了极大的可能与动力。

（四）推进国有流通企业改革

近年来，我国大力推进流通企业的改革，当前大部分中小流通企业已经改制成功，成为民营企业。但仍然有一部分国有大型流通企业的产权改革还没有到位，必须依照现代企业制度对其进行深入改革，明确投资者、经营者的职责与权利，加强对领导班子的考核。要鼓励大型国有流通企业在业态创新方面走在前面，学习并消化外资流通企业所带来的业态创新方面的先进经验。

第四章　流通产业安全研究

产业安全是普遍存在于各个行业的问题，流通产业同样存在产业安全问题。产业安全会对产业的生存和发展等诸多方面造成直接影响，这决定了产业安全问题的重要性，当然对于流通产业来说也是如此。即使流通产业安全属于一种潜在危险，但是必须做到防患于未然，当潜在问题转化为现实状态再去处理，往往就已经为时已晚。所以，我们必须结合经济发展实际和流通产业特征和地位，加强对流通产业安全的研究。

第一节　产业安全与流通产业安全

一、产业安全

关于产业安全的定义国内理论界并没有形成统一意见，但是有几种比较具有代表性的观点，包括产业竞争力说、产业控制力说、产业发展说、产业权益说等，这些学说在产业安全的研究中得到了广泛认可。[①] 也有一部分学者认为有关产业安全的学说分为产业竞争力说、产业控制力说、产业权益说三大类，也就是将产业发展说剔除了。需要注意的是，这些学说是基于

① 李陈华．外资商业竞争与中国流通产业安全研究［M］．北京：中国社会科学出版社，2016，第 118 页．

之前的研究做出的阶段性总结，虽然有效地促进了知识积累和学术发展，但同时也存在一些不恰当、不完备的地方，尤其是在产业竞争力说与产业控制力说之间很难区分，因为这两种学说对于产业安全的定义存在一定内涵上的重叠，竞争力是控制力的前提，控制力是竞争力的结果。[①] 为了更好地解释产业安全的内涵，学者们按照产业安全概念的宽泛程度对其定义进行分类，即严格的产业安全概念、宽泛的产业安全概念和一般意义上的产业安全概念。

严格的产业安全概念和宽泛的产业安全概念对应着两种极端的观点。在严格的概念中，想要实现和保持产业安全的需要达到很高的要求，这就导致开放经济条件下的所有产业几乎都不安全；在宽泛的概念中则恰好相反，即便东道国产业受到外资进入的威胁、损害甚至控制，也不一定就不安全，因为这并不意味着东道国产业未来没有重塑和复兴的机会和能力。[②]

由于严格的产业安全和宽泛的产业安全是针对产业安全的两种极端表述，因此在实际研究、判断和制定政策的过程中，只可以将其作为一种参考，在实践中起到重要理论基础作用的是一般意义上的产业安全。当前，在理解和研究产业安全时，大多是从产业竞争力和产业控制力的角度出发的，这就是一般意义上的产业安全。根据这种观点，产业安全主要在于开放经济条件下本国资本是否有足够的竞争力，是否能够抵御潜在的外来威胁，是否能够控制某个产业的发展。实际上，从实践中看“产业发展力说”“产业竞争力说”“产业控制力说”是很难区分的，[③] 因此我们不应该将它们完全区分看待，产业只要拥有发展力就可以逐渐提升自己的竞争力，而在竞争力达到一定程

① 李陈华．外资商业竞争与中国流通产业安全研究［M］．北京：中国社会科学出版社，2016，第 118 页．

② 李陈华．外资商业竞争与中国流通产业安全研究［M］．北京：中国社会科学出版社，2016，第 118－119 页．

③ 李陈华．外资商业竞争与中国流通产业安全研究［M］．北京：中国社会科学出版社，2016，第 119 页．

度后产业就可以获得控制力。

此外，还可以从行业层面阐述产业安全，根据行业的不同，产业安全的概念也会有所差别。我国学者张志君阐释了电视文化产业安全概念，刘伟、陶树人阐释了煤炭产业安全概念。研究流通产业安全也应该充分考虑流通产业的特殊性，以此为基础才能保证概念界定的准确性。一些学者在产业安全的概念中引入生态、资源、环境、能源等方面的要素，强调产业安全的可持续性特征，如易明、杨树旺、宋德勇集中于产业发展力、竞争力和控制力的可持续性，对产业安全概念做了一个重要扩展。①

我国理论界对产业安全的概念并没有形成统一意见，但从整体上来看，关于产业安全概念的论述大致包括三种：第一，产业安全是指一国在对外开放的条件下，可以在国际竞争中保持民族产业的可持续生存和发展，在外部环境冲击的环境下仍然能保持本国资本对本国产业主体的控制；第二，产业安全是指国家在公平的经济贸易环境下，可以保持国内产业平稳、全面、协调、健康、有序的发展，并且可以实现本土产业在这样的市场环境中寻求进一步的发展，从而有效地促进国民经济和社会全面、稳定、协调和可持续发展；第三，产业安全是指一国在经济交流和经济竞争中，本国资本可以有效控制与国计民生有密切联系的重要经济部门或产业，本国各个层次的经济主体在经济活动中的利益分配，以及政府产业政策在国民经济各行业中的贯彻落实情况。②

根据以上论述我们可以对产业安全的概念进行总结，产业安全是指在开放的经济条件下，一国本土产业可以保持持续、健康、稳定、有序发展，可以在国际交流中把握自身的控制权，

---

① 易明，杨树旺，宋德勇．资源环境约束与产业安全评价指标体系重构［J］．工业技术经济，2007（09）：119－122.

② 李陈华．外资商业竞争与中国流通产业安全研究［M］．北京：中国社会科学出版社，2016，第121页．

不会受到外国资本对其造成的实际和潜在控制。第一，东道国一方面要保护本国产业的稳定发展，另一方面要维护公平有序的市场竞争，二者是矛盾统一的，保护本国企业并不意味着闭关锁国，维护健康的市场竞争也不意味着放任自流，这就是说一国必须在不损害市场竞争的基础上保障本土产业安全，在保护本土企业的基础上促进市场竞争更加有序。第二，产业安全是在开放经济条件下的问题，因此产业安全是一个相对性的概念，产业安全与一国产业发展的绝对水平没有关系，因为只要没有外资进入本国市场，那么本国产业就不会存在安全问题；相反，即使一国本土产业发展程度再高，却面临着大量的、竞争力强的外资进入从而对一些本土产业进行控制，也可能出现产业安全问题。第三，产业安全问题是指外资对本土产业进行控制的威胁，这种外资控制不仅包括实际控制，很多时候这是一种潜在威胁，如果外资已经对某个产业形成了控制力，那么东道国再想掌握产业的控制权就已经晚了，因此我们在研究产业安全时，一个重要的内容就是潜在威胁。

二、流通产业安全

（一）重新审视“利用外资”的概念

流通产业安全是指在开放经济条件下的产业稳定健康状态，我们必须正确认识利用外资的概念。改革开放初期，我国缺乏软件知识和硬件设备，我们要想实现发展就必须从外国大力引进资本、设备、管理和技术，因此政府就制定实施了各种优惠政策，以此提高外商到华投资的吸引力，这符合当时的经济发展需要。但是随着经济全球化推进和改革开放程度不断加深，尤其是进入 21 世纪以来，中国凭借迅猛的发展势头在很大程度上缩小了与世界发达国家之间的差距，相较于改革开放初期的经济形势发生了根本性改变。①

大型超市领域是在流通领域占有主导份额的业态，而当前外资控制的比例已高达80%以上，中国零售企业只能在中低端市场经营。随着外资的延伸，低端市场也将面临逐渐萎缩的危险。零售业是最能吸纳劳动就业人口的领域，任由外国的“资金密集型”企业前来掌控。业内有人指出：流通渠道可以控制工业命脉，如果放任外资企业占领我国的流通渠道，中国的企业终将沦为国外流通企业贴牌产品的加工车间。②

1978年我国人民币存款余额为211亿元，2017年我国人民币存款余额为164.1万亿元，全年人民币存款增加13.51万亿元。③可以看出，现在中国缺的不是资金，而是把股市、楼市中的游资导向生产性用途的畅通渠道。因此，当前最重要的不是引进外国资本，而是构建有效机制来疏通国内的资金供求渠道。这不是说要重新闭关锁国，而是建议政府把利用外资作为对外开放和交流的一种正常形态，而不是首要的政绩工程。如果在新时期仍然坚持利用外资的传统理念，既不利于民族产业的发展，也不利于整个国家的经济安全。④

（二）辩证地看待竞争性行业特征

我国曾经在较长一段时间内实行计划经济，随着改革开放实践探索，原有的“重生产、轻流通”的观念已经发生了改变，但是在中国加入WTO后社会上出现了一种新的观念，认为流通产业发展不需要政府介入，因为其本身是一个天然的竞争性

---

① 纪宝成，李陈华．对中国流通产业安全的几点认识［J］．经济理论与经济管理，2012（01）：5－9.

② 触目惊心：中国有哪些产业被外资控制？［EB/OL］．http：//www.ugsnx.com/article－129－1.html.

③ 2017年金融统计数据报告［EB/OL］．http：//www.financialnews.com.cn/sj_142/jrsj/201801/t20180112_131403.html.

④ 纪宝成，李陈华．对中国流通产业安全的几点认识［J］．经济理论与经济管理，2012（01）：5－9.

行业，但事实上这种观念是狭隘不全面的。事实上，即便在西方发达的市场经济中，政府也一直对流通产业有着各种各样的法律和政策规制。一些国家有专门的立法，如日本的《百货店法》《大店法》《大店立地法》，法国的《罗瓦耶法》，丹麦的《规划法》《商店营业时间法》。另一些国家则有明确的政策规定，如奥地利、挪威、意大利和德国的营业时间管制，美国、加拿大、比利时的商业网点规划。并且，许多发达国家对大商店的选址开业都有严格的听证审查制度。在改革开放初期，中国政府放松商业管制毫无疑问是正确的，但是就目前外资商业大举抢占中国市场的形势来看，这种放松似乎走得过头了。①

（三）前瞻性地认识潜在威胁

在正常情况下，保证市场结构非垄断，外资商业的内部竞争充分，通过自身的市场势力使其不能对进销价格进行有效控制，这样就不会导致外资商业影响我国生产者和消费者的情况发生，因为企业运行的根本目的是实现盈利，并没有激励偏离正常的理性行为路径。但是在地震、洪涝、战争等非常时期，政府必须在很短时间内对社会资源进行全方位的调配，这时流通企业就必须配合政府，及时响应政府对资源的调配，尤其是那些大型的零售商和批发商，他们有自身建立的高效率配送系统，在非常时期这些配送系统可以起到十分关键的作用。在这样的背景下，外资商业仍然是将盈利作为其最主要的目标，并不会将国家、民族等情感因素融入其决策中，但是为了实现营利目的外资商业可能以请示总部、WTO规则、例行程序等作为借口抵制政府的紧急调配行动，甚至可能借助自身在市场上的强大势力采取操纵市场、扰乱秩序等行为。②

---

① 纪宝成，李陈华．对中国流通产业安全的几点认识［J］．经济理论与经济管理，2012（01）：5－9．

② 纪宝成，李陈华．我国流通产业安全：现实背景、概念辨析与政策思路［J］．财贸经济，2012（09）：5－13．

流通产业安全需要从状态与能力两方面加以衡量。中国加入 WTO 时承诺深入开放流通业的政策，在当前内外资流通企业实力存在差距，同时内资企业组织化程度较低且面临市场分割等问题的情况下，需要尤其关注流通产业安全问题。外资在零售、批发两个环节渗入所带来的影响会有所不同：外资零售可能击垮一定“商圈”范围内的中小零售企业，但仅就其本身而言，在谋求渠道控制的过程中会受到上游经销商区域分割、零售细分形式复杂等因素的阻碍；但外资向批发环节的渗入将因为迎合了中小企业的需要，且受到地方政府的普遍欢迎而有可能形成跨区域的横向采购联盟，进而造成外资统一市场、纵贯批零的格局，给流通产业安全带来潜在威胁。①

因此，流通产业安全问题并不是指一种实际状态，而是指一种潜在威胁，必须在潜在威胁成为实际状态之前正确调整和处理，因为一旦产业安全成为实际状态就难以挽回了。

(四) 从历史趋势科学预测未来发展

我国 1983 年颁布的《中华人民共和国中外合资经营企业法实施条例》禁止外资涉足商业经济领域，但是到了 1992 年，我国根据当时的形势变化发布了《国务院关于商业零售领域利用外资问题的批复》，规定一些城市和经济特区可以通过合资或合营的方式在流通领域试点引入外商投资。根据国家统计局的数据，2004 年我国批发零售业利用外资合同项目数为 1 700 个，实际利用外资金额为 7 亿美元，到了 2009 年批发零售业利用外资合同项目数达到 5 100 个，实际利用外资金额为 54 亿美元，平均每个项目金额从 44 万美元增加到 106 万美元。② 随着对外开放程度的加深以及“一带一路”倡议的推进，2016 年我国批

① 周晓娜．对外开放中的流通产业安全问题新议 [J]．商业时代，2013 (06)：20—22.

② 纪宝成，李陈华．对中国流通产业安全的几点认识 [J]．经济理论与经济管理，2012 (01)：7.

发零售业利用外资合同项目数达到 9 399 个，实际利用外资金额达到 158.7 亿美元[①]；2017 年，外商直接投资的批发零售业企业数为 12 283 家，实际使用资金为 770 亿元。[②] 这说明中国全面开放流通业之后，外资商业在规模和速度上都加快了进入的步伐。需要提及的是，2019 年 3 月 15 日我国发布《中华人民共和国外商投资法》，自 2020 年 1 月 1 日起施行。

第二节　我国流通产业安全度测算

一、流通产业安全的经验问题

流通产业安全是开放经济条件下的安全问题，其本质并不是中外商业一方的绝对力量，而是在于二者的相对比较。即使本土商业非常弱小，如果没有外资商业的进入也就不会有所谓的流通安全之说；反过来，即便本土商业非常强大，如果外资商业更加强大，也有可能引发流通安全问题。显然，流通安全最终必然成为一个经验问题，所谓“用数据说话”。但数据本身显然是不会说话的，因此，关键在于研究者对数据的使用方式以及对数据分析结论的判别：究竟在什么情况下，或者说什么样的经验分析结果才意味着中国流通产业安全或不安全。[③]

目前，学术界仍然对流通产业安全存在一定的误解，甚至还有一些学者否认流通产业安全问题的存在，虽然他们也使用

① 2017 中国统计年鉴［EB/OL］.http：//www.stats.gov.cn/tjsj/ndsj/2017/indexch.htm.

② 中华人民共和国 2017 年国民经济和社会发展统计公报［EB/OL］.http：//www.stats.gov.cn/tjsj/zxfb/201802/t20180228_1585631.html.

③ 李陈华.外资商业竞争与中国流通产业安全研究［M］.北京：中国社会科学出版社，2016，第 149 页.

了大量的经验数据，但很显然这些学者并没有选择正确的经验方法分析流通产业安全的问题。比如，一些学者认为外资商业在中国所占市场比重不高（约5%），不足以引发产业安全问题。但实际上市场比重是一个含混不清的指标，其具有很多度量标准，他们所谓的市场比重不高显然是基于社会消费品零售总额，但如果是基于限额以上零售企业销售总额，结果则完全不同。[①]

将社会消费品零售总额作为基础数据计算外资商业比重更适于说明外资商业对中国消费者福利的潜在影响，将限额以上零售企业销售总额作为基础数据计算外资商业比重更适于说明外资商业对民族商业的冲击和竞争，因为社会消费品零售总额中很大部分来自限额以下单位（如个体户、小企业、集贸市场等），而他们不可能与外资商业同层次竞争。这只是一个例子，其实影响中国流通产业的因素还有很多，当前比较流行的方式是构建指标体系，测算出一个确切的安全度数值，并基于某个标准判别中国流通产业的安全状态。然而这种经验方法存在诸多值得商榷之处，特别是在指标归类、赋权和最终判别标准上存在主观臆断问题。[②]

需要注意的是，即使可以保证数据来源的真实客观性，也难以准确判断中国流通产业是否安全，因为其影响因素很多。现有文献测算出的实际上是一种“基数安全度”，但这个数值无法对应实际经济含义。因此，下面将运用“序数安全度”进行测算和分析，这种方法可以有效地避开安全或不安全这一定性判断，通过比较不同时期的经验结果，为我国物流产业安全的相对变化进行比较分析，可以有效地在结果中排除因主观性问题导致的不准确性，相较于“基数安全度”方法更准确。这里类似于消费者行为理论中从“基数效用论”到“序数效用论”

① 李陈华．外资商业竞争与中国流通产业安全研究［M］．北京：中国社会科学出版社，2016，第149页．

② 李陈华．外资商业竞争与中国流通产业安全研究［M］．北京：中国社会科学出版社，2016，第119页．

的演化，从实践上来说，商品的效用只可以进行排序却无法进行准确度量。“序数安全度”这种新型经验方法不仅仅适用于当前主体，只要是基于指标体系的经验研究基本上都可以使用这种经验方法。

二、序数安全度

产业安全度不是单纯的理论问题而是一个实践问题，这就要求判断产业是否安全必须将其放在实践环境中进行检验，因此，确定某一产业的精确产业安全度数值（“基数安全度”）并赋予实际含义十分困难。但我们认为，根据经验方法可以测算出产业安全度的相对变化，即根据各个时期的排序得出中国流通产业的“序数安全度”。[①] 为了测算出一个能反映实际情况的“序数安全度”，我们提出以下三项指标选取原则和两种指标计算调整方法。

（一）连续性与可持续性

从我国流通产业安全角度来看，外资商业的历史发展趋势对其具有重要意义，中国商业和外贸商业在我国市场上的实力对比并不是一成不变的，而是随着市场而不断变化的，这种对比同时也会导致市场的变化，因此，基于此的流通产业安全是一个动态概念，曾经安全并不代表现在和以后也安全，我们对流通产业安全进行经验评价，目的就是对我国流通产业安全进行动态监测。因此，选择指标数据时，必须保证其不仅在各个历史年度具有连续性，同时还要在未来一段时间内仍然持续可得。[②] 在选择指标时，有一些指标虽然具有权威的数据来源，但

---

① 李陈华．外资商业竞争与中国流通产业安全研究［M］．北京：中国社会科学出版社，2016，第 154 页．

② 李陈华．外资商业竞争与中国流通产业安全研究［M］．北京：中国社会科学出版社，2016，第 155 页．

是这种数据并不能连续获得，其中部分年度的数据由于一些原因无法获得，这种指标就属于不可取指标。因为，指标测算的连续且可持续，是对我国流通产业安全进行动态监测的基础前提。

（二）科学性与权威性

在选取指标时必须保证其科学性和真实性，也就是要保证指标可以切实反映中国流通产业安全的实际状况，同时，必须保证数据是确实可以获取的，还要保证数据必须是真实可靠的。在进行测算时，研究者可能会发现一些十分适用于反映中外商业竞争力或控制力的比较的指标，但是这些指标很难获取或者没有权威的数据来源，还有一些指标虽然具有权威数据来源，但是却不符合流通产业安全的内在逻辑，对于这类指标是不可以使用的。这是因为，只有那些具有权威数据来源且具有科学性的指标，才能保证测算结果是准确、客观的。

（三）相对性与可加性

流通产业安全不是绝对概念，而是一个相对意义上的概念。其本质是中外商业的力量对比，因此其核心就是中外商业在控制力和竞争力方面的比较，因此全部选择相对数指标。并且，这些指标必须具有可加性，要么全部为比率指标（与中外商业实力相比），要么全部为百分比指标（外资商业所占比重），只有这样最终的指标值汇总才有实际意义，更重要的是这避免了现有经验分析中的主观性问题。①

（四）结构调整法

外资商业在我国的地理分布并不均衡，结构调整法就是针对这种情况形成的指标计算调整方法。总体比重并不能完全反

① 李陈华．外资商业竞争与中国流通产业安全研究［M］．北京：中国社会科学出版社，2016，第155页．

映实际情况，因为这只是平均意义上的概念，而流通产业与人们的日常生活息息相关，流通产业安全通常是具有地区性的，一个国家的宏观数据中显示的外资商业比重是整个国家所有地区的外资商业比重的平均值，因此，宏观数据显示外资商业比重低，并不代表个别地区的比重低。实际上，外资商业大多集中在沿海发达地区和大中型城市，如深圳、大连、北京、上海等，而中西部地区和中小城市的外资商业比较少，通常会低于外资商业比重平均值。从全国来看，限额以上批发零售业销售收入中外资商业（含港澳台商）所占比重只是一个总体比重，实际上许多地区的外资商业比重大大偏离了平均值，一些地区的外资商业比重高于平均值，一些地区的外资商业比重低于平均值，地区差距很大。更进一步说，即便在各个地区内部，外资商业地理布局也是不平衡的。

由于一些指标的初始计算结果存在一定的误差，因此有必要对其进行结构性调整，以此在一定程度上提高经验分析的准确性。通过对初始计算成果进行结构性调整，可以消除或降低总体情况掩盖地理分布不均可能导致的潜在安全问题的情况。各地区指标值的标准差（σ）可以从大体上反映这种不均衡程度，在外资商业总体比重固定不变的基础上，σ越大说明分布不平均程度越严重，σ越小代表分布越均匀，当σ为零时就表示实现了完全的均匀分布，但是在现实中基本上不可能出现完全均匀分布的极端情况。具体来说，结构调整是指以原有指标值为基础，在该数值上加上标准差。例如，全国外资商业总体指标值为σ，共有m个地区，各地区指标值为$(\alpha_1, \alpha_2, \cdots, \alpha_m)$，标准差为$\sigma$，那么经过结构调整后的指标值为$\alpha+\sigma$。[①] 一般情况下，外资商业在一个国家的地理分布不会实现完全均匀分布，在我国也是如此，通常为$\sigma>0$的情形，这就导致经过结构调整的数值相较于初始值会高一些。这种结构调整是必要的，因为只有

---

① 李陈华．外资商业竞争与中国流通产业安全研究［M］．北京：中国社会科学出版社，2016，第156页．

通过这种方式对初始值进行科学处理才能得到更准确的经验分析结果。初始计算结果很可能会在一定程度上低估外资商业的区域控制力，高估中国流通产业的安全度。因此，完全按照外资商业在中国的比重判断流通产业安全是不准确、不科学的，很可能忽视潜在的安全问题。

（五）趋势调整法

流通产业安全是一个动态问题，因此对其进行经验分析必须考虑外商企业发展趋势，趋势调整法就是针对这一历史趋势形成的。流通产业安全实际上是指一种潜在威胁而非实际状态，这就要求我们必须关注外资商业在中国市场上的发展轨迹，根据历史发展分析当前情况、预测未来趋势。为了说明历史趋势的重要性，假想三种不同的情形，2012—2017 年外资商业在中国市场所占比重：情形一，保持不变，各年均为 10%；情形二，逐年上升，依次为 5%、6%、7%、8%、9%、10%；情形三，逐年下降，依次为 15%、14%、13%、12%、11%、10%。① 从当前情况来看，三种情形没有差异，外资商业比重都是 10%，但实际上这三种情形具有完全不同的含义。

情形一，属于平稳发展，只要保证外资商业的比重不是非常高，就可以基本上保持稳定状态，不会出现产业安全问题；情形二，即便比重不高也值得注意，因为外资商业所占比重逐年上升，也许在不远的将来就会升得更高；情形三，即便比重更高也不一定意味着产业安全威胁，因为其总体趋势是下降的，也许很快就会降得更低。② 显然，基于当前指标值来判断外资商业控制力和中国流通产业安全度也是不科学的，这些指标值必须加以调整，以反映该指标的历史发展趋势。

---

① 李陈华．外资商业竞争与中国流通产业安全研究［M］．北京：中国社会科学出版社，2016，第 157 页．

② 李陈华．外资商业竞争与中国流通产业安全研究［M］．北京：中国社会科学出版社，2016，第 157 页．

假设有 n 个年度的数据，分别为（$x_1, x_2, \cdots, x_{i-1}, x_i, \cdots x_n$）。其中，$x_n$ 表示当前年度数据，那么就可以将经趋势调整后的指标值表示为：

$$x_n + \frac{n-1}{n}(x_n - x_{n-1}) + \frac{n-2}{n}(x_{n-1} - x_{n-2}) + \cdots + \frac{2}{n}(x_3 - x_2) + \frac{1}{n}(x_2 - x_1)$$

从逻辑角度来分析，趋势调整法的内在逻辑为离当前越近的时期对未来趋势影响越大，也就具有越高的权重，随着离当前时期越来越远对未来趋势影响越小，权重也就越小。考虑之前的三种情形可以发现：情形一，各年比重不变，经趋势调整后的指标值仍然保持不变，仍为 10%，因为每一项（$x_i - x_{i-1}$）= 0；情形二，比重逐年增加，经趋势调整后的指标值上升至 12.5%，因为每一项（$x_i - x_{i-1}$）> 0；情形三，比重逐年减少，经趋势调整后的指标值下降至 7.5%，因为每一项（$x_i - x_{i-1}$）< 0 。在实际测算中，特定指标值不一定持续增加、减小或不变，但上述方法同样适用，某个历史年度增加意味着对当前指标值的向上调整，减小则意味着对当前指标值的向下调整。比如，某一个指标有近 8 年的数据，从前至今依次为 8%、6%、9%、10%、14%、12%、16%、20%，根据以上定义，当前指标值 $x_n = 20\%$，但经趋势调整后变为[①]：

$$20\% + \frac{7}{8}(20\% - 16\%) + \frac{6}{8}(16\% - 12\%) + \frac{5}{8}(12\% - 14\%) + \frac{4}{8}(14\% - 10\%) + \frac{3}{8}(10\% - 9\%) + \frac{2}{8}(9\% - 6\%) + \frac{1}{8}(6\% - 8\%) = 28.125\%$$

三、指标体系

借鉴关于流通产业安全指标体系设计的各种研究结果，给

① 李陈华．外资商业竞争与中国流通产业安全研究［M］．北京：中国社会科学出版社，2016，第 157 页．

予流通产业安全的特殊性，充分结合经验分析的三项原则、两种方法，形成一种新的经验方法，即流通产业“序数安全度”度量指标体系。在这种经验方法中，选取了 10 个相对数指标（$\alpha_1-\alpha_{10}$），通过这些指标可以更全面、更真实地反映外资商业在中国市场的控制力和竞争力，可以更好地把握外资商业在中国市场的整体实力，并且，指标体系选择的这些相对数指标均为百分比，这就意味着这些指标是可以相加的。产业安全是一个动态问题，因此，在研究流通产业安全时必须考虑这些指标的历史变化情况，这就要求我们在计算中对这些相对数指标进行趋势调整。其中，（$\alpha_1-\alpha_5$）几项指标涉及地理布局问题，只有这几个指标需要进行结构调整。指标后面括号中的“σ”表示该指标需要进行结构调整，同时有“σ”和“t”表示该指标需要先进行结构调整，再进行趋势调整。比如，$\alpha_i(t)$ 表示第 i 个指标经趋势调整后的值；$\alpha_k(\sigma,t)$ 则表示第 k 个指标经结构及趋势调整后的值。[①] 下面分别对（$\alpha_1-\alpha_{10}$）各项指标的含义进行解释。

$\alpha_1(\sigma,t)$ 是指外资商业的市场比重，用全国社会消费品零售总额中外资商业所占比重来表示，主要反映外资商业对整个中国市场的控制力；

$\alpha_2(\sigma,t)$ 是指外资商业的行业比重，用限额以上批发零售企业销售收入中外资商业所占比重来表示，主要反映外资商业对流通业的行业控制力；

$\alpha_3(\sigma,t)$ 是指外资商业的资产比重，用限额以上批发零售企业资产总资产中外资商业所占比重来表示，主要反映外资商业总体上的资产及经营实力；

$\alpha_4(\sigma,t)$ 是指外资商业的数量比重，用限额以上批发零售企业数量中外资商业所占比重来表示，主要反映外资商业总体数量上的相对变化；

---

① 李陈华．中国流通产业的“序数安全度”测算——基于结构及趋势调整方法［J］．财贸经济，2014（04）：93－103.

$\alpha_5(\sigma,t)$ 是指外资进入流通行业的比重，用全国实际利用外商直接投资总额中批发零售业所占比重来表示，主要反映外资进入中国的行业选择倾向性；

$\alpha_6(\sigma,t)$ 是指外资商业的利润比重，用限额以上批发零售企业总利润中外资商业所占比重来表示，主要反映外资商业总体上的获利能力，由于不涉及地理布局问题，因此只需趋势调整；

$\alpha_7(\sigma,t)$ 是指中国连锁百强总营业额中外资商业所占比重，主要反映外资连锁商业与本土连锁商业在中国市场上的竞争力比较，只需趋势调整；

$\alpha_8(\sigma,t)$ 是指中国零售百强营业额中外资商业所占比重，主要反映外资零售商业与本土零售商业在中国市场上的竞争力比较，只需趋势调整；

$\alpha_9(\sigma,t)$ 是指全球零售商 250 强总营业额中在中国大陆有业务的外资公司所占比重，主要反映中国市场上大型外资商业的整体实力，只需趋势调整；

$\alpha_{10}(\sigma,t)$ 是指全球零售商 250 强中在中国大陆有业务的外资公司的数量比重，主要反映中国市场上大型外资商业的数量变化，只需趋势调整。

需要注意的是，$(\alpha_1-\alpha_{10})$ 这 10 个指标可能存在一定的重叠，比如 α_7 和 α_8 均是反映外资商业整体上的相对竞争力的指标，但是他们的含义以及数据来源并不相同。具体来说，连锁商业包括餐饮住宿，零售商业包括非连锁的百货店。并且应该清楚地认识到，我们测算的是“序数安全度”，而不是“基数安全度”，① 因此虽然这些指标可能存在一定的重叠，但并不会对最终结论造成影响，同时这样反而可以更全面、真实地反映实际情况。

$(\alpha_1-\alpha_{10})$ 这 10 项相对数指标均为百分比，因此这些指标具有相对加性，也就是说可以直接将这些指标的计算结果加总，

---

① 李陈华．中国流通产业的“序数安全度”测算——基于结构及趋势调整方法［J］．财贸经济，2014（04）：93－103.

之后用 10 减去这个加总值，就可以得到最终的产业安全度。通过处理可以更方便进行阐述，($\alpha_1-\alpha_{10}$)为百分比，因此 $\alpha_i\in[0,1]$，加总值最大为 10，并且这些数值都是针对外资商业的，所以用 10 减去加总值能够更直观地体现产业安全度，得到的结果数值越大就说明中国流通产业安全程度越高；反之则安全程度越低。① 以此为基础，就可以按照下面的计算方法得到中国流通产业的“序数安全度”。

$$S=10-\sum_{i=1}^{10}\alpha_i;\qquad S'=10-\left[\sum_{i=1}^{5}\alpha_i(\sigma,t)+\sum_{i=6}^{10}\alpha_i(t)\right];$$

$$\Delta S=S'-S$$

S——未经计算调整的中国流通产业“序数安全度”；

S'——经计算调整后的中国流通产业“序数安全度”；

ΔS——中国流通产业安全度变化的速度趋势。

S 及 S' 越大说明外资商业相对控制及竞争能力越弱和/或地理分布越均匀，也就意味着中国流通产业安全程度越高；反之则表示中国流通产业越不安全。ΔS 增大是指中国流通产业安全度加速发展趋势，ΔS 维持不变表示中国流通产业安全度平稳发展趋势，ΔS 减小意味着中国流通产业安全度减速发展趋势。

第三节　我国流通产业安全的影响因素

一、历史因素

（一）我国缺乏市场经济传统

虽然我国实行社会主义制度，但是在一些西方国家眼里我

① 李陈华．中国流通产业的“序数安全度”测算——基于结构及趋势调整方法[J]．财贸经济，2014（04）：93－103.

国仍然是东方帝国，这是指他们认为中国幅员辽阔，拥有丰富的资源；同时认为中国仍然实行帝权制度，并没有真正认识到中国社会制度的改变。一些西方人并没有看到中国近三十多年来市场经济改革导致整个国家政治、经济、社会和文化结构发生的剧烈变化，这种错误认识十分不利于中国在国际社会的立足和发展。正因为此，改革开放以来，尤其进入21世纪以来，中国国家领导人出国访问时经常提醒国际社会要重新认识中国，实际地了解中国。中国已经打造并正在逐步完善社会主义市场经济体制，但很明显的一点是，从历史上来看中国是没有市场经济传统的。

市场经济的本质就是市场机制在资源配置中发挥基础性作用。[①] 相较于中国，西方国家的市场社会早在公元10世纪到17世纪就逐渐形成，在这方面具有一定的领先优势。根据L.L.海尔布罗纳和W.米尔博格的考察，西方市场社会始于意大利和荷兰的中世纪城市，推动这一漫长演化历程的力量来源很多，包括行商兴起、城市化、十字军东征、国家权力增长、海外探险、宗教思潮变化、加尔文主义、新教伦理、庄园制度崩溃以及现金经济兴起等。欧洲中世纪发生的这些事件产生了重要的影响，它们的力量非常强大，不仅改变人们日常生活方式，而且直接冲击了传统的政治结构和社会结构，最终推动皇权向法制演变。我们说起来很简单，其实这一过程历时很久，即所谓漫长而又黑暗的中世纪。后来发生的事情众所周知，工业革命、资本主义兴起、垄断资本主义国际扩张，直至20世纪后半叶开始的全球化浪潮。在西方世界这个漫长的过程中，市场机制得到了反复锤炼，逐步趋于完善。实质上，所谓全球化浪潮的核心在于主导资本主义运行的市场机制在全球范围内扩散、扎根和发展。

纵观中国经济发展历程，虽然市场一直存在并且在一些时期发展得还十分活跃，但是中国的市场机制是在改革开放以后

---

① 董枫林，杨贵平．试论产权改制后的会计监督［J］．山西统计，2000（03）：37－43.

才真正在资源配置中发挥其基础性作用的。从市场经济发展进度上来比较，中国落后于西方世界主要是由于经历了太长的封建社会时期，在西方国家资本主义萌芽、发展和扩张时期，中国的封建帝制仍然大行其道。在这一时期，地主经济形态是中国经济的主导形式。政府严格控制市场的发展，直到宋代，政府仍然禁止当街开设店铺，后来由于屡禁不止才被迫认可，坊市制转变为散市制。直到明代中叶以后才大量出现市镇（天天有集市），市场开始在全国范围内相互联系，朝着统一的方向发展。根据赵德馨的研究，直到清代中叶，中国经济才踏进了市场经济的门槛。① 在晚清时期，中国已经开始机器工业和规模化生产，市场范围进一步扩张，但同时也是在西方列强的枪炮中被迫开放国内市场。在西方列强入侵以前，中国的市场原本就受到地主、官僚和政府等非市场力量的严重影响，在西方列强入侵以后，又添加了一些新的扭曲因素，包括外国商业的强买强卖，中国的买办资本主义、官商勾结等，共同导致市场经济在中国的发展举步维艰，更何况在 1840—1949 年持续不断发生着军事战争破坏。在这样的背景下，中国不可能形成自己的市场经济传统。

中华人民共和国成立后，我国逐步实行公私兼顾、劳资两利、城乡互助、内外交流的方针，这是中国历史上第一次推行真正意义上的市场经济政策。但是这种市场经济政策仅仅维持了两三年的时间。时间推移至 1952 年，我国开始了全面的社会主义改造，在几年的时间内在全国范围内建立了计划经济系统，这就导致了经济将市场排斥在外。如果结合当时国内条件和国际环境，我们认为当时选择计划经济体制是正确的，毕竟面临着国内物资匮乏和国际经济封锁的困境，市场配置必然失灵；但如果仅从市场经济发展来看，这一选择显然会延迟整个发展进程。

---

① 赵德馨．中国市场经济的由来——市场关系发展的三个阶段［J］．中南财经政法大学学报，2010（02）：77－82.

从我国的历史发展中可以看出，在封建时期，由于地主、官僚和政府对经济的严重介入，导致我国没有条件发展市场经济；在近代，官僚资本主义、外国资本主义控制我国经济，加上连年战乱，我国仍然缺乏发展市场经济的条件；在中华人民共和国成立以后至改革开放以前，我国为了实现经济复苏的目标大力推进计划经济，同样没有条件发展市场经济。正是在这种意义上，我们说中国一直以来就没有市场经济传统，导致整个社会对市场经济缺乏深刻认识，或者说没有根深蒂固的市场观念。在开放经济中，面对外资竞争，没有市场经济传统导致许多民族产业缺乏一种观念上的软实力，影响企业竞争力，从而影响中国流通产业安全。

(二) 我国民族资本没有得到长足发展

中国具有几千年的封建社会历史，自然经济在这种社会形态下始终占主导地位。从本质上来说，自然经济就是指自给自足的经济，不存在商品交换活动。当然，这是一种纯粹的自然经济，实际上自然经济中多少会有一些交换活动，只不过商品交换的范围很小，社会分工不发达。自然经济的典型特征是为消费而生产，其基础是小农经济与家庭手工业。在这种自然经济体系中，资本积累的速度非常慢，因为没有必要，也没有动力。在封建年代，如果说有民族资本，那也是带官僚性质的民族资本，或者叫官僚资本，而与现代市场经济相对应的产业资本是非常弱小的。

19 世纪 60 年代，在两次鸦片战争后逐渐形成了中国现代意义上的民族资本，在 19 世纪末和 20 世纪初，中国民族资本得到了进一步发展。从历史发展来看，我国民族资本在第一次世界大战期间出现过一次繁荣，但是这种繁荣比较短暂①，到了民国政府统治时期我国民族资本再一次衰落，并不断萎缩。在这

① 方衡，高永生，沙捷文．从中国人民反帝反封建斗争看洋务运动［J］．南昌大学学报（人文社会科学版），1984（01）：52—59.

段时期，民族资本的发展呈波浪起伏态势，主要原因在于国内外形势的变幻不定，一方面外国资本主义、洋务运动和第一次世界大战西方列强放松对华侵略促进了中国民族资本的发展，另一方面西方列强的经济掠夺、军事侵略和中国国内军阀混战阻碍了中国民族资本的发展。① 中国民族资本可谓“夹缝中生存”，也正因为如此，他们在产生和发展过程中都或多或少地与官僚资本结合在一起，许多民族资本本身就带着某种官方背景。至于那些没有官方背景的民族资本，在发展中普遍受到外国资本和官僚资本的双重压迫和排挤，成长速度极其缓慢。这就是社会上所说的中国民族资本的先天不足和后天畸形。

中国民族资本的先天不足：第一，资金准备不够充足，严重缺乏原始积累；第二，缺乏技术和人才的准备，从手工劳动直接进入机器大生产的过程中，严重缺乏技术和人才的空白填补；第三，思想准备不足，中国传统的重农轻商、重义轻利等观念的消极影响。②

中国民族资本的后天畸形：第一，非均衡的区域发展格局，东部沿海开放程度高，发展较快，中西部广大地区发展落后；第二，面临外国资本主义破坏、封建主义阻碍、自然经济阻碍、官僚资本主义压榨；第三，不合理的产业结构，主要发展在轻工业，重工业发展不足。③

中华人民共和国成立以后，为了推动经济快速增长我国开始大力发展重工业，强制推行重工业优先发展战略。在这样的背景下，我国从 1949 年到 1978 年，基本上建成了中国独立的工业体系。虽然这段时期由于计划经济体制和忽视人民生活而一直饱受批评，实际上情况并非完全如此，其中，最重要的贡献是建立和发展了自身的工业体系，这为中国改革开放以后经

---

① 方衡，高永生，沙捷文．从中国人民反帝反封建斗争看洋务运动［J］．南昌大学学报（人文社会科学版），1984（01）：52—59.

② 余世友．中国近代经济成分的发展变化［J］．青苹果，2016（7）：49—53.

③ 余世友．中国近代经济成分的发展变化［J］．青苹果，2016（7）：49—53.

济腾飞奠定了扎实的基础。尽管人们经常把中华人民共和国成立初期与1978年之后的改革进行对比，但是后者的辉煌是以前者的发展作为基础的。

实际上在计划经济条件下，并不存在真正意义上的民族资本，在特殊的历史背景下，资本无法正常地发挥自身的作用。从实际上看，这些工业体系也完全是在政府的掌控之下，没有自主经营，没有市场竞争，因此也就不是真正的民族产业。中国民族资本和民族产业无论在近代还是中华人民共和国成立以后的计划经济时期，从来就没有得到过长足的发展，改革开放以后才开始步入发展轨道。

二、现实因素

（一）经济全球化不可逆转

人类社会分工不断发展必然会导致经济全球化，这是一个不可扭转的必然结果。具体来说，一个国家或地区的社会分工发展到一定程度后必然会向外延伸，也就形成了国际贸易，国际贸易的发展就会推动国际分工和交换的发展，在这样的条件下，经济全球化是一种必然结果。1776年，亚当·斯密在《国富论》中提出了“分工受市场范围的限制”这一著名命题，杨小凯则在《经济学原理》及其他一系列有关新兴古典经济学与超边际分析的著述中对此有过详尽阐释：一方面分工受市场范围的限制，另一方面交易效率的提高有助于扩大市场范围，从而推动分工细化，人类社会正是在分工（专业化效率）与交换（交易成本）的两难冲突中演进的。国内贸易向国际贸易的演进机理也是如此，很大程度上在于交易效率提高为国内分工提供了更大的市场容量，从而演变为国际分工。马克思在《资本论》中阐述垄断资本主义国际扩张的必然性，背后的逻辑其实也在于分工和交换的发展。

从当前的实际发展中也可以看出，全球范围内各国各地区的相互间贸易往来越来越频繁，尤其是在第二次世界大战以后形成的国际经济秩序中，以关税及贸易总协定（General Agreement on Tariffs and Trade，GATF）为主要载体的国际经济合作大大增加，其成员国从最初的 23 个发展到现在的 159 个，并在 1994 年的乌拉圭回合部长会议上决定更名为世界贸易组织（World Trade Organization，WTO）。该组织最主要的职能就是减少障碍，促进国际分工和贸易的发展，GATF 先后举行了 8 个回合的多边贸易谈判，WTO 至今已举行了 9 次部长级会议。当前世界主要国家都已经加入 WTO（中国于 2001 年加入），作为成员国．必须遵守 WTO 协定的游戏规则，包括互惠原则、透明度原则、市场准入原则、促进公平竞争原则、经济发展原则、非歧视性原则等。① 从前的 GATF 和现在的 WTO 在推动国际经济交流与合作方面起了至关重要的作用，是经济全球化的核心推动力。

20 世纪前半叶，国际贸易的发展比较缓慢，1900 年全球商品出口总额为 101 亿美元，1950 年达到了 609 亿美元，年均增长 3.66%。在第二次世界大战后，逐渐形成了全新的国际经济秩序，在新经济秩序的发展和完善的过程中，国际贸易快速发展，到 2000 年全球商品出口总额已经达到 64 526 亿美元，从 1950 年到 2000 年这 50 年间，全球商品出口总额的年均增长达到了 9.74%。随着时间的推移，我们进入了 21 世纪，国际经济秩序发展逐渐稳定，国际贸易的增长势头有所减缓，但与 20 世纪前半叶相比仍然非常快，2000—2016 年全球商品出口总额从 6.45 万亿美元增加至 15.46 万亿美元。自 20 世纪 80 年代以来，国际贸易中的服务贸易开始兴起，2016 年全球服务贸易出口总

① 刘茂林，石佑启．WTO 与中国地方立法的回应及创新［J］．江汉大学学报（人文科学版），2005（04）：87－96.

额为 4.77 万亿美元。[①] 跨国投资增加速度更快，1970 年的全球 FDI 流入总量仅为 133 亿美元，到了 2017 年全球 FDI 已经增加至 1.52 万亿美元。[②]

从国际贸易的实际发展中可以看出，在第二次世界大战以后，全球商品贸易、服务贸易和对外直接投资都得到了快速发展，并且这种发展保持比较稳定的趋势，从中可以看出，国际分工和交换以及各种跨国经营活动已经发展为常态。尽管在某些时期、某些地区曾经出现过各种动荡和冲突，甚至今天的国际环境也不能说非常安定和平，一些宗教冲突、意识形态摩擦以及军事斗争也时有发生，但全球各国的经济已经融合为一个普遍的网络，没有哪一个取得发展成就或试图取得这种成就的国家能够离开国际间的相互依赖，经济全球化趋势已经不可逆转。

（二）探索性改革与开放同步进行

纵观我国经济发展历程可以看出，中国经济是转型经济，改革开放将我国从计划经济时代推向市场经济时代，大力实行经济体制改革，推进经济、社会、政治等各个方面的快速发展，我国相较于之前已经发生了翻天覆地的变化。中华人民共和国成立以后很长一段时期运行计划经济体制，在这种体制下，生产活动、资源配置甚至商品流通和消费都由政府事先进行计划。计划经济体制最大的优点在于所有人都有工作、自然资源浪费较少、贫富差距不大、资源调动和宏观调控能力极强等，正因为如此，中国在计划经济时代集中资源发展重工业，建立了强大的工业体系，为改革开放之后的经济起飞奠定了扎实的基础。但是，计划经济体制存在许多致命的缺陷，如不能在计划生产与复杂多变的社会需求之间实行有效调节，经济激励弱化造成

---

① 2016 年全球服务贸易进出口总额 9.415 万亿美元 我国仍是第二大进口国［EB/OL］. http：//www.sh－services.gov.cn/news_info_46317.html.

② 2017 年全球 FDI 降 16% 中国外资流入额升至全球第二［EB/OL］. https：//baijiahao.baidu.com/s？id＝1590377693352866202&wfr＝spider&for＝pc.

效率低下，人民生活水平的改善缺乏物质基础，滋生特权与既得利益结构等，这些缺陷直接导致了传统计划经济体制的崩溃。然而，中国经济改革最初并没有事先的顶层设计，而是在自下而上、上下交互作用中逐步成形，一切都是探索性的，也就是"摸着石头过河"。

由于市场化改革具有显著的探索性，这就表示中国经济在很多方面都十分不成熟，推动市场化发展，就意味着要进行市场竞争、行业结构、资源配置、企业经营、管理体制等各个方面的转型，可以说这是整个经济系统的一次大换血。事实上，严格地说，中国确定市场经济体制目标是 1992 年邓小平"南方谈话"之后的事情，此前在 20 世纪 80 年代只是尝试实行有计划的商品经济体制。在商品流通领域，1978 年以后从统购统销到自主经营再到现代企业制度，中国流通业的变化可谓翻天覆地，甚至企业的名称也一直在变化。实际上，中国流通企业大都成立于 20 世纪 80 年代末和 90 年代。

需要注意的是，虽然说中国流通企业大都成立于 20 世纪 80 年代末和 90 年代，但是一些流通企业的具体成立时间可能需要再向前追溯，这是因为中国商业改革具有一定动态性，一些流通企业早在中华人民共和国成立前或计划经济时代就已经有前身。例如，南京中央商场最初源于 1936 年开业的中央商场，1947 年的新南公司，1964 年变成国有企业，1966 年改名南京市人民商场，1980 年开始经营自主权试点，1987 年实行承包经营责任制，1992 年改组为股份有限公司，1997 年开始集团化运作，成立南京中央（集团）有限责任公司。很显然，要确定南京中央商城确切的成立时间并不是一件容易的事。其他许多企业也是如此，总体上来看，中国流通企业大致经历了以下几个阶段：中华人民共和国成立前的战乱阶段，中华人民共和国成立以后的统购统销阶段，改革开放初期的承包经营阶段，20 世纪 90 年代以后的股份制改造阶段和集团化运作阶段。

在旧的计划经济体制已经开始瓦解、新的市场经济体制尚未建立的情况下，我国开始推进对外开放，积极引进外资，加强中国与国际的经济交流，促进中国经济的进一步发展。尤其是在进入20世纪90年代以来我国经济与世界经济的交流往来越来越频繁，在正式加入WTO之后，我国进一步加快了对外开放的脚步。1950年中国商品出口6亿美元，到1977年增加至76亿美元，年均增长9.86%。① 随着改革开放程度不断加深，我国对外经济不断发展，2017年货物进出口总额为277 923亿元，其中出口153 321亿元，相较2016年增长10.8%；全年服务进出口总额46 991亿元，比2016年增长6.8%，其中服务出口15 407亿元，增长10.6%；全年吸收外商直接投资（不含银行、证券、保险）新设立企业35 652家，比2016年增长27.8%，实际使用外商直接投资金额8 776亿元，比2016年增长7.9%。②

从以上数据和分析中可以看出，我国自改革开放以来在国际贸易方面获得了辉煌成就，这从我国商品贸易、服务贸易和FDI流入中都有所表现，说明我国对外开放的步伐逐步加快，中国经济体系已经逐步融入全球经济体系。

我国实行探索性改革与开放同步进行的发展模式，一方面促进了我国经济的快速发展，但另一方面对我国民族产业造成了严重冲击。对于我国民族产业来说，一方面，我国经济转型伴随着新旧体制的转换，这就需要不断磨合与调整，很多企业在短时期内尚不适应市场经济游戏规则；另一方面，大力推进对外开放，引进外资，导致了更激烈的市场竞争，因为能够实行国际扩张的公司一般都实力雄厚、经营模式成熟、竞争力非常强。这种局面导致中国本土产业在最近40年来发展得非常艰难。当然，这种艰难无法避免，并且从更长远来看也十分必要，新的体制和新的国际环境要求中国企业逐步适应和调整，最终

① 李陈华．外资商业竞争与中国流通产业安全研究［M］．北京：中国社会科学出版社，2016，第179页．

② 中华人民共和国2017年国民经济和社会发展统计公报［EB/OL］．http：//www.stats.gov.cn/tjsj/zxfb/201802/t20180228_1585631.html.

发展壮大走出国门，以更积极的态度应对国际竞争。但是从短期来看，这种局面显然会损害中国民族产业的利益，因此，我们说探索性改革与开放同步进行也是影响中国流通产业安全的重要现实因素。

（三）流通业成为开放前沿领域

上文中已经提到，我国的社会改革和对外开放是同时进行的，但需要注意的是，这种同步性不是一下子全面铺开，而是按照一定科学步骤分层次、分领域地逐步开放。考虑到流通业在国民经济及人民日常生活中的基础性地位和作用，在对外开放初期，中国并没有开放流通业。直到1992年以后中国才开始尝试开放流通业，但对进入流通领域的外资在股权比重、经营范围、地区等方面均设定了一些相对严格的限制条件。此时我国的流通体系正处于青黄不接的时期，具体来说，当时我国旧的国营商业、供销社系统正在快速瓦解，商业改革尚处于探索阶段，民营流通企业仅仅是处于萌芽阶段。中国最大家电连锁企业之一国美电器成立于1987年，其他民营流通企业大都成立于20世纪90年代以后。因此，中国政府在这样的现实背景下，对于流通业的对外开放比较谨慎，直到1992年才开始在流通产业进行对外开放的尝试。由于地方政府对外资商业的极大热情，导致这种尝试最终演化为外资商业的大规模抢滩登陆，这是中央政府始料未及的。在中央与地方多次博弈之后，2001年迎来了中国加入WTO这一历史性事件，根据“入世”协议，中国承诺2004年对外资全面开放商品分销领域，意味着流通业开始成为中国对外开放的前沿领域。

我国流通业随着改革开放的步伐逐渐走向全面开放。1999年，我国零售外资企业数量为293家，零售外资企业资产为383亿元，零售外资企业销售收入为455亿元①；2016年，我国零

① 2000年中国统计年鉴［EB/OL］. http://www.stats.gov.cn/tjsj/ndsj/zgnj/mulu.html.

售外资企业数量为 987 家，零售外资企业资产为 3 665 亿元，零售外资企业销售收入为 6 322.7 亿元①。从零售业的开放发展就可以看出，外资商业进入中国流通业的规模越来越大，在中国国内同行业所占比重也越来越高。有人可能认为这是中国对外开放的大势所趋，是整个经济对外开放程度增加的结果。整个经济外向度增加固然带动了流通业的外资进入，但情况不仅如此。从中国实际利用 FDI 的行业分布变化可见一斑，1999 年批发零售业实际利用 FDI 只有 9.65 亿美元②，2016 年批发零售业实际利用 FDI 达到了 158.7 亿美元③。事实上，批发零售业当前已经成为外资进入最多的行业之一，仅次于制造业和房地产业。

可以看出，随着我国开放程度的加深，外资商业进入我国已经是必然发展趋势，尤其是在 2004 年年底中国全面开放分销领域以后，外资商业在中国市场的布局已不再受地域、股权、经营形式等方面的限制，更是进一步促进了外资商业进入中国市场。2014 年 11 月 4 日，中国国家发改委在其网站上公布最新的《外商投资产业指导目录》（征求意见稿），将“限制外商投资产业目录”从 2007 年的 86 条缩减为 2011 年的 79 条，2014 年进一步缩减为 35 条。2014 年的缩减将批发零售业限制外商投资产业目录从上一版的 6 条减少为 3 条，直销、邮购、网上销售，除粮食、棉花以外的农业产品及物资，除电影外的音像制品分销等领域都进一步放开，不再列入“限制类”。总之，就当前形势来看，流通业已成为中国对外开放的前沿领域，大量外资商业巨头的进入必然对中国本土商业造成冲击，这是影响中国流通产业安全的又一现实因素。

---

① 2017 年中国统计年鉴［EB/OL］. http：//www. stats. gov. cn/tjsj/ndsj/2017/indexch. htm.

② 2000 年中国统计年鉴［EB/OL］. http：//www. stats. gov. cn/tjsj/ndsj/zgnj/mulu. html.

③ 2017 年中国统计年鉴［EB/OL］. http：//www. stats. gov. cn/tjsj/ndsj/2017/indexch. htm.

第五章　流通产业技术装备研究

由于流通业有其独特的经济属性、重要的经济地位和日益突出的高级化趋向，这为我们在很大程度上从技术装备的角度研究流通业提供了充分的理由；但要想突破流通技术和流通装备纯技术导向的研究视角，而突出流通技术装备的经济学研究视角，必须对技术装备的理论基础、规范路径以及战略与政策进行深入研究。

第一节　技术装备理论基础

一、主流经济学技术观

（一）亚当·斯密和马克思的技术观

1776年，亚当·斯密（Adam Smith）早在其出版的《国富论》中就注意到了关于技术进步所具有的社会功能。他明确指出："国家的富裕在于分工，而分工之所以有助于经济增长，一个重要的原因是它有助于某些机械的发明，这些发明将减少生产中劳动的投入，提高劳动生产率。"① 在斯密看来，经济增长

① ［英］亚当·斯密著；郭大力，王亚南译．国富论（上卷）［M］．北京：商务印书馆，1992，第76页．

主要是以劳动分工深化为基础的社会经济组织自发演进的结果，分工深化导致技术不断得到进步，而技术在进步的同时也最终导致经济得以进一步地增长，由此形成一种技术进步与经济增长的良性互动。[①]

另外，马克思也是最早认识到技术是经济发展重要推动力的经济学家。他在1848年的《共产党宣言》中就曾经明确指出"资产阶级在它不到一百年的阶级统治中所创造的生产力，比过去一切时代所创造的全部生产力还要多，还要大"；而"这样的生产力"是与"自然力的征服、机器的采用、化学在工业和农业中的应用、轮船的行驶、铁路的通行、电报的使用"等技术因素相联系的。在马克思看来，技术是社会经济或生产力发展的一个不可或缺的基本动力；反过来，社会经济又对技术的发展起一定的决定性作用，即"科学技术—社会经济"之间存在着相互依赖、相互作用的辩证的发展动力机制。

正是马克思与亚当·斯密的技术观一脉相承，才对后来一大批经济学家的技术观有了深刻的影响。其中，内森·罗森伯格在其《技术进步的历史编年学》一文中就明确指出，熊彼特正是从马克思有关技术进步在长期增长中的核心作用和有关技术进步的连续性以及演进性的论述中得到了有关技术创新的最初启示。[②]

（二）熊彼特的技术观

熊彼特在20世纪初，从论证技术变革对经济非均衡增长以及社会非稳定发展的影响出发，率先提出了技术创新的相关理论。1912年出版的《经济发展理论》一书通过对资本主义经济发展的实质、动力与机制进行研究，指出"技术创新"就是为

---

① 曾方．技术创新中的政府行为——理论框架和实证分析［D］．复旦大学，2003.

② ［美］内森·罗森伯格著；王文勇，品睿译．探索黑箱——技术、经济和历史［M］．北京：商务印书馆，2004，第76页

了获取潜在的利润而把生产要素和生产条件的“新组合”引入生产体系，即“建立一种新的生产函数”。同时熊彼特还特别指出“新组合”引入的原因是企业家追求利润的结果，而“新组合”引入的结果是经济增长。[①]

熊彼特技术观的核心贡献集中表现在以下三个方面：一是将技术创新的领域突破了传统的生产技术范畴，延伸到了组织技术、管理技术、营销技术等领域；二是将经济层面上的技术创新与纯技术层面上的技术发明划清了界限，提出只有当技术发明被应用于经济活动时才能成为技术创新；三是明确了企业作为技术创新承担者的主体地位，并以技术创新为中介，将经济发展的动力定位于利润和企业家才能。

（三）新古典经济学派的技术观

熊彼特针对技术创新对经济发展所起到的重要作用进行了明确的揭示，但是并未对技术进步在经济增长过程中发挥作用的内在机制进行较为详尽的研究和精确计量，更没有对技术创新过程在多大程度上外生于或者内生于经济系统作出明确回答。[②] 直到20世纪50年代末期，新古典经济学家着手对他们的经济模型进行修改，将利润最大化逻辑运用于对厂商研发行为的研究，这时的经济学研究才开始涉及从技术到经济发展的内在机理。

新古典经济学家的代表阿布拉莫维茨、索洛、阿罗和罗默等力图将技术的经济贡献纳入主流经济学范畴并给予合理的解释。从理论上来看，新古典经济学派的技术观主要使如下三大突破得以实现：（1）阿布拉莫维茨和索洛所建立的经济增长模型，为精确测度技术进步对长期经济增长的贡献率提供了工具，

---

① ［美］瑟夫·熊彼特著；易家祥译．经济发展理论——对于利润、资本、信贷、利息和经济周期的考察［M］．北京：商务印书馆，1997，第87页．

② 曾方．技术创新中的政府行为——理论框架和实证分析［D］．复旦大学，2003.

特别是1957年索洛（R. Solow）在其著名论文《技术进步与总量增长函数》中科学测定的经济增长中技术进步的贡献，得到了学术界的普遍认可。[①]（2）确立了技术对经济增长贡献的全新路径：技术进步为持续的资本积累提供了刺激，并且与资本积累一起推动了产出效率的提升。（3）进一步明确了技术进步的动力机制：技术进步在很大程度上是创新者响应市场刺激、追求利润的自主行为的最终结果。

（四）新熊彼特主义的技术观

“新熊彼特主义”主要是以爱德温·曼斯菲尔德、莫尔顿·卡曼、南赛·施瓦茨和理查德·列文等为代表。在对熊彼特技术创新理论继承的同时，又进一步把熊彼特的创新理论和研究方法同新古典经济学的微观经济理论结合起来用于技术研究方面。

技术创新过程，影响技术创新的因素，技术创新的市场体制，技术创新的扩散模式，技术创新与企业经营的关系，技术创新对企业、行业、国民经济增长的贡献的测度方法是新熊彼特学派技术理论研究主要涉及的问题；同时也针对企业具体的组织结构、管理策略、企业内外因素等与技术创新的关系作了深入研究。新熊彼特学派对熊彼特的理论从不同的角度进行了演绎和发展，为技术创新理论和制度创新理论的建立奠定了非常扎实的基础。尽管通过系统的、科学的研究和探索初步建立了技术研究的理论框架，但从整体上来说，新熊彼特学派并没有得出更多深层次的理论规律。[②]

---

① 曾方．技术创新中的政府行为——理论框架和实证分析［D］．复旦大学，2003.

② 曾方．技术创新中的政府行为——理论框架和实证分析［D］．复旦大学，2003.

二、技术装备内涵界定

（一）技术的一般内涵

据《大不列颠百科全书》的解释，Technology一词来自希腊语Techne（艺术、手工艺）和Logos（词、言语）两词，本意在于既好又可用的工艺。Technology第一次出现在英文中是在17世纪，仅被用来描述艺术创作中的技法；到20世纪其含义迅速拓宽，开始包含方法、工艺、思想以及工具和装备等。到20世纪下半叶，关于技术比较公认的定义是人们力求改变和控制自然和社会环境的各种手段或技能。美国国家科学基金会（NSF）在1983年将技术定义为扩展人类能力的任何工具或技能，包括有形的装备或无形的工作方法。此后，费里拉（J. Friar）等人在1986年的定义得到了许多学者的认可，费里拉认为，技术是指一种创造出可再现的方法或手段的能力，这些方法或手段能导致产品、工艺过程和服务的改进。①

从上述技术的定义中可以看出，国际学术界对技术内涵的一般性界定是比较宽泛、比较中性的，既不强调其来源也不注重其影响，既不突出其自然属性也未提及其社会属性。然而，需要注意的是，如此宽泛的定义容易造成科学、知识、方法、技术、工具、装备等概念之间的混淆，从而影响对技术的经济效应和发展路径的科学评价。

（二）技术的经济内涵

自主流经济学将研究标的定位于技术之后，技术的内涵被赋予了全新的经济属性，技术的经济内涵随着主流经济学技术观的不断发展得以不断地界定和规范。

---

① 刘蕨玲．企业产品创新中的信息保障［D］．华中师范大学，2000.

熊彼特认为技术就是企业对生产要素的组合方式。这一定义虽然没有对技术的内涵作出明确的界定，但它在技术、企业（技术主体）与生产过程（技术载体）之间建立了关联，首次赋予技术以经济属性。索洛在《在资本化过程中的创新：对熊彼特理论的评论》一文中首次提出技术形成的两个条件：新思想的来源和后续的实现。他的“两步论”由于赋予了技术以动态特征而被认为是技术概念的里程碑。在索洛理论的基础上，伊诺斯（J. L. Enos）和林恩（G. Lynn）进一步对技术形成的两步进行了明确的定义。伊诺斯在《石油加工工业中的发明与创新》一文中认为技术创新是“几种行为综合的结果，这些行为包括发明的寻找、资本的投入、组织的建立、计划的制订、工人的招募和市场的开辟”；而林恩则从技术形成的时序过程角度指出技术是“始于对技术的商业潜力的认识而终于将其完全转化为商业化产品的整个行为过程”。

后来经过美国经济学家曼斯菲尔德（E. Mansfield）和英国经济学家弗里曼等人的研究，技术的定义进一步清晰和深化。弗里曼在 1973 年出版的《工业创新经济学》中明确指出技术“就是指新产品、新过程、新系统和新服务的商业性转化”。

美国国家科学基金会（NSF）从 20 世纪 60 年代开始就对技术进行研究，并将技术定义为“一个复杂的活动过程，从新思想和新概念开始通过不断地解决各种问题，最终使一个有经济价值和社会价值的新项目得到实际的成功应用”；NSF 同时还明确将方法模仿和不需要引入新知识的改进作为最低层次的技术而划入技术的范畴。美国国会图书馆研究部进一步将弗里曼的“商业性转化”和 NSF 的“实际的成功应用”具体化描述，并相应地将技术定义为“新产品的生产机器在市场上的商业推广以及新工艺在生产过程中应用的完整过程，它包括新设想的产生、研究、开发、商业推广、生产应用到扩散等的一系列过程”。

综上可见，经济学视角下的技术在技术的一般内涵基础上，对技术又作出了如下限定：（1）技术必须以企业作为技术创新和运用的主体；（2）技术必须以生产过程作为技术源自科学和知识后的最终归宿，或者说必须进行商业性转化；（3）技术必须具备“新”的特征，但“新”的程度范围较宽泛，既可以是绝对意义上的“新”——创新，也可以是相对意义上的“新”——模仿与改进；（4）技术产生和应用贯穿研究开发、商业推广、生产应用、技术扩散全过程。

（三）技术装备的内涵

在理论界，关于技术概念的界定仍然具有十分广义的倾向。在他们看来，技术在包括新产品技术和新工艺技术的同时，还包括在产品和工艺领域实现的技术模仿和改进及其相关的研究与开发活动，甚至还包括企业采用的源自新知识并有助于生产收益增加的管理技术、组织技术、营销技术等。

然而，这其中不少技术对企业而言都属于“软技术”，是无法最终以装备为载体进入研究开发、商业推广、生产应用和技术扩散过程的。这部分技术显然不是作为“技术装备”本质的“技术”。为了能够最终确定技术装备的内涵，还需要从如下角度对“可装备”的“技术”进行系统的界定。

1. 可装备技术的经济性

对于可装备技术而言，实际上是一种把经济与技术融为一体的概念，因此，严格来说应以经济范畴内的技术内涵为根本基础，重点强调技术在经济增长、产业升级和企业发展过程中具有的重大作用，而不对技术细节和科学原理进行过分的强调。

2. 可装备技术的有形性

由于技术装备是可装备技术的一个最终表现，所以必须具有“硬技术”的属性，也就是所谓的必须能与资本要素进一步结合转化为工具、设备、基础设施等硬件的装备形式。

从这个角度来说，可装备技术既与管理技术、组织技术、营销技术等绝对意义上的“软技术”有所区别，又与配方、工序、经验等绝对意义上的“软方法”有一定的区别，同时还区别于处于科学探索、研究开发、试用阶段的尚未与资本要素结合的相对意义上的“软技术”。

3. 可装备技术的市场失灵性

可装备技术对于技术的市场属性予以了很好的秉承，在技术创新阶段和技术扩散阶段存在着非常显著的二重性市场失灵。

（1）技术创新阶段

可装备技术具有显著的正外部经济效应，如果不能清晰界定技术的产权，企业装备新技术的积极性将被挫伤。所以该阶段推进技术装备水平提升的主要政策手段在于对可装备技术给予必要的专利保护，确保超额利润对企业技术创新和装备行为的诱致力。

（2）技术扩散阶段

可装备技术特别是用于装备公共基础设施的技术，具有显著的公共产品性质，如果政府不动员公共资源补偿企业自主装备的不足，将造成社会整体技术装备水平处于一种低水平徘徊的状态。所以在该阶段，积极推进技术装备水平提升的主体除了企业之外，来自政府的外部补偿力量也是需要引入的。

4. 可装备技术的路径依赖性

由无形的技术发展到有形的装备需要一定的研发和装备时间，所以装备的扩散和普及往往滞后于技术；同时，由于不同国家、不同地域的资源禀赋和经济环境差异明显，所以装备普及相对技术扩散的滞后还会进一步扩大。

可见，即便在技术高交互的条件下，技术装备水平对国别和地域的路径依赖性仍将非常突出。从这个角度来讲，相对于不同国家和地域的经济和产业发展水平，最优技术装备水平的标准主要是装备的适度性。

通过对可装备技术的界定，可以明确地看出，技术装备虽然表面上简单地表现为有形化的技术，即实实在在的工具、设备、设施等生产要素，但其背后却隐含着深刻的经济内涵：它是企业在技术要素配置层面的经营性选择和政府在产业装备水平方面的政策性选择的综合结果。

第二节　流通产业技术装备化的规范路径分析

对于不同的国家而言，其流通产业的技术装备化进程往往表现为两种相互联系又存在明显差异的路径。一种称为内生型技术装备化；另一种称为应激型技术装备化。本节主要针对应激型技术装备化的规范路径进行具体的分析。

一、技术装备引进

（一）技术装备引进的可能性

普及技术装备是前沿技术装备进入技术扩散阶段之后进而产生的一种“准商品化”的技术装备，它虽然不能代表流通产业的技术水平上限，却能够代表流通产业的主流装备水平。

先行流通产业中的技术领导企业之所以对前沿技术装备进行开发，就是希望以技术研发和装备配置方面的高昂投入换取领先的产业地位和持续的竞争优势。这样的技术装备初衷决定了技术领先的流通企业绝不可能在前沿技术装备尚具有显著战略价值的情况下以低于开发成本的价格将其转让给潜在的竞争对手；甚至出于竞争的考虑，即便竞争对手愿意支付高于开发成本的技术装备转让费，技术领先的流通企业仍不愿牺牲能带来持续超额利润的竞争优势去弥补技术装备的开发成本。

只要上述竞争性技术扩散壁垒存在，后发展的流通产业就几乎不可能以合理的成本获得前沿技术装备；即使后发展的流通产业具备对前沿技术装备的模仿能力，技术模仿行为也往往会受到专利权的一定的抵制。

相反，普及技术装备则具有很强的可引进性。一般而言，在进入技术扩散阶段之前，前沿技术装备的战略价值往往已经实现；在这一前提下，技术领先企业为启动更高技术平台上的新一轮前沿技术装备开发，必然会产生出售失去竞争优势的技术装备以一定程度上弥补技术开发成本的倾向。所以，从技术装备引进的可能性出发，普及技术装备几乎是后发展流通产业技术引进的唯一选择。

（二）技术装备引进的可行性

对于被引进的技术装备而言，其本身虽然最终表现为一件具体的商品，但技术装备引进却是一项相对而言较为系统的工程。对这一复杂经济行为的可行性评价，既要着眼于引进技术装备本身的可能性，同时还要进一步重视技术装备相关配套的可引进性。

从这个角度来讲，即便可以通过市场交易获得一定前沿的技术装备，但由于技术装备开发的系统性，所有与该技术装备配套的流程、设施、人员以及其他技术装备几乎都是技术领先企业所特有的。在这种情况下，盲目引进前沿技术装备不仅效益微乎其微，而且成本高昂、风险巨大，甚至可称为“现代化的陷阱”。例如，即便沃尔玛愿意出售其商用通信卫星，如果引进卫星的流通企业不能获得与沃尔玛同样高效率的“计算机—卫星交互式管理信息系统”，那么对于通信卫星的引进来说，就不具有任何的可行性。

那么对普及技术装备进行反观，对后发展流通产业及其本土技术装备商而言虽然具有技术前沿性，但对先行流通产业而言早已进入技术扩散和普及阶段。先行流通产业的技术装备商在推动曾经的前沿技术装备逐步普及的过程中已经掌握了全部的配套装备和协同技术，并积累了丰富的技术装备配置经验。随着第三方技术装备源的兴起，更是为引进普及型技术装备创造了优越的市场条件。

总之，定位为先行流通产业主流技术水平的技术装备引进不仅成本合理、技术扩散壁垒较低，而且可以实现技术装备的系统引进，克服技术装备短板效应的缺陷，并获得专业技术装备服务商全面的技术支持。

（三）技术装备引进的可用性

通常来说，技术装备的有效运行除了需要得到配套装备的支持，对于产业环境和企业运作流程也需要有一个适应过程。如果引进的技术装备与现实的生产、消费和产业运作流程要求差距过大，与原有的技术装备和从业人员无法有效地衔接，则不仅无助于流通企业运作效率的提升和竞争优势的确立，反而可能使得企业的市场地位有所削弱。所以，通过引进实现技术装备升级还有必要贯彻循序渐进的原则，切忌跨度过大。

可是，既然普及技术装备和前沿技术装备都处于先行流通产业技术装备化的最新演进周期，那么这两类技术装备相对于后发展流通产业相应的技术装备是否存在技术跨度过大的问题？为了能够进一步阐明上述相关问题，本书将基于逻辑增长模型构建简单的技术装备生长曲线。按照技术创新的一般理论，技术装备是在“技术创新—应用研发—装备配置”的过程中不断得到改进的，所以技术装备水平必然与演进时间之间存在逻辑增长的函数关系，这一函数关系的直观反映就是技术生长曲线（S型曲线）。根据逻辑增长模型，可以形成较为简化的技术生长函数形式：

$$T=\frac{T_0}{1+ae^{-bt}} \qquad (\text{Ⅰ})$$

其中：t 表示时间，T 表示技术装备水平，T_0 表示可预测的技术装备水平上限，a、b 均为常数。

如果令式（Ⅰ）代表前沿技术装备的生长曲线的话，那么可以由此推出普及技术装备的生长曲线。首先，在可预测的范围内，无论是普及技术装备还是前沿技术装备，其技术水平最终都是由社会通用技术水平决定的，所以，普及技术装备水平的上限等同于前沿技术装备；其次，由于普及技术装备除了要经历“技术创新—应用研发—装备配置”的过程之外，还需要增加“技术扩散—技术装备商品化—技术装备普及”的过程，所以周期更长，具有典型的慢变特征。综合以上两点，则普及技术装备的生长曲线大致可表述为：

$$T = \frac{T_0}{1 + ae^{-b\frac{t}{N}}}, N > 1 \qquad (\text{Ⅱ})$$

如果再令上述两式分别代表先行流通产业的前沿技术装备和普及技术装备的生长曲线，并认定，由于技术装备升级的内外部动力同时存在于先行流通产业和后发展流通产业当中，所以他们所依托的技术装备生长曲线的性质是无差别的（常系数是统一的），唯一的差别仅在于发展时点的差异上，也就是自变量 t 的延迟，则可由此推出后发展流通产业的前沿技术装备和普及技术装备的生长函数如下：

$$\begin{cases} \text{前沿技术装备成长函数：} T = \dfrac{T_0}{1 + ae^{-b(t-t_0)}} & (\text{Ⅲ}) \\ \text{普及技术装备成长函数：} T = \dfrac{T_0}{1 + ae^{-b\frac{t-t_0}{N}}}, N > 1 & (\text{Ⅳ}) \end{cases}$$

其中，常数 T_0 表示后发展流通产业与先行流通产业之间的发展滞后期。进一步地，在某一特定时点，先行流通产业与后发展流通产业在前沿技术装备与普及技术装备方面的技术装备水平差异可表示为：

$$\begin{cases} \text{前沿技术装备水平差异：} \Delta T_q = (\text{Ⅰ}) - (\text{Ⅲ}) \\ \text{普及技术装备水平差异：} \Delta T_p = (\text{Ⅱ}) - (\text{Ⅳ}) \end{cases}$$

进一步用图形直观地反映先行流通产业与后发展流通产业之间存在的上述两类技术装备水平差异，如图 5-1 所示，可以发现：尽管在不同的时点下，前沿技术装备和普及技术装备的技术差距是不同的，但在从前沿技术装备到普及技术装备的周期相对较长的情况下，对于大部分的时点来说，先行流通产业与后发展流通产业在前沿技术装备方面的水平差异要大于在普及技术装备方面的水平差异，即 $\Delta T_q > \Delta T_p$。

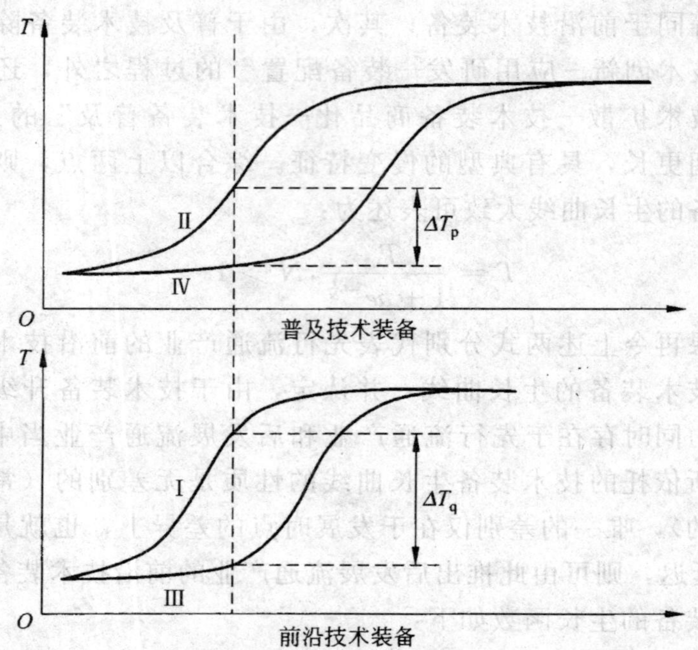

图 5-1　先行流通产业与后发展流通产业在前沿技术装备和普及技术装备方面的水平差异

通过上述模型分析，可以看出，在一定的发展滞后条件下，后发展流通产业与先行流通产业在普及技术装备方面的水平差距要明显小于前沿技术装备方面。发展中国家与发达国家流通产业的现实情况也充分证明了这一结论。在这一前提下，后发展流通产业引进普及技术装备需要跨越的环境落差（包括生产环境、消费环境和产业环境）、技术落差、人员素质落差等要比引进前沿技术装备小得多，从而可以为后续的技术装备吸收和整合创造更好的初始条件。

二、技术装备消化

技术装备引进是技术装备水平提升进而赶超的第一步。但技术装备引进不是为了更新装备而引进装备，而是为了提高技术水平和运作效率，也就是说，引进技术装备是为了应用技术装备。然而，如前所述，即便是集中引进技术落差较小的普及型技术装备，在新旧技术装备之间以及新技术装备与产业内外部环境、运作流程之间存在的落差也是不容忽视的。所以，技术装备引进之后的首要工作在于通过技术装备消化，实现引进技术装备与企业内外部环境的有效磨合；否则必然会激化如下三大矛盾，导致先进技术装备应用效率的降低。

（一）技术装备与人员素质之间的矛盾

虽然对于技术装备而言，在引进过程中具有瞬时性的特征，但从业人员素质提升却需要相对较长的周期。如果人员素质不能胜任技术装备，则相当于技术和资本要素在与劳动力要素配合中出现了一种过剩的现象，基于边际效用递减规律，技术装备应发挥的经济效应将大打折扣。

所以从企业的角度来讲，在通过第三方技术装备源引进技术装备的同时，一方面应要求对方提供必要的技术支持，派遣专家对技术装备进行调试，使技术装备能够物尽其用；另一方面则应要求对方提供必要的人员培训，不断地强化员工对先进技术装备的操作能力和维护能力，使从业人员能够人尽其才。

从产业的角度来讲，则应当着力使整个产业从业人员的基本素质和学习能力有所提高，为结合先进技术装备开展的人员培训奠定人员素质基础。

（二）技术装备与业务需求之间的矛盾

很多先进的流通技术装备在技术层面的运作效率都相对较

高，但技术层面高效率的发挥需要以业务层面对高效率的需求为前提。事实上，先进的流通技术装备往往是先行流通产业依据自身丰富的商品品种、巨大的采购规模、广阔的网点覆盖范围、复杂的销售流程、严谨的内部管理、完备的售后服务、高效的物流配送而进行技术定位和装备开发的结果，是与先行流通产业特定的产业结构、企业规模、业务流程等相适应的。

在这种情况下，要想对这些技术装备进行深度消化并高效地加以应用，要么需要升级产业结构、调整企业规模、优化业务流程、扩展流通网络以释放先进技术装备的潜能；要么需要根据现有业务模块分解流通技术、改造流通装备，依据业务需求的不断升级循序渐进地推进各业务模块技术装备的配置以避免超前装备带来的机会成本。如果从企业的角度来看，后者相对而言更具一定的可行性；但是若是从产业的角度来看，前者则更具一定的战略性。

（三）技术装备与外部环境的矛盾

一般而言，先行流通产业与先行经济体系有着密切的联系，而后发展的流通产业往往是与后发展的经济体系有着相互联系。所以，先行流通产业的采购和物流技术装备是与先行生产体系的销售和供应技术装备实现效率和标准对接的，先行流通产业的销售和配送技术装备是与先行消费体系的消费心理和消费行为实现对接的。

而对于引进技术装备的后发展流通产业而言，由于其所处的后发展经济体系可能与之发展不同步，所以在先进流通技术装备与生产技术装备以及先进流通技术装备与消费心理和行为之间可能存在一定程度的矛盾。要想使流通产业的运作效率得到大幅度的提升，实现生产领域的价值并且获得消费领域的效用，必须有针对性地消除这一矛盾。

为了有效消除这一矛盾，关于技术装备的消化过程是必不可少的。从企业层面来看，应当积极采取“先配置内部技术装备，后配置接口技术装备”的策略，并始终贯彻“掌握核心技术为主，借鉴装备标准为辅”的原则，以提升内部运作效率为中心逐步提升整体装备水平以及国际接轨能力。

从产业层面来看，则应做到：（1）要均衡推进生产、流通和消费的技术升级，强化不同产业技术装备引进的互动性；（2）要运用国际通用的技术标准改造生产体系和流通产业的接口技术装备，突出技术装备的标准化；（3）要借力国外先行流通产业的全球流通网络扩散，达到消费教育与消费引导的目的，为本国后发展流通产业低风险地引进代表更高消费理念的技术装备奠定扎实的需求基础。

三、技术装备集成

在后发展起来的流通产业中，技术装备引进和技术装备消化是应激型技术装备化的一条必由之路；但是也不能单纯地始终依赖其作为提升流通产业技术装备水平的手段，否则就极其可能引发如下连锁性的负面效应，最终对流通产业技术装备水平的提升形成一定的制约因素。

（一）技术装备引进、消化存在的负面效应

1. 技术装备引进对于技术装备开发能力的形成不利

一般而言，在装备产业的发展规律中，流通产业技术装备开发能力的形成在需要具备系统的商品流通技术和装备建构技术时，具备广泛的元件技术也是必不可少的；即使不能亲自开发所有元件，也要深入了解关键元件。而无论是技术元件知识还是装备建构技术，它们都是在技术装备的开发流程中一点一点积累起来的，因此，要想进一步形成流通技术装备的开发能力，需要具备独立主持技术装备开发的丰富经验。

然而，后发展的流通产业为了能够对后发优势进行有效的

利用，往往选择通过技术装备引进来迅速缩小与先行流通产业之间的技术装备差距；在技术装备应用过程中，即便进行了技术装备消化，通常也只能局限于特定技术装备系统下的取舍、改造和模仿开发以及特定“技术装备—人工”界面上的操作技术学习，根本无法经历底层技术开发和系统建构设计的技术装备开发阶段。因而，引进技术装备的流通产业根本无从获得技术装备的开发能力。

2. 技术装备开发能力缺失对于核心技术能力的掌握不利

由于技术装备在引进过程中严重制约了流通产业技术装备开发能力的形成，于是后发展的流通产业不得不对现成的技术工艺和装备系统进行照搬，并被局限于先行流通产业打包技术装备建构下的局部改进与模仿开发，从而进一步制约了后发展流通产业确立明确的研发导向、形成自主的技术选择、设计独立的装备建构，最终使其丧失对核心技术能力的准确性掌握。

3. 核心技术能力匮乏对于突破技术装备升级的“天花板效应”不利

后发展流通产业通过技术装备引进或基于先行流通产业全球扩散而带来的技术溢出效应确实对于实现技术装备水平的跨越式提升和市场竞争力的快速增强有很大的帮助。然而，通过引进技术装备，后发展流通产业与先行流通产业之间的技术装备水平差距不断缩小，为保持技术领先优势，先行流通产业的技术装备转让将愈趋保守，从而形成了后发展流通产业技术装备升级的“天花板效应”。

面对这种情况，如果后发展流通产业具备了核心技术能力和装备开发能力，则潜在的研发成功的可能性将使得“天花板效应”向柔性方向转化。因为如果后发展流通产业取得技术装备开发的成功，则先行流通产业所封锁的技术装备将失去转让价值。

但是，一味依赖技术装备引进会使得后发展流通产业逐渐丧失核心技术能力和装备开发能力，这将进一步导致“天花板效应”转为刚性。一旦进入恶性循环，应激型技术装备化想要达到一种内生型技术装备化的高度几乎永远都没有可能了。

因此，由上可见，技术装备引进虽然能有效提升后发展流通产业的技术装备水平，却无法最终将应激型技术装备化推向先行流通产业内生型技术装备化的高度。为最终基于自主创新能力的获得导入内生型技术装备化路径，后发展的流通产业还需要在技术装备引进和消化的基础上，进一步使得自身的技术装备集成能力得以强化。

（二）技术装备集成的所需条件

1. 强化核心技术能力，自主开发技术装备理念

在经过市场需求动态和技术装备选项的匹配分析过程中，形成自主开发技术装备理念的能力是后发展流通产业强化自身核心技术能力的主要起点。Orihata 和 Watanabe 都对自主开发技术装备理念的重要性进行了着重强调，并指出：技术装备升级是在技术装备理念不断更新的过程中逐步发生的；只有自主开发的技术装备理念才能引导流通产业真正围绕产业环境、业务需求和供应链特征形成最客观适用的技术装备建构，然后以开放的建构来选择和整合各种有效的技术装备，最终把具有竞争力的技术装备系统开发出来。

在从需求出发的技术装备理念引导下，流通产业的技术装备研发过程将更具基于产业环境的个性化导向和旨在满足业务需求的自主性特征；同时，自主开发技术装备理念的过程，还将促使流通产业更加注重系统知识的学习和系统开发能力的积累，这些都为最终形成技术装备的自主创新能力创造了条件。

2. 依托国家创新体系，积极拓展技术装备选项

过于倾向于在过往经验的基础上寻找新问题解决办法的行

为惯性，是限制技术更新的最大的障碍。[①] 从这一结论出发，可以说，在流通产业实施技术装备集成的过程中，拓展技术装备选项、形成充分的技术装备资源是最终实现技术装备理念的必要条件。

然而，技术更新的加快和知识规模的扩张使得个别企业甚至产业控制所有技术资源的可能性几乎降至为零。对于流通产业而言，不可能也没必要掌握有关技术装备的全部技术和知识，这便要求其必须善于利用外部技术资源。国家创新体系的形成为满足这一需求提供了有效的依托。在这一体系下，不仅来自先行流通产业的第三方技术装备源可以提供可供引进的技术装备选项；整个经济体系中的所有经济组织和非经济组织，既可以是流通产业内的竞争对手、流通产业的供应商和消费者，也可以是与流通产业不直接相关的大学、科研机构、投资银行、政府部门等，都可能利用其特有的技术和知识为流通产业提供技术装备选项。应当说，技术来源越是多元化，替代技术越是多样化，则最终技术装备水平的提高越有保障。

3. 借助技术装备产业，提升技术装备集成能力

要想完成技术装备集成，最终还是需要将技术装备理念统领下的技术装备选项整合成为一个技术装备系统。然而，由于后发展流通产业在技术装备集成初期肯定缺乏必要和系统的元件知识和整合技术，所以想要独立完成高质量的技术装备集成还是有一定难度的。不过，后发展流通产业所在国的技术装备产业可能在经济体系的整体技术升级过程中已经提前实现了产业化、专业化和服务化，已经有能力为后发展流通产业提供足够的技术支持和装备服务。

在这一后发优势的强力支撑下，后发展流通产业可以充分运用来源广泛的技术装备，使其最大限度地对产业环境、服务

---

① 吴贵生，李纪珍，孙议政．技术创新网络和技术外包［J］．科研管理，2000（7）：33－34.

业务流程进行适应，从而有效提升运作效率、降低流通成本、形成经营差异，最终获得相对于先发流通产业的竞争优势。当然，流通产业要想进一步强化自主提升技术装备水平的能力，还需要加强元件知识和整合技术的学习，向先行流通产业看齐，向自主创新方向努力前进。

第三节　流通产业技术装备战略与政策研究

一、流通产业技术装备战略

（一）技术装备开发战略

1. 开发何种技术装备取决于流通企业希望获得何种类型的竞争优势

按照迈克尔·波特的战略管理理论，企业的基本竞争优势主要包括四种类型：成本领先、差异化、成本聚集和差异聚集。[①] 理性的流通企业总是倾向于优先开发那些对企业所追求的基本竞争优势贡献最大的技术装备，同时还要权衡开发这些技术装备的成本和成功率。根据企业追求的基本竞争优势不同，技术装备开发战略所侧重的技术装备的作用也将有所差异。需要特别指出的是，在追求基本竞争优势的同时，流通企业的技术装备开发战略还应当兼顾其他方面的竞争优势，当然在这些领域技术装备开发的目标并不在于创造成本高昂的前沿装备，而在于保持与主流竞争对手在各个方面的大致均势。

现实中，有很多的流通企业的技术装备开发行为更多地受

① ［美］迈克尔·波特著；陈小悦译．竞争优势［M］．北京：华夏出版社，1997，第12—16页．

到企业技术兴趣和偏好的驱使，很少是来自对竞争优势的追求，显然这是非经济理性的，这对于企业获得持续竞争优势和超额利润不但没有任何帮助，而且会在一定程度上导致流通产业技术装备资源的浪费。

2. 流通企业确定开发的技术装备既可以是创新型技术装备，也可以是改进型技术装备

理论上，无论是技术装备创新还是技术装备改进都能对流通企业的各种基本竞争优势予以一定的支持，同时需要进行综合性地开发。但在现实中，不少流通企业会有一种错误性的认识，就是只有创新型的技术装备变革才能推动成本领先，而改进型的技术装备开发仅倾向于突出差异化。

这一错误的战略认识不仅会造成无力进行技术装备创新的流通企业放弃对低成本的追求，更会造成有能力开发创新型技术装备却不愿追求成本领先的流通企业错过技术装备创新的机遇。

3. 流通企业技术装备战略要超越传统意义上的范畴，将技术装备开发的领域覆盖流通企业的整个价值链

按照战略管理理论，企业的竞争优势是由整个价值链决定的，只有从价值链的高度认识和考察流通企业现有的技术装备状况，才能发现需要进行技术装备创新和改进的领域，进而通过利用不同领域技术装备开发之间的关联性和依赖性，节约技术装备开发成本，并通过协调各领域技术装备开发进程的协同性和资源配置的均衡性，避免技术装备开发中“短板效应”的制约。

而现实中，很多流通企业都缺乏对流通技术装备开发的系统认识，用窄口径的经济装备攻关来代替技术装备开发。在这种情况下，成功开发出某一领域的前沿技术装备，不仅会耗费更多的资本和技术资源，而且会由于配套性技术装备发展水平较低而制约先进技术装备作用的发挥。

(二) 技术装备扩散战略

1. 技术装备扩散的时机

(1) 发掘不可得市场的额外收益

技术装备有偿扩散可以使领先流通企业从一些本来不可得的市场中获取额外收益。由于市场尚未完全实现一体化，所以商品流通市场的国别性、地域性还非常突出。在这种情况下，将技术装备转让给那些不可能进入的市场中的流通企业是合理的；同时，由于供应链管理一体化的推进，使得流通产业与上游供应商之间的技术装备联系日益紧密，不少领先流通技术装备对生产性企业同样具有战略价值，在这种情况下，有偿扩散技术装备不仅有助于获得额外的收益，而且有助于形成基于技术装备的纵向一体化。

(2) 享受标准化的低成本

对很多流通基础设施和通用流通技术装备而言，在不实现社会化和标准化的情况下，很难发挥其提高效率和降低成本的作用，比如集装箱、托盘、条码、电子商务平台、自动订货系统等。对于这类流通技术装备，领先流通企业通过有偿技术装备扩散推动技术装备标准化，不仅有望迅速获得大量的技术转让收入，而且作为市场中的主导流通企业将从技术装备社会化和标准化中获得最大的收益。

(3) 技术装备互相扩散

从某种程度上来讲，技术装备有偿扩散的本质其实就是流通技术装备研发在不同流通企业之间的分工与协作。如果流通企业能够各自根据自身的资源和技术条件专业化地从事某一领域的技术装备开发，并基于潜在的“技术装备转让市场”相互扩散各领域的领先技术装备，则对于整个产业提升流通效率、降低流通成本都具有重要的意义。

2. 技术装备扩散的对象

技术装备扩散对象对流通企业竞争地位的影响十分深远。技术装备扩散的确是增加短期收益的可行方法，但如果在此过程中出现了强劲的竞争对手，丧失了原本有效的竞争优势，则企业的长期利润将被侵蚀。

从竞争的角度来看，流通企业技术装备扩散的对象应当尽可能限定在非竞争对手或“良性”竞争对手的范围内。但由于“非竞争—竞争”“良性—恶性”都存在转化的可能，特别是在经济全球化背景下，国别和地域市场的壁垒正在瓦解，完全意义上的非竞争对手几乎不再存在。

所以从世界范围来看，一方面领先流通技术装备的扩散正变得越来越慎重；另一方面为有效规避技术装备扩散对象选择失误招致的风险，技术装备扩散往往伴随着对受让流通企业经营地域与细分市场严格限制的转让条款，根据转让条款的规定受让企业一旦成为竞争对手，则此前的技术扩散关系将自动失效。

(三) 技术装备配置战略

1. 创新型流通企业的技术装备配置的步骤

(1) 辨识企业价值链中的主干技术装备及分支技术装备

要想对流通企业的技术装备进行系统优化，必须从辨识企业及其竞争对手采用的所有主干技术装备及分支技术装备着手。此外，流通企业还必须对供应商的接口技术装备和消费者的技术装备需求形成深刻的了解，这些技术装备往往也与流通企业自身的技术装备相互依赖。对于只将技术装备配置的注意力集中在“主流”技术装备上的流通企业来说，将技术优势转化为竞争优势并不是件轻而易举的事情。

(2) 分析对流通企业既定竞争战略具有正面贡献的技术装

备领域，通过检验确定技术装备开发的重点

具体而言，重点技术装备应具备如下特征：第一，对于该技术装备自身而言，应该能够创造竞争优势或有利于强化流通企业现有的竞争优势；第二，该技术装备可以为流通企业现有资源所支持，产生先行者优势；第三，该技术装备本身的外来性和扩散性不太强，能够形成技术装备领先的持久性；第四，该技术装备的配置能够进一步影响到企业所处的市场结构。

若有技术装备符合上述条件的，流通企业应将其进一步隔离出来，集中企业内外部研发能力进行集中攻关，尽快实现关于技术装备的突破。

（3）评估创新型技术装备的领先者优势和领先者劣势

在认定领先者优势创造的期望优势足够弥补由开拓成本和开拓风险构成的领先者潜在损失的基础上，明确确立关于技术装备领先配置者的角色定位；反之，则应果断确立技术装备跟随者的角色定位。

（4）在通过领先技术装备赢得竞争优势的同时，应完成三大战略任务

第一，对于产业内外的技术装备研发和模仿情况随时进行监控，在竞争对手取得技术装备突破前率先启动技术装备扩散战略；第二，战略性地选择技术装备扩散对象，利用技术装备扩散对竞争优势进行巩固，改善市场的具体结构；第三，利用基于竞争优势获得的超额利润支持新一轮技术装备配置战略的启动和推进。

可见，基于理性的技术装备战略，流通企业完全有能力充当流通产业技术装备化的核心主体。

2. 流通企业战略决策的微观层面存在盲目性、互制性

（1）后发展流通产业的技术装备开发角度

第一，关于流通企业采取的分散决策在一定程度上来讲，不利于流通产业集中有限的研发资源完善制约整个产业技术升

级的瓶颈装备；第二，在技术装备开发领域、开发类型、开发重点等方面的非理性战略决策，会使整个流通产业错过技术装备开发最佳时机；第三，在消费者技术装备需求、供应商接口技术装备、产业外部技术环境的引导下，独立决策的流通企业很容易出现对某种技术装备的高度重复开发，从而浪费大量的技术装备开拓成本，并几乎给整个流通产业带来巨大的开拓风险；第四，对后发展流通产业而言，由于先天缺乏研发能力和资本积累，所以流通企业中的领先者往往具有很强的技术装备开发惰性，而在领先者惰性的影响下，其他企业也将由于其作为跟随者的惯性出现技术装备开发动力不足，从而最终导致流通产业技术装备开发出现停滞局面。

（2）后发展流通产业的技术装备应用角度

第一，由于没有较强的自主研发能力，从而使得后发展流通产业的技术装备外来性更强，领先者优势更难以确立，技术扩散速度更快，最终导致技术装备领先很难持久，对流通企业应用领先技术装备的信心造成一定的影响；第二，后发展流通产业所在市场往往缺乏主导企业，消费者的转换成本也不高，小规模、分散化的流通企业根本不具备制定技术标准的能力，加之以知识产权法为代表的制度壁垒不完善，这些因素都会明显弱化领先者优势，同样会对流通企业应用领先技术装备的动力形成影象；第三，后发展流通产业由于资本和技术密集度低，需求的控制和引导能力差，所以在面对高昂技术装备开拓成本以及需求变动和技术模仿引发的开拓风险的时候，领先者劣势更为突出，也会对流通企业应用领先技术装备的愿望有所抑制。

二、流通产业技术装备政策

（一）直接研发投资政策

部分流通技术装备特别是流通技术装备的研发不但具有显

著的外部效应，而且具有高投入、高风险的特征，所以流通企业会出现投入动机不强、投入能力不足的情况，从而阻碍技术装备化进程。在这种情况下，最有效的政策工具就是政府直接投资。

当然，政府的直接研发投资是要互补性地介入企业不愿或无力承担的研发领域。所以，要确保直接研发投资处于政策的必要界限以内，必须确定直接研发投资的有效范围。

从世界发达国家的技术研发活动来看，产业界以应用开发为主，基础研究在产业界研发经费中所占比例非常小，这与基础研究在产业化过程中较强的不确定性和外部性关系密切。相反，政府研究机构与教学机构（主要是大学）以及个别国家的民间科研机构是开展基础研究的核心主体。可见，基础研究应当是政府直接研发投资的主要资助领域。

（二）税收和补贴制度政策

对于流通产业技术装备而言，其具有十分显著的外部经济性，为提高流通企业技术装备研发和应用的积极性，政府需要运用财政政策给予推动技术装备升级的流通企业和其他研发机构必要的外部收益补偿。

一般而言，政府对技术装备升级行为的财政补偿主要有两种形式：研发补贴和税收优惠。前者与政府直接研发投资政策的作用机制类似，但其着眼点不在于补偿研发支出，而在于转移额外收入，因而其政策引导性大于资源补偿性；后者通过对推动技术装备升级的流通企业适用优惠的计税方案，使之减少税收支出，增加销售利润，同样对流通产业技术装备研发具有引导和激励作用。

联合国经合组织对于作为同样具有流通企业技术装备化引导作用的财政政策，研发补贴和税收优惠在政策效用方面进行了研究，初步表明，税收优惠作为促进技术装备化的手段，较之补贴有许多优越性。这些优越性包括：(1) 影响范围更广，可以引导所有流通企业积极开展技术装备升级活动。(2) 税收优惠条件客观、公开，能够有效维持公平竞争的市场环境。(3) 税收优惠需要较少的政策条文，涉及较少的官僚层次，政策实施过程更具有可预见性，也更稳定。(4) 税收优惠允许流通企业保留其自主的技术装备战略决策权，通过利益引导企业自愿地进行技术装备升级而不是通过资源介入干预企业决策，不会影响流通企业在技术装备化进程中的主体地位。(5) 税收优惠具有更强的政策灵活性。

但是，税收优惠也存在一定的政策缺陷：(1) 流通企业技术装备战略决策依据长期化，即企业更多地依据技术装备的应用前景和研发信心而不是短期的税收优惠或研发补贴进行研发战略决策；(2) 税收优惠的相关法案过于复杂，只有大型流通企业才有能力利用这些优惠；(3) 企业内部利益分配机制效率低下——毕竟税收优惠对业务部门的激励比对技术部门的激励更为显著。

所以，从西方发达国家的实践来看，税收优惠正逐步取代研发补贴成为流通产业技术装备化的主要激励政策，而税收优惠正越来越集中于税基式优惠政策。

(三) 政府采购政策

政府采购政策是政府或其代理人以消费者身份为提供公共产品而进行的政策性采购行为。政府采购一般具有规模大、标准高、范围广、社会动员力强的特点。政府采购政策的实质在于用“看得见的手”调控“看不见的手”，通过政策性的采购安排，调整需求规模和结构，引导供给结构和水平。

1. 政府采购政策具备的条件

主要包括：(1) 政府采购以先进流通技术装备为标的；(2) 对于社会经济职能显著的流通技术装备，成本考虑次于性能考虑；(3) 政府愿意以政府购买的形式不断提升流通基础设施的技术水平；（4）政府采购的供应商垄断程度低。

2. 政府采购政策对流通产业技术装备化形成的正面推动

（1）政府以流通基础设施的具体形式投放采购的先进技术装备，能够直接提升流通产业的技术装备水平；（2）以政府采购的形式引进前沿流通技术装备，能够更容易地突破先行流通产业的技术扩散壁垒，并形成更高效率和更大范围的技术装备普及；（3）政府采购能够扩大甚至创造先进流通技术装备的需求规模，弥补流通产业自发的技术装备需求不足，从而在一定程度上克服需求性的流通产业技术装备化低度均衡；（4）政府对流通技术装备的采购能够诱使技术装备供给力量向流通产业方向转型，推动流通技术装备产业的形成和发展，一定程度上克服供给性的流通产业技术装备化低度均衡；（5）政府提高技术装备采购的技术标准，可以从需求侧起到“技术牵引”的作用；（6）政府广泛的采购范围和强大的社会动员力决定了伴随着政府对流通技术装备的采购，技术装备产业和第三方技术装备源都将被纳入到国家技术装备创新体系之下，从而进一步强化流通产业技术装备化的多主体性。

3. 政府采购政策存在的局限性

（1）由于政府在技术装备方面的采购政策与产业政策密切关联，所以寄希望于单纯依靠政府采购提高流通产业的技术装备水平，不仅持续性差，而且不确定性强。

（2）在市场经济条件下，政府的市场权力会越来越弱化，当技术装备供应商（既可能是垄断供应商，也可能是串谋的寡头供应商）的市场权力超过政府，则政府采购政策对流通产业技术装备化的有效性将微乎其微。

（3）在以流通基础设施的形式投放政府采购的流通技术装备的过程中，很难做到公平和均衡，从而会对流通企业的自发技术装备化战略实施形成干预。

（四）知识产权保护政策

1. 知识产权保护政策对流通产业技术装备化的影响

（1）专利制度为技术装备创新提供了重要的动力和激励机制。第一，专利制度用来保护领先技术装备的独占权；而对作为竞争优势源泉的领先技术装备的独占，又是企业持续获得超额利润的根源。在超额利润的驱动下，流通产业技术装备化将在企业层面获得持续的动力。第二，根据国际上的通行做法和专利法的规定，技术装备的首创者可以从技术装备带来的超额收益中获取相应的报酬，这一依据技术要素的分配原则对从事技术装备研发的教学科研机构而言也是一种有效的激励机制，流通产业技术装备化将由此在国家技术装备创新体系层面获得持续的动力。

（2）专利制度以及知识产权保护政策确定了在技术装备创新和扩散过程中所有流通企业必须共同遵守的行为规则，从而强化了流通企业技术装备战略预期的确定性：如果采取积极的技术装备开发战略，就可以获得独占前沿技术装备的权利，从而确定地获得竞争优势和超额利润；同时，在专利制度的保护下，流通企业制定技术装备扩散战略将变得更加灵活，从而获得更大的技术装备扩散收益。

相反，如果不采取技术装备开发战略，而窃取其他企业的创新成果、侵犯其他企业的知识产权，就会受到专利法或知识产权法的制裁，形成确定的技术装备侵权损失；如果不采取技术装备领先战略，则实现技术装备升级的被动性会很强，从而在很长的经营周期内处于确定的竞争劣势。正反两种确定性的预期，最终会推动流通企业选择更有利于流通产业技术装备化的战略取向。

（3）知识产权保护政策虽然一定程度上妨碍了前沿技术装备的有效扩散，但与专利制度伴生的专利检索系统，一方面可以避免流通产业内的重复研究，提高技术装备的研发起点，实现技术装备研发资源的有效配置；另一方面可以为流通产业内的技术交流和装备引进指明方向，避免引进低水平的技术装备研究，从而提升流通技术装备扩散的层次。

即便如此，知识产权保护政策对流通技术装备领先者提供的垄断性保护又是有限的，否则它将真正成为流通产业技术装备化的政策性障碍。知识产权保护的有限性主要体现为时间限定、空间限定和技术限定三种形式。

2. 知识产权保护的有限性对流通产业技术装备化具有积极意义

（1）它打破了领先流通企业依赖知识产权保护巩固技术垄断地位和市场竞争优势的幻想，鞭策流通企业通过持续的微观技术创新推动流通产业技术装备水平的提升。

（2）它为推动流通产业技术装备化进程的知识产权保护政策提供了更强的灵活性和针对性，有助于均衡促进流通技术装备的创新和扩散。①

① 李智．流通产业技术装备［M］．北京：清华大学出版社，2014，第215页．

第六章　流通产业发展评价指标体系研究

流通产业随着社会主义市场经济的建立和完善，已经成为社会再生产中的一个重要行业，它决定了经济运行的速度、规模、质量和效益。因此，需要对其发展进行评价，确定好评价指标体系，推进流通产业不断向前发展。

第一节　对我国流通产业发展状况的评价

一、我国流通产业的发展现状

（一）宏观环境的发展变化为我国流通业的发展提供了良好的外部条件

1. 供给侧结构性改革的提出及其发展与推进

我国的经济在经过 40 余年的高速增长后，经济总量不断创出历史新高，从人均 GDP 来看，已成功迈入中等收入国家行列。但是，近年来由于受到各种因素的影响，我国传统经济增长源泉式微，供需结构失衡日趋严重，经济增速逐年下降，由原来的高速增长转变为中高速增长，经济发展进入“新常态”。

于是面对经济新常态，中央明确地提出开展“供给侧结构性改革”，旨在推进经济结构中供给领域的改革，使供给和需求实现新的动态平衡。流通业作为连接生产和消费的重要一环，是国民经济的先导产业，必将成为供给侧结构性改革的重要环节和主要角色（丁俊发，2017）。首先，从供给侧结构性改革的主要内容来看，与流通息息相关。其次，从国家对流通业供给侧结构性改革的重视程度来看，可谓前所未有。

2016 年至今，国家发改委、国务院办公厅、商务部等先后出台《物流业降本增效专项行动方案（2016—2018 年）》《关于推动实体零售创新转型的意见》《关于开展加快内贸流通创新推动供给侧结构性改革扩大消费专项行动的意见》《关于复制推广国内贸易流通体制改革发展综合试点经验的通知》《关于进一步推进物流降本增效促进实体经济发展的意见》等一系列重要文件和政策，反映出了国家对流通领域供给侧结构性改革的高度重视。这些都为流通业的发展提供了良好的外部环境。

2. 当前消费已经成为经济增长的主要推动力

我国的消费品市场近年来一直在持续健康发展，总体规模处于不断扩大的状态，年均增长速度一直保持在两位数以上，消费对经济增长的贡献率不断提升，消费驱动型经济模式基本形成（荆林波，2017）。2016 年，我国实现社会消费品零售总额 33.23 万亿元，比 2012 年增加了 12.2 万亿元，增长了 55%，占国内生产总值的比重也由 2012 年的 39.68%上升到44.66%（表 6-1）[①]。

表 6-1　2012—2016 年我国社会消费品零售总额及其占国内生产总值的比重

年份	社会消费品零售总额（亿元）	比上年增长（%）	国内生产总值（亿元）	占 GDP 比重（%）
2012	214 433	14.3	540 367	39.68
2013	242 843	13.1	595 244	40.80
2014	271 896	12	643 974	42.22

① 国家统计局贸经司．消费基础性作用不断增强 发展新动力快速提升［N］．中国信息报，2017－07－24.

续表

年份	社会消费品零售总额（亿元）	比上年增长（%）	国内生产总值（亿元）	占 GDP 比重（%）
2015	300 931	10.7	689 052	43.67
2016	332 316	10.4	744 127	44.66

2012—2016 年，我国社会消费品零售总额年均增速为 11.6%，高于同期国内生产总值名义年均增速 3.3 个百分点；2016 年，我国最终消费支出占国内生产总值的比重为 53.6%，比 2012 年提高 3.5 个百分点，最终消费支出对经济增长的贡献率为 64.6%，比 2012 年提高 9.7 个百分点，高出同期资本形成总额贡献率 22.4 个百分点。① 这些都表明消费已经成为我国经济增长的主要推动力。

而消费无论是在流通业发展的历史演进中，还是对新兴流通业态和流通模式的崛起都起着非常重要的作用，尤其是在消费驱动型经济时代，在国家明确提出要着力扩大居民消费，促进消费结构升级，在通过发挥新消费的引领作用培育形成新供给新动力的背景下，消费的快速增长会进一步促进流通业态的创新和整个流通业的发展。

（二）我国流通产业的发展变革与未来趋势

1. 流通智能化水平不断得到提升与发展

近年来，随着流通领域一系列新兴技术的推广与应用，智慧物流、智慧商店、智慧社区和智慧商圈等快速发展，流通智能化水平将不断提升，流通业正由原来的劳动密集型产业向资本、技术密集型产业转变（路红艳，2017）。在零售领域，原来的百货店、便利店、超市等正在经历“智能商店”革命。这些

① 国家统计局贸经司．消费基础性作用不断增强 发展新动力快速提升［N］．中国信息报，2017－07－24.

智能商店，除了流通设施的智能化以外，还包括流通环节的交易、支付、物配等过程的智能化。

因此，有不少人提出，零售业正迎来以智能化为重要特征的第五次革命，从而推动“无界零售”时代的到来。在物流领域，分拣机器人和无人机正在成为热点。由此可见，流通领域许多由人工操作的环节正向机器智能操作方向发展，流通智能化水平不断提高。

且在不远的未来，全自动仓库100%都将由智能机器完成，不需要人力的参与；包裹也可以通过机器人自动投递到客户的汽车后备箱，不需要签收。这些都将是顾客期待的新体验，也是流通智能化发展的方向。

2. 流通过程向绿色化发展

由于生态环境问题变得日益严峻，世界主要国家都将绿色发展作为经济增长的一个关键核心新动力去发展。在我国“十三五”规划中，绿色发展与创新、协同、开放、共享共同作为指导各个领域和各个环节发展的五大理念，这使得绿色发展成为各行各业的关键词。近年来，随着居民收入水平的提高和环保意识的增强，绿色消费逐渐成为社会时尚和人们关注的新焦点，绿色消费场所和产品等逐渐成为人们消费的首选。

此外，在经济新常态和供给侧结构性改革背景下，绿色发展也成为流通企业转型升级的重要方向和应对市场竞争的主动选择，这些都促使流通过程趋向绿色化。①

二、我国流通产业发展中存在的问题

（一）和实践相比，流通理论研究严重滞后

20世纪60年代，我国流通理论、产生、发展至今已有半个

① 荆林波，龚雪．我国流通业现状、未来趋势与对策分析［J］．商业经济研究，2017（22）：5－9.

世纪的历史。20世纪80年代是我国流通经济学的黄金时代，很多学者围绕构建独立完整的流通经济学科展开了广泛的讨论。

但遗憾的是，到20世纪90年代以后，随着我国与欧美主要发达国家学术交流的日益频繁，西方经济学开始在我国学术界盛行开来，逐渐成为国内很多经济研究工作者顶礼膜拜的学术潮流。

由于西方经济学主要关注的是生产者和消费者，对流通问题几乎忽略不计，这在很大程度上导致我国流通理论研究逐渐陷入低迷，很多流通领域的研究工作者纷纷放弃自己的研究方向，转向西方经济学。到现在只有少数学者视其为一个专业的学术领域，流通理论的发展受到极大的限制，研究现状堪以贫困来形容。

此外，长期以来国内流通研究缺乏系统的基础理论作支撑、社会对流通问题的重视度不够，不少学者追逐热点问题，发表各自见解，未对基础理论进行系统而深入的研究，整个流通领域呈现流星化、碎片化的研究格局，加之研究方法较为单一，缺乏系统性，致使我国流通理论发展严重滞后于流通实践需要（王雪峰，2013）。

尤其是随着我国经济发展进入新常态，供给侧结构性改革深入推进，产业结构不断优化，经济转型升级不断加快，流通业在国民经济体系中的地位和作用不断提升，整个流通产业进入大变革、大调整、大发展时期，流通领域中有很多新现象、新问题不断涌现出来，这些新现象、新问题亟须相关流通理论给予解释和指导，而现有的理论却在实践面前尽显苍白和无力。

（二）流通产业呈粗放式发展

由于我国许多流通企业在发展过程中都存在过于急功近利的思想，这也就进一步使我国流通业形成一种规模粗放的发展方式，主要表现为以下两类。

1. 追求规模扩大，违背商业规律

为了单纯追求规模扩大，不顾自身实力及真实市场的具体需求，重复盲目的建设现象极其严重。近年来，我国各大中城市的商业企业为追求规模大，纷纷掀起了“圈地运动”。

据有关调查，截至2016年，我国50个主要城市的商业设施净增合计面积比两年前增加了80%，达到5.6亿平方米，[①] 如此多的商业设施显然无法在短期内被市场消化。

据中国购物中心产业咨询中心预测，到2025年我国的购物中心将超过10 000家，如此多的购物中心显然违背了商业规律，严重超过了市场需求（王雪峰、林诗慧，2016）。此外，这些卖场、购物中心装修奢靡、能耗惊人，对资源造成了极大的浪费。

2. 弄虚作假，出现对消费者权益侵犯的现象

一些商业资本不顾实况盲目扩张，致使商业企业出现过度竞争、不当竞争、恶性竞争现象严重，最终导致流通效率低下、流通成本高昂的状况，从而出现侵害消费者正当权益的情况。

（三）流通领域呈现垄断发展趋势

随着近年来国家对流通产业重视程度的不断提高，我国流通产业呈现出迅猛发展的态势，一些流通企业规模不断扩大，所占市场份额越来越大，市场势力越来越强，从而使流通领域呈现出自然垄断的趋势。

以电子商务B2C平台为例。尽管近年来我国B2C行业呈现百花齐放和快速发展态势，但同时也越发呈现出明显的垄断趋势。据我国电子商务研究中心监测数据显示，2016年我国B2C网络零售市场（具体包括开放平台式与自营销售式，不含品牌电商），天猫以57.7%的市场份额雄居首位，京东则以25.4%的

---

① 荆林波，龚雪．我国流通业现状、未来趋势与对策分析［J］．商业经济研究，2017（22）：5－9.

份额排名第二，仅天猫和京东两家电商平台所占市场份额就高达83.1%，比2015年80.8%的占比还高出了2.3个百分点；排名第3～10的电商分别为：唯品会（3.7%）、苏宁易购（3.3%）、国美在线（1.8%）、当当（1.4%）、亚马逊中国（1.3%）、1号店（1.2%）、聚美优品（0.7%）、拼多多（0.2%）、其他（3.3%）。①

由此可知，我国B2C网络零售行业市场结构正在逐渐接近寡头垄断的非竞争性市场，行业巨头天猫、京东两家电商的市场势力遥遥领先，对B2C网络零售市场形成的控制力已经远远超过其他电商，话语权十分强大，市场寡头迹象非常明显，对于其他B2C电子商务平台企业的生存空间形成了很大的挤压。

（四）顶层设计缺失，政策实施难以落地

尽管近年来，针对各种频发现象国家出台了系列扶持流通产业发展的政策文件，但是由于一些政策措施因为缺乏顶层设计和配套的措施，在进行具体执行过程中仍难以落实到位。相比流通业的快速发展和流通规模的不断壮大，流通产业发展所需的配套措施明显“滞后”，包括流通基础设施建设的落后、流通新技术的应用不足、流通专业人才的匮乏、流通市场的条块分割等。

此外，很多政策措施需要明确具体操作办法才能做到有效落实。以流通产业园为例，近年来全国物流业飞速发展，各地物流园区也在不断地规划建设中，但一些脱离实际需求、盲目上马的物流园区也层出不穷。

在房地产市场遇冷的背景下，为了摆脱经营压力，一些物流园区存在着名不副实的问题，打着物流的幌子投机圈地，随后变换土地性质，伺机高价转让或者搞房地产开发；还有一些自身实力不济的开发商冠以物流园区名分，实际从事如商品批

---

① 2016年度中国网络零售市场数据监测报告［EB/OL］. https://www.jiemian.com/article/1338857.html.

发、建材销售等业态，由于需求不足、功能定位不准，没有能够做到整合物流资源、提供物流服务功能，这都需要进行相应的规范和一定力度的整治。①

第二节　流通产业统计数据现状及改善对策

一、我国流通产业统计数据的内容梳理

（一）流通产业领域内的统计数据

1. 价格类指标

（1）产品类别

从产品大类上来看，既包括生产资料，也包括生活消费品；既包括农产品价格，也包括工业原材料（通用半成品）和制成品价格，此外还涉及物流、生活服务等服务商品的价格。在数据形式上，既有原始交易价格统计和平均价格，也可以采用反映价格变化的指数形式。

（2）发布机构

从发布机构来看，主要是国家统计部门和商务部、农业农村部、交通运输部等行业主管部委，具体也包括专业的全国性行业协会、业内大型流通企业以及新华社等新闻机构。根据不同产品的类型和发布机构，价格指标的发布频率有日数据、旬数据、月数据、季数据等多种情形。②

① 李致鸿．现代流通产业急需走向产业集聚［N］．中国企业报，2015－08－25.

② 张昊．流通产业数据统计的现状、问题及改进建议［J］．中国流通经济，2014，28（09）：28－33.

2. 数量类指标

数量类指标内容一般相对而言要较为庞杂一些，其中既有反映流通过程功能实现的具体交易量、业务量指标，也有反映流通业发展情况的产业主体数量指标，同时还包括部分反映流通质量的指标。其中，反映流通业功能实现的数量类指标主要包括大宗商品的进口量、出口量，交通、仓储、邮政等物流业的业务量，重要商品的仓储数量等。

流通经营主体的数量指标主要是指企业、个体工商户、产业活动单位、从业人员数量以及交易市场摊位数、连锁经营企业门店数等。行业管理部门与协会团体受理投诉数量能够准确反映流通运行质量的指标。政府统计机构是负责发布数量类数据的机构。根据指标类型的不同，其发布频率的差别也会相对较大，进出口与物流方面统计一般为月度数据，而经营主体情况和投诉量统计等则不同，一般为年度数据。①

3. 总额类指标

（1）宏观层次

宏观方面主要是商品进出口总额，社会物流总额、总费用，固定资产投资总额，社会消费品零售总额，电子商务交易额，以及居民消费支出总额等。

（2）微观层次

微观方面主要涉及的是关于企业经营与财务情况，包括购销存总额、成本收入额、资产负债额等。总额类指标的发布机构主要是政府统计部门。

近年来，部分平台式企业、行业协会也利用自身经营或开展活动过程中形成的统计积累，发布总额类数据指标，如电子商务交易额等。在发布频率方面，进出口与社会消费品零售总

---

① 张昊．流通产业数据统计的现状、问题及改进建议［J］．中国流通经济，2014，28（09）：28－33.

额一般为月度数据；部分涉及销售额的数据会根据春节、国庆等特定节假日专门发布；其余总额类数据主要为年度数据。[①]

（二）我国流通领域反映宏观经济的综合指数

在国民经济中，流通领域可以说是一个重要组成部分，流通业运行的情况能够在很大程度上对宏观经济的走势予以明确的反映。在对行业运行状态进行衡量的过程中，同时也能够进一步体现国民经济的景气变化。

除此以外，还有专门针对建材、木制品等特定行业的景气指数。这些指标大多采用抽样调查的方法获取相关的原始数据，并在加工处理后形成一定的可利用指数。其发布机构主要包括国家统计部门和全国性行业协会。发布频率较高，大多为月数据[②]。

二、我国流通统计的主要问题

（一）数据来源单一，一般是由官方发布

中国的流通统计数据并不是直接进行公布的，大多都是经由政府进行统计或主管部门要求企业上报后，进行汇总整理最终对外公布。而行业协会、企业在自身开展经营活动中通过积累、记录，直接形成的数据内容不是很充足，除少部分具有官方背景的行业协会以外，大部分专门行业的流通协会所具有的数据统计的作用并未得到充分的发挥。

总的来说，官方统计机构数据的通用性相对较高；而来自于行业协会和民间组织的数据强调的是及时、高频，对宏观经

① 张昊．流通产业数据统计的现状、问题及改进建议［J］．中国流通经济，2014，28（09）：28－33.

② 张昊．流通产业数据统计的现状、问题及改进建议［J］．中国流通经济，2014，28（09）：28－33

济有很好的反映或预示作用。这种统计主体与发布渠道的差异和各国的基本经济制度有千丝万缕的联系。

在美国和欧盟多由民间研究机构从事数据采集和发布，在日本则有很多的行业协会来做类似的统计工作。在中国当前强调政府转变职能的背景下，对于社会力量进行充分的调配，由政府发挥协调的统筹作用，或许是一个较为可行的改进方向。

（二）流通领域内缺乏统一的统计指标体系

1. 各细分行业之间缺乏统一可比的指标内容

由于每个行业之间的性质不同，所以都有属于自己的一套具体统计指标，这样一来对于总体把握就有一定的难度。突出地，即便是以企业财务报表为基础的资产负债与损益数据，也尚未涵盖到所有行业。

在“大流通”视野中，涉及生活服务业的内容则更为欠缺，除《中国第三产业统计年鉴》提供“居民服务业”整体营业收入外，《中国统计年鉴》等仍是主要在民政归口的“社会服务”机构下进行统计。①

由此，目前我国第三产业统计普遍存在的问题就是在针对流通产业的发展情况进行相关的考察时，常常只能面临各个行业自说自话的现象。服务性行业被分散在各个管理部门之下，虽然都被按照国际标准行业分类目录纳入“服务业”项下，但根本还是“貌合神离”、无法汇总，指标设置缺乏一致性。

2. 部分行业缺乏具有代表意义的特有指标

尤其是批发、零售、餐饮、住宿等主要以财务指标为统计内容的细分行业中，缺乏具有代表意义的特有指标现象十分明显，主要问题在于财务指标存在局限性，无法完整地对行业的

① 张昊．流通产业数据统计的现状、问题及改进建议［J］．中国流通经济，2014，28（09）：28－33.

情况进行反映。例如，对于商业企业的经营情况以及渠道关系的评价，需要明确流通企业的收入来源和利润结构。

但是，统一的“主营业务收入”“营业收入”等无法准确反映这一点，有的零售企业注册为管理公司，向上游制造商收取的促销费、展示费一并计入了主营业务收入。[①]

（三）数据来源渠道缺乏透明度，内容呈现不具体

由于中国公布相关的统计数据时，几乎都需要进行一定的汇总处理，这就进一步使得外界获得的数据具有一定的总括性，至于详细内容无法得知，因此数据使用者难以根据自身的需求进行详细分解，无法对数据之间的联系进行判断，作出可靠的推理预测。

在这种情况下，国内所做的流通行业分析大多为增长率、变化率的时间纵向比较，或者粗略的大类间比较。这种分析的结果就是对背后的深层次动因无法进行揭示，带有误导性也自是难免。

于是，这一问题背后涉及的问题就是关于数据的内部化。目前，许多大型行业协会、部分政府部门（及其下属事业单位）采集汇总的数据都采取了内部数据的形式，需要会员登录或者付费使用。行业协会采取此类做法是符合情理的，而政府部门在这个过程中利用财政资金、通过行政方式收集的数据，理应在不涉及国家安全及商业机密的条件下向社会公开公布。[②]

① 张昊．流通产业数据统计的现状、问题及改进建议［J］．中国流通经济，2014，28（09）：28－33.

② 张昊．流通产业数据统计的现状、问题及改进建议［J］．中国流通经济，2014，28（09）：28－33.

三、改进流通统计的建议

（一）建立政府统计平台，做好“大数据”统计，各部门要统一协调相关工作

要想把当前流通统计领域数据“碎片化”的问题予以实质性的解决，除了对“数出多门”的管理体制进行一定的改革以外，还应对“大数据”“云存储”等先进技术手段所带来的机会予以充分重视，从而实现数据统筹与共享。这样就可以由一到两个主管部门牵头，多家相关部委、行业协会组成联合发布小组。在流通统计的内容、方式以及数据采集渠道上进行统筹规划、资源共享，对当前发布的数据内容进行归并整合。这一做法不仅可以把各机构发布数据的职责特点进行明确，方便使用，还能在一定程度上使调查对象数据报送负担有所减轻。

与此同时，在彼此进行协调的基础上，各部门要以服务对象的需求为主要导向，突出数据内容与发布方式的具体特点。例如，农业部门的数据信息主要以服务生产、鼓励农民为出发点，应当更加关注未来的供需结构和中长期价格走势；而商务部门主要以保障各地供应为目的进行市场监测，不仅要关注总体上的供求平衡，还必须依托各级机构“抓大顾小”，关注地区性的产销状况。合理地提高数据采集的全面性和数据发布的提前量、先导性，防止市场出现剧烈的波动倾向。

（二）设置统计指标要以行业分类与其他分类方式相结合为基础

行业分类并不是统计分类的唯一尺度，还可以在合适的行业细分程度上，将其他能够明确体现流通产业特征的分类方式吸收进来。

（1）在零售企业多元化经营日益普遍的情况下，要进一步重视、细化当前的商品销售“类值”统计。零售业可以进一步

细分为综合零售业和诸多按产品类别划分的零售行业。在现实中，大量满足终端消费需求的零售商都属于综合零售业，由此产生的统计信息就难以包含足够的产品销售信息，这就需要商品类值数据来加以补充。

（2）应当在流通业统计中引入更为细化的规模分类，这样一来，便于分别对大型、中型、小型流通企业的具体经营情况进行深入考察。

（3）应当尽快建立并完善餐饮业、物流业的经营形态（业态）分类标准，从而对这些行业在满足居民不同层次消费需求中的作用加以准确度量。[①]

（三）对非官方统计数据发布渠道做好规范，使其成为政府统计的有效补充

官方统计机构数据一般而言，具有一定的权威性、通用性，而来自于行业协会和民间组织的数据又具有一定的及时、高频优势，这在一定程度上，能够对宏观经济起到一种很好的预示预警作用。

在发达经济体当中，也不可避免地存在多家机构发布同一指标的情况，但是这种“重复”在性质上是不同的，其背后必然是数据特点上存在差异，是在数据使用实践中经过市场筛选形成的。例如，消费者信心指数，既有统计部门发布的，也有大学等研究机构发布的，其相互间由于样本选择等存在差异，恰好能够反映经济运行的不同方面或不同层次，从而形成互补。这种指标的多样性是市场选择的前提，市场选择是指标适用并获得认可的唯一标准。就中国而言，在未来的发展过程中，应积极梳理、归并当前流通统计数据的发布来源和调查组织，突出差异、减少重复。

基于现行《统计法》的规定，在政府部门发布官方“统计

---

① 张昊．流通产业数据统计的现状、问题及改进建议［J］．中国流通经济，2014，28（09）：28－33.

数据”、以国家统计局为主发布“总量性数据”之外，应当适度地放松管制，积极鼓励行业协会根据自身特点和会员需求，发布一些专门的数据；大型流通企业可以利用自身的业务数据积累，发布具有典型性和代表性的分析数据。同时，要规范数据发布行为，增强数据透明度和可信度，发布单位必须对数据来源、数据含义、统计口径、统计方法等加以说明。[①]

（四）增设“将来时”的先导型指标，提升宏观决策预见能力

通常来讲，经济数据信息总共可以分为三类：（1）“过去时”数据信息，即反映已经发生过的滞后型信息。例如，上年、上月、上周的产品供求数量、价格或企业状况。（2）“现在时”数据信息，即反映刚刚发生或正在发生事态的实时型信息。例如，本周、当日产品的供求数量、价格或企业状况。（3）“将来时”数据信息，即可提前有效预示预警未来状况的先导型信息。例如，下一阶段产品的供求数量、价格或企业状况。

三类信息各有各自的具体作用，但是相比而言，最有价值的是有助于进行宏观调控的预示预警“将来时”信息。前两类数据只能用作事后的分析，对预测预警未来走势的作用极为有限。

长时间以来，我国主要是依赖“过去时”数据汇总报送来分析和决策。这也就注定了凭借过时的数据所作出的相关预测决策，其中包含了太多的“拍脑袋”的猜测成分。信息迟滞必然导致调控迟滞，政府决策总是被动跟进、仓促应对。所以亟待探索设置可以见微知著、发挥预测预警作用，提前显示流通领域、市场供求的先行指标。

综上来看，可适当地借鉴制造业、非制造业采购经理人指数（PMI）的分析方法和具体做法，设置流通业和市场供求的先导型统计调查指标，以便提前掌握下一阶段市场供求的具体走势和流通业扩张收缩的最新动向，从而做好提前应对措施。

---

① 张昊．流通产业数据统计的现状、问题及改进建议［J］．中国流通经济，2014，28（09）：28—33．

第七章　流通产业对居民消费的影响研究

当前经济全球化趋势越来越显著，市场竞争越来越激烈。我国正在不断深化经济体制改革，在这一过程中，流通产业在国民经济中的作用越来越明显。在传统市场中，流通产业是连通生产与消费环节的桥梁，当今流通产业正逐步加强其在扩大内需、刺激消费中的重要作用。深入分析我国市场结构不难发现，卖方市场正在向买方市场转变，流通产业的发展也即将迎来新的发展阶段。在当前的市场发展模式下，流通产业要起到刺激市场需求、促进社会经济健康发展的重要作用。

第一节　流通产业对我国居民消费影响的因素分析

流通产业作为流通功能发挥的载体和流通经济运行的主体，其发展良好，不仅能够降低商品市场中信息不对称程度，促进和引导生产者进行生产，还能降低交易成本，最终提高消费者的效用。而相反，如果流通产业发展受限，将对居民消费产生多方面影响，居民的消费受到产业结构的影响和制约，比如流通产业可以制约居民消费的实现，因为商品能否进入消费领域被居民消费，很大程度上取决于流通的条件。

一、流通产业发展对消费影响的理论

在不断地进行交换的过程中，逐渐引发了流通的形成，使

之成为独立于生产与消费的中间环节与媒介。面对处于商品经济完整过程的条件下，流通除了受制于生产与消费，还离不开市场的驱动，通过市场完成相应的扩大交易规模、提高流通经营效益与改善流通环境，从而使得流通产业效率有所提升，进而降低流通成本。流通在社会再生产过程中可以不断地对自身予以完善，逐步实现专业化、规模化与职业化，使得结构不断升级，内部分工不断加深，从而形成流通产业，关于流通演进的具体规律对消费所起到的促进作用不能忽视。

流通产业的发展对居民消费增长促进的过程，实际意义上来说是一个社会分工水平深化、交易费用下降、不断创造消费需求、增加利润的过程。

经典消费理论认为居民消费的增加取决于居民收入的增加与产品价格的下降。流通作为连接生产与消费的中间环节通过提供必要的流通效率，促进产出规模的扩大，从而发挥增加居民收入的重要作用。另一方面，流通作为连接生产与消费的中介，对于降低消费者购买产品的交易成本，从而降低产品的价格具有不可替代的促进作用，因而不仅能够刺激消费，而且能把潜在的消费需求转化为现实的消费行为

在流通产业内部，有三大主体，分别是生产商、流通商与消费者，而客体则是产业内部的产业规模、产业经营效益、产业环境、产业效率与企业内部的交易条件，协调交易、流通效率与交易费用等，在主体对客体进行运行的过程中，流通商会竭尽全力促使生产商与消费者达到和谐统一，从而促使彼此的交易次数以及各种交易费用、管理费用得以减少并获取相关的回报，为了达到这一目的，流通商付出成本与耗费是必然性的，若这种回报能超越各种成本与费用，对流通商而言，肯定愿意在消费市场上继续交易，使自身存活下来；反之，则只能退出市场，具体如图 7-1 所示。

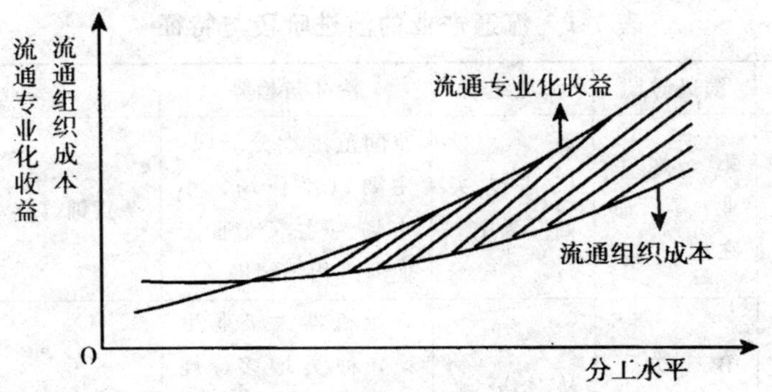

图 7-1　流通产业的演进机理①

流通产业在历史的一系列演进中与商业形态和消费是一种密不可分的联系，演进的每一步都会对商业进化的业态与消费模式的改变形成一定的影响。流通部门对于推动经济体从生产驱动向消费驱动转变的作用机制体现在流通部门通过最大限度减少产品在时间与空间上的耽搁，优化经济结构，实现资源合理配置等方面促使企业采用新的生产技术，专业化分工水平进一步提升，从而扩大生产规模，通过获得规模经济效应使得生产成本出现边际递减，提高企业竞争力与市场占有率，保持较高的利润水平。在这种情况下，将会对消费者产生直接和间接的收入效应，从而刺激消费增加。

从产生流通的奴隶社会初期阶段，一直到三个工业革命的不同发展水平，流通产业总共经历了不同的演进形态与特征，如表 7-1 所示。

① 王世进．流通产业发展对居民消费影响研究［D］．中国矿业大学，2013.

表 7-1　流通产业的演进阶段与特征①

阶段	演进时期	流通组织	特征与趋势	主要业态
初级阶段	第一次工业革命之前	以“包买商”为主	空间范围十分局限，主要以小作坊、小市场为主，流通产业演进相当缓慢	杂货铺、移动商贩
中级阶段	第二次工业革命至第一次世界大战	从家庭流通向企业流通过渡	开始机器大工业生产，种类增多，规模扩大，设施增多，流通产业发展迅速，批零市场多种业态并存，竞争混乱	批发业、零售业、物流刚刚兴起
高级阶段	第二次世界大战后至今	多式联运及多类型流通组织并行，现代流通企业及集团	遵循流通大市场销售、追求大品牌、大网络，开始适应网络化、电子化、国际化，各种大型超市、电子商务层出不穷，流通产业成为先导产业、基础产业与战略产业	批发业进一步深化：连锁服务供应型批发业兴起；零售业：各种大型超市、专卖店、购物中心、电子商务、电视购物出现；物流业：第三方物流与第四方物流兴起

一旦收益与回报进一步促进超越流通成本时，那么流通产业内部分工程度会进一步加深，各个产业水平程度也会递进式的增进，业态形式会不断更新，从而影响消费的实现。

二、流通产业发展对消费的积极影响

（一）流通产业发展促进消费升级

只有经过一系列的流通环节，商品使用价值与价值的统一

① 王世进．流通产业发展对居民消费影响研究［D］．中国矿业大学，2013.

才能体现出来，没有流通，那么商品就没有纽带与途径满足消费者的需要，流通则可以进一步促使消费得以实现。换言之，消费者只有在流通产业组织优化的情况下才能放心、快速地对自己需要的商品进行购买，从而使满意度有所提升。

从流通业对消费者的影响来看，流通中介通过扩大商品采购的来源，来扩大商品销售的数量与种类，既降低了自身流通成本，又促进消费者对信息的有效利用，降低消费的盲目性，从而获得较高的消费者剩余。反之，生产者与消费这直接交易导致信息不对称所引起的信息获得成本及其高昂，不利于交易实现。因此，流通中介的进入可以发挥信息搜寻、处理方面的优势，有效地节约消费者的交易成本。另一方面，流通中介的介入有利于生产者降低新技术使用风险，实现规模经济，提高劳动生产率。而劳动生产率的提高必将导致商品价格的逐步下降，这也会刺激消费增加。

（二）流通产业对消费有反馈效应

流通产业可以较好地针对消费环节中出现的诸多问题进行如实的反馈，从多方面来指导消费更快更好地实现。具体表现为：（1）流通将生产商开发新产品的信息及时传递给消费者，从而改变与更新消费者对此类商品固有的思维模式，转变购买导向；（2）流通会随着需求弹性的大小对消费者购买的程度进行调节，因为消费者除了需要生活必需品外，对于其他需求弹性更大的产品会随着个人收入、消费水平的不同影响程度而变得更明显。

（三）流通产业结构满足消费者的需求

流通产业自身的结构与企业的具体数量能对不同消费者对消费需求的满足程度进行决定，商品的极大充足与流畅可以使消费水平不断得到大幅度的提高。

例如越是经济发展水平高、流通产业发达的地区，对消费的贡献率就越高，若从东中西部区域位置来分析，东中西部省份流通产业对居民消费的影响程度存在着很大程度的差异，在中西部地区，无论是整体产业水平还是业态类型与规模，其与东部地区都存在着较大的差距，原因是较之东部地区，中西部地区城市化水平与信息化水平不完善，各种流通基础设施不完善，产业环境不适十消费投资的拉动，而东部省份的流通产业相对比较发达，无论是从就业人数、业态的多样性还是规模、发展环境都优于中西部。

（四）流通产业有助于构建节约型社会

流通产业所进行的不断革新，也可以在很大程度上使资源有所节约，建立低碳节约型的社会，进一步引导消费者建立一种新型的消费观，从而促进绿色消费与低碳消费。

三、流通产业发展促进居民消费的有效途径

（一）经营效益不断提高

流通产业经营效益的提高，可以大大提高流通效率，降低流通成本，如果流通成本过高，那么就很容易造成商品与服务价格太高，阻碍居民消费。

“物美价廉”越来越受到消费者的青睐，随着产品种类的极大丰富，大量的产品档次不断提高，质量持续得以提升，更多的商家在重视外在包装以外，做到使用价值与价值的统一成为一种极其必要的选择，这些因素都使消费者产生了从众心理，刺激了其购买动机。

（二）产业规模不断扩大

流通产业规模的不断壮大，除了可以增强居民与流通产业接触的密度、大大加强居民消费的概率外，还会促进消费市场

更加开放，信息更加透明。

各种新型的商业业态与经营模式层出不穷，新的消费点不断增加，引导个性化、时尚化、品牌化消费，从而完善流通产业结构，繁荣商品市场。

（三）产业效率得以提高

流通产业效率的提高可以直接使得流通过程中的成本有所降低，从而减少流通环节中的交易费用，间接地增加消费者的收入水平，进一步提高消费者购买商品的意愿，满足消费者寻求“物美价廉”商品的要求。

第二节　流通产业对居民消费影响的实证研究

我国流通产业的发展并非一帆风顺。中华人民共和国成立之初，我国经济建设过程中一直“重生产，轻流通”，导致一定时期内我国流通产业发展受阻。直到改革开放后，我国流通产业开始迅速发展，成为经济增长的重要动力。经济运行过程中，生产、流通、消费各个环节相互紧密联系，因此流通产业与居民消费之间密不可分。鉴于流通业在我国经济发展中的重要性，探讨流通产业与居民消费之间相互作用的关系与机理，对于促进我国流通产业发展，扩大内需，保持经济增长具有重要的现实意义。

一、流通产业效率对居民消费的影响

流通产业效率是一种能够对流通组织产出水平进行如实反映的相对指标，技术与流通发展条件是影响流通产业效率的两个主要因素，根据经济学原理可知，当流通产业效率出现大幅度的改善时，流通组织成本就会有所下降，收益曲线的临界值

会降低，可以进一步增加产业收入，加深社会分工，降低成本，促进消费实现，由此可见，流通产业发展促进消费的根本原因就在于流通产业效率的提升。流通产业效率的提升也能够进一步证明流通产业创新能力对消费影响程度的加深。

目前，流通业已经逐渐由过去需要依附于生产实现自身功能的末端产业，演进为当下带动就业、拉动投资、促进消费和生产的先导产业，所以重点发展流通业，不但对我国流通业自身的升级、转型和提高竞争力起着非常重要的作用，同时也会影响整个国民经济的发展。正是在流通产业效率优化改进的前提下，诞生了一种叫作流通商的产物，流通商在整个市场活动中，以赚取最大利润、节约流通费用为目的，由于经济过程中的规模经济、范围经济、专业化经济的出现，流通产业能得以推进的关键在于流通产业效率的提高，流通产业效率的提高也意味着流通成本与交易费用的下降。

为了针对流通产业发展促进消费的核心问题是流通产业效率提高的问题进行验证，可以简单地将交易活动分为两类：若是中间没有流通商的参与，称为直接交易，在进行直接交易的相关活动中，生产商与消费者承担了货物所有权转移的职责；中间有流通商参与的活动称为间接交易，在间接交易活动中，流通商则被称为专门从事商品流通的机构，生产商与消费者将大部分的流通过程转嫁给了流通商。

我们作出假设，在直接交易与间接交易的过程中，把生产商与消费者之间交易的价格分别定为 p_1 、p_a ，而流通商与消费者之间进行交易的价格为 p_3 ，那么在进行直接交易的活动中，缺少了流通商的参与，流通过程基本上都处于由生产商承载的过程，则消费者购买的成本就会变为 p_1+c_1 ，其中 c_1 为具体的交易费用，生产商的成本则 $c_1+c_2+c_3$ ，c_2 为管理费用，c_3 为运输费用。

若是进行间接交易的话，那么流通商主要承担的就是交易与运输的具体费用，则消费者的购买商品成本具体为 p_a+c_a ，

生产者商的成本为 $c_a+c_b+c_c$，其中 c_a 为交易费用，c_b 为管理费用，运输费用为 c_c，再作假设流通商为了能够从生产商处买产品所付出的成本为 $p_A+c_B+c_C$，其中 p_A 为购买费用，c_B 为管理费用，c_C 为运输费用，利润为 π，收入为 λ。

根据前述假设可知。要能实现市场上的流通必然满足下列三个条件假设：

假设 7-1：在针对流通成本不进行考虑的前提下，生产商所得的具体利润可以在间接交易下获得的要比直接交易多，这样才愿意进行流通过程。即：

$$p_1-(c_1+c_2+c_3)<(c_a+c_b) \tag{7-1}$$

由于管理费用在直接交易与间接交易过程中较为近似，因此可以予以忽略，使得公式变形为：

$$p_1-(c_1+c_2)<p_a-c_a \tag{7-2}$$

假设 7-2：消费者愿意参与到流通过程之中，但是前提是消费者从流通商处购买的成本要低于直接从生产商购买的单位成本，即：

$$p_1+c_1>p_a+c_a \tag{7-3}$$

假设 7-3：流通商为了能参与流通过程，那么势必其利润要大于 0 才愿意进行交易，即：

$$\pi=\lambda-(p_A+c_B+c_c) \tag{7-4}$$

$$\lambda-p_A>(p_A+c_B+c_c) \tag{7-5}$$

假如上述等式成立，根据式（7-5）确定 $\lambda-p_a$，就会包括以下三种情况：

（1）若 $p_A<p_a\leqslant p_1$，在这种情况下，流通商要比较偏袒生产者，才能保证生产者愿意从事流通过程。

（2）若 $p_1<p_A\leqslant p_a$，在这种情况下，流通商要比较偏袒消费者，来弥补消费者因为价格过高带来的风险。

（3）若 $p_A<p_1\leqslant p_a$，在这种情况下，除了要兼顾消费者与生产者的利益外，还要照顾自身利润的提高。

由此可见，流通过程的产生以及流通产业的具体化演进，离不开流通商与生产商、消费者在流通成本与费用上进行利益的权衡，如果任何条件都不能得到满足，那么交易其中的一方就不能进入相应的流通过程。

二、钱纳里消费函数

在美国的发展经济学家钱纳里通过对全世界 100 个国家 2 万个数据进行回归分析的情况下，准确地计算出了关于某一个国家能够在某个阶段应该具有的经济发展水平与具体的经济结构，甚至对于在每个经济发展阶段的具体消费率还进行了较为精准的测算，具体回归模型如下：

$$X = \alpha + \beta_1 \ln Y + \beta_2 (\ln Y)^2 + \gamma_1 \ln N + \gamma_2 (\ln N)^2 + eF + \delta T \tag{7-6}$$

其中，X 主要表示的是因变量，Y 则表示 1964 年美国的人均 GDP，N 表示人口，F 表示进口减去商品与非要素劳务的出口，即 GDP 的部分净资源流出，T 表示时间趋势。

钱纳里正是通过这一模型成功测算了关于各国经济增长过程中的相关变量，尤其是对人均 GDP 在 100～1 000 美元的国家解释最为有效。通过计算，钱纳里成功得出了大国和小国的回归系数与消费率标准，如表 7-2、表 7-3 所示。

表 7-2 钱纳里消费率的回归系数表①

过程		α	β_1	β_2	γ_1	γ_2	e
大国	X_1	1.368	−0.248	−0.016	0.085	−0.009	0.428
小国	X_2	0.598	0.070	−0.009	0.006	−0.009	0.734
大国	X_1	0.161	−0.015	0.003	−0.026	0.003	0.277
小国	X_2	0.218	−0.034	0.003	0.003	0.004	0.156

① 王世进．流通产业发展对居民消费影响研究［D］．中国矿业大学，2013.

表 7-3　钱纳里大小国的消费率标准值①

单位（美元）		100	200	300	500	800	1000
大国	X_1	0.768	0.709	0.682	0.656	0.639	0.633
大国	X_2	0.099	0.109	0.116	0.125	0.136	0.141
小国	X_1	0.724	0.709	0.697	0.676	0.653	0.640
小国	X_2	0.142	0.139	0.139	0.140	0.142	0.144

根据钱纳里作出的相关解释，国内学者对我国当前经济发展的状态进行了合理的解释，并将该模型进行一定程度的变形，加入更多的解释变量，使之可以对当前的我国的消费形态与阶段进行一个具体的辨别。

三、制约我国流通产业发展的因素

（一）流通费用高

在我国，流通产业的起步并不是很迅速，这也就进一步导致了第三方物流在我国的发展道路及相关事宜上并不是趋于一个很成熟的状态，物流企业在发展过程中一直处于一种孤立的状态，未能很好地与生产企业相互融合在一起。

在运输过程中，运输方式单一，不能采用较为先进的综合运输系统，导致整个过程成本增加，损耗增大，加上流通企业在我国规模都较小，多以中小企业为主，集中度低，分散广，粗放式经营、科技水平低都成为影响其发展的主要原因。

据统计，我国流通产业成本占 GDP 的比重高达 18%，可见，必须及时对经济结构进行合理的调整，若再不调整，使流通产业发展进一步加快，那么当前的比率就很难有所下降。

① 王世进．流通产业发展对居民消费影响研究［D］．中国矿业大学，2013.

（二）流通产业秩序混乱

目前，我国流通产业流通秩序混乱。一方面，不正当竞争普遍存在。不正当竞争是指经营者一为了牟取利润，不惜采取虚假、欺骗、损人利己等不正当竞争手段，违反诚实信用等原则，损害其他经营者一和消费者一的合法权益，扰乱正常市场秩序的行为。例如，在市场流通中大量存在着制作虚假广告、制假售假、生产假冒伪劣商品、恶性价格战、强买强卖、倾销等不正当竞争。这严重损害了消费者的合法权益，造成了社会资源的浪费。另一方面，由十流通产业市场进入门槛较低、投资较少、回报率较高等特点，流通主体对该行业并不是很了解，具有很高的盲目性，不具有令业性，出现经营主体混乱的局面。混乱的流通秩序不利十形成良好的市场环境，进而不利于流通产业的转型升级。

（三）行业现代化水平较低

我国流通业仍处于传统流通模式，现代流通业发展得还不成熟，现代流通体系尚未形成，应加快从“流通从属论”转变为“流通先寻论”得速度，全面开启现代流通模式，同时，改革开放后，生产制造方面得到很大发展，相比于过去的制造业发展，流通的发展水平比较低，虽然我国连锁经营、物流配送、互联网发展等现代流通方式起步较早，但是发展速度不够迅速。生产是流通的前端，消费则是其后端，我国长期以来无论是在生产方式还是消费方式上都比较陈旧，诸多流通环节未能进行革新，批零行业服务处于落后的状态，物流配送体系不完整甚至严重缺失，中间的环节冗余，这些落后的生产方式与商业模式已经难以跟得上当前流通现代化的节奏，因此，必然会造成流通产业效率的低下。

（四）流通企业竞争力差

随着经济的不断发展，我国流通产业的竞争力在不断提升。

但相对十国外流通企业而言，无论在营销技术、成本控制能力还是在品牌价值方面，我国流通企业的竞争力仍然较差。首先，我国流通企业的规模向两极化方向发展。一些企业盲目扩大规模，其结果是重复建设、过度竞争和规模不经济。而另外一些企业则向小规模方向发展，并且是主流方向。其次，我国流通企业经营模式比较单一，千店一面，缺乏特色，无法满足消费者一的个性化需求。而国外的企业都具有鲜明的商业运作模式，如沃尔玛的仓储式卖场、家乐福的综合超市等。最后，我国流通产业令业化协作水平低，各自为政，无法形成集群经济，企业运行成本高，不利十市场的开拓和竞争力的提升。

总而言之，流通产业整体发展以及流通产业组织、流通产业市场体系与匹配能力息息相关，进一步解决好流通产业的“效率”问题与科学地评价当前我国流通产业效率，并适时科学地提出提高我国流通产业效率的对策，对当前我国转变经济发展方式有十分重要的现实意义。

四、数据包络分析（DEA）原理与模型

（一）数据包络分析（DEA）原理

所谓的数据包络分析（DEA），也就是相对效率评价，属于一种系统分析的方法，典型而常用的非参数统计评估方式，常常用于对具有多个输入和多个输出决策单元间的相对有效性进行评估。

从投入的具体产出视角来看，流通产业效率对消费关系实际上是一种典型的多投入、多产出的协同发展系统，而且系统包含的协同发展效率评价指标相对较多，因此，可以合理运用数据包络分析对其协同发展效率进行测评。

通常而言，该方法主要利用收集的数据样本，加上数学规划对决策单元进行有效性评价。流通产业效率促进消费系统是

一种多输入、多输出的投入产出系统，而且系统包含的发展效率评价指标相对较多，因此，可以适当地运用数据包络分析对流通产业发展影响消费系统效率进行相关测评。

（二）数据包络分析（DEA）模型

在用 DEA 方法针对系统的协同发展效率进行分析时，通常采用 CCR 模型与 BCC 模型。其中，CCR 模型的分析假定是规模报酬不变，得到的是各评价单元（DMU）的综合协同效率；而 BCC 模型的分析假定是规模报酬可变，得到的是各 DMU 的技术效率。

在流通产业效率和消费情况协同关系发展测评中，不失一般性，本书选择基于产出导向的经典 CCR 模型，其基本思路为：设有 n 个决策单元 $DMU_j(j=1,2,\cdots,n)$，DMU_j 的输入、输出向量分别为：

$$X_j=(x_{1j},x_{2j},\cdots,x_{mj})^T>0,j=1,2,\cdots,n \quad (7\text{-}7)$$

$$Y_j=(y_{1j},y_{2j},\cdots,y_{sj})^T>0,j=1,2,\cdots,n \quad (7\text{-}8)$$

其中，m 为输入指标的个数，s 为输出指标的个数。由此构建 CCR 模型的线性约束方程组的具体表达形式为：

$$\min Z=\theta-\sum_{i=1}^{m}S_i^- -\sum_{r=1}^{s}S_r^+ \quad (7\text{-}9)$$

$$s.t.\sum_{j=1}^{n}x_{ij}\lambda_j+S_i^-=\theta x_{io},i=1,2,\cdots,m \quad (7\text{-}10)$$

$$\sum_{j=1}^{n}y_{rj}\lambda_j-S_r^+=y_{ro},r=1,2,\cdots,s \quad (7\text{-}11)$$

$$\theta,S_i^-,S_r^+,\lambda_j\geqslant 0,\forall i,r,j \quad (7\text{-}12)$$

其中，θ 是有效性系数，x_{ij} 是决策单元 $j(j=1,2,\cdots,n)$ 的第 $i(i=1,2,\cdots,m)$ 个投入，y_{rj} 是决策单元 $j(j=1,2,\cdots,n)$ 的第 $r(r=1,2,\cdots,s)$）个投入。相应地，x_{io} 和 y_{ro} 是当前被测评单元的投入和产出。

（三）评价体系构建

流通产业效率能针对整个产业运行的质量进行科学有效的

评估，流通产业效率竞争力指标能较好地反映一个国家或者地区流通产业运行发展状况，流通产业效率的提升对流通产业本身与流通企业运行有密切的联系。这里所讲的流通产业效率指标主要包括从业人员效率指标、资本效率指标、零售网点效率指标、企业效率指标等。

在进一步运用DEA模型测度的时候，首先要构建一种评价指标体系，在通常情况下，评价指标体系应该包括反映流通行业整体效率的相关指标。基于此，这里选取了从业人员完成的社会消费品零售总额、从业人员实现的产业增加值、亿元固定资产投资完成流通产业增加值、亿元固定资产完成社会消费品零售总额、单个流通企业平均销售额、单个商品交易市场平均成交额、主营业务成本利润率、总资产周转率等8个投入指标。选取具体内容见表7-4。

表7-4　流通产业效率影响消费的指标体系

指标分类	指标名称	指标计算	指标变量
从业人员效率指标	从业人员完成的社会消费品零售总额	社会消费品零售总额/流通产业从业人数	X_1
	从业人员实现的产业增加值	流通产业增加值/流通产业从业人数	X_2
资本效率指标	亿元固定资产投资完成流通产业增加值	流通产业增加值/固定资产投资	X_3
	亿元固定资产完成社会消费品零售总额	社会消费品零售总额/固定资产投资	X_4
零售网点效率指标	单个流通企业平均销售额	（限额以上批零业企业商品销售＋限额以上住宿餐饮业企业营业额）/限额以上住宿和餐饮业企业营业额	X_5
	单个商品交易市场平均成交额	商品交易市场成交额/市场数量	X_6

续表

指标分类	指标名称	指标计算	指标变量
企业效率指标	主营业务成本利润率	主营业务利润/（主营业务成本＋主营业务税金及附加）	X_7
	总资产周转率	营业收入/资产总额期末余额	X_8
消费指标	消费总量规模程度	社会消费品零售总额/GDP	Y_1
	消费增长的速度	居民消费支出增长率	Y_2
	城乡居民的人均消费程度	人均消费支出	Y_3

对于相关的消费而言，根据文启湘等人的深入研究，可以具体归纳出以下指标：消费的总量规模程度能科学地通过一个国家的消费总量对经济增长的贡献水平进行反映；消费增长的程度能较好地反映居民消费占人均支出水平：人均消费支出用于表示城乡间的支出差异水平。

第三节 流通产业促进居民消费的调控路径研究

流通产业系统内部有着复杂系统的运行过程，这一过程与消费、经济增长之间相互影响、相互促进。流通产业要想实现良好的发展，需要不断提升的城市发展水平作为支持，需要社会经济等各方面的保障。因此有必要在考察了流通产业、消费系统与经济发展之间的关系之后，根据流通产业影响消费发展的主要原因，探索在不同政府政策引导下，流通产业促进居民消费的调控路径。

一、创新流通产业运行模式

根据相关分析，能够得知流通产业效率是提升消费的一个很重要的子模块，流通产业效率主要包含从业人员效率、资本效率、企业效率与零售网点效率。流通产业效率在很大程度上能够对流通产业的技术创新程度予以实质性地反映，流通产业效率的变化系数波动对流通产业总值与消费总量的影响都十分明显。在经济实践过程中，主要表现为以下几个方面。

（1）互联网时代的到来使得我国的消费出现了新的变革，消费者慢慢地从传统的零售模式逐渐向个性化、定制化转变，随着买方市场的进一步明确确立，消费者慢慢地从生产开始关注消费与需求，各种新兴的电子商务模式逐渐确立，如传统的B2B、B2C 模式在中国已经广泛存在，新兴的 C2B 正在逐步普及。

（2）传统的流通产业在生产与消费之间只是充当了一种中介的角色，但是新兴的流通产业模式就大不相同了，它将为消费的进一步实现提供更多的交易平台，如淘宝、京东等，这些平台的参与使得流通产业发展过程中信息不对称与网络资源分散不集中的弊端极大地降低。

随着流通产业这种角色的进一步转变，也将针对过去仅仅赚取商品差价的习惯有所改变，真正用信息共享的方式参与产业分工，使得整体产业的效率有了极大的提升。

（3）各种线上流通方式正式成为消费实现的主体，2011 年我国电子商务的总交易量已经突破 6 万亿元，增长迅速，成为商业发展的总趋势，这种形式将改变之前的线下交易模式，做好线上线下的交接至关重要。

电子商务的广泛发展已经深入触及各类消费者的需求活动中，它越来越使目前商业业态趋向“虚拟化”，消费习惯“一点通”，流通企业除了利用传统的购物形式外，要积极推广各类电话购物、网上购物、网上交易平台、网上百货店与超市等多种网络商业业态，并促使其规范发展，讲求诚信建设，形成“线上+线下”的购物模式，适应现代新型消费购物模式；各级城市应加强新型商业业态的建设，鼓励新型消费服务实施的建设，规划建设一批文化创意园、时尚街区、酒吧等地，推进商业与文化、体育、休闲等产业的有效结合，刺激服务性需求，推动消费升级。

二、健全流通产业政策

不同政策对流通产业的影响程度差异也相对较大。我国流通成本包括基础性成本与政策性成本。基础性成本是指流通产业在运行过程中发生的一种正常成本，包括折旧与损耗，而政策性成本则是由于管理手段与管理技术不当引发的不合理成本，主要包括我国政府对流通产业征收的高额税收与费用，如税收、租金、交通费用等。

这些成本与费用的产生无形中使流通成本与费用有所增加，进而也就降低了流通产业的效率。流通产业税收的降低和补贴的提高会从宏观管理的角度降低流通产业的成本，从而促进消费，从根本上改变政策性成本的上升。

所以对于政府而言，应从意识上充分重视流通产业政策对消费具有的影响作用，逐步确立一种流通产业政策的预警体系，对各类中小流通企业给予充分的税收与补贴支持，尤其是在食品与工业品市场建立起食品反馈体系，并有计划地扩大工业废品体系建设，积极发挥流通产业的公益性，创造更有利于流通产业发展的环境。

除此之外，政府还应该不断完善流通产业的法规政策。尽管我国近期已经连续出台相关流通领域的法律与意见，但是流通环节与产业内部的很多领域仍然存在空缺，比如在城市流通环节，诸多商业布点、农贸市场建设、流通企业的安全、企业监管及电子商务，展会、批发市场等方面都没有比较详细的标准与规范。同时，国家也应该在餐饮、美发、洗衣、家政等消费服务业领域出台相关规范与规则，保证流通产业的有序发展。同时，政府应时刻保持警惕，防止市场竞争中的“以大吃小”现象存在，调整大型企业集团“一强独大”的局面垄断市场资源，不断提升中小流通企业的地位。

三、升级流通产业机制

除了在宏观经济管理角度研究流通产业的创新路径外，也需要流通产业从自身角度不断壮大自身的规模，尽量使传统的“小、乱、差”模式得到一定程度的改善，提升自身的集中度，组建大型零售集团，加强流通产业与金融业的产业融合、资本对接，逐渐控制我国市场的主导权与价格。

与此同时，对于小型的中小流通企业应该积极鼓励其向连锁超市方向发展，多采用参股控股、资产重组、兼并联合等方式。运用现代管理技术从当前的百货商场、小型超市向专卖店、便利店、大型商业航母等多种业态发展，争取将企业自身打造成为管理好、核心竞争力强、品牌知名度高、有自主知识产权的流通企业。

当前形势下，一是应尽快建立起各类流通产业效率竞争力的评价指标，以流通企业的资本效率与库存率为核心，以加速流通企业周转速度为目标，鼓励企业依照指标对企业运行情况进行量化，对流通企业的现代化水平进行改造，同时做到赏罚严明，对以现代流通产业效率评价体系为主的企业给予奖励，对未能按时完成指标的企业给予惩罚；二是为了更好提高企业的流转速度，对企业的物流配送能力应该加快升级，尤其是现代大型连锁超市，鼓励其形成仓库立体、配送高效、装卸机械化的特征，使企业真正形成符合现代化与流通体制安全的配送体系，提升流通产业效率；三是继续打破割据现象，尤其是行业、地区内部的的界限与封锁，鼓励企业之间的共同配送与共同物流体系，逐步降低企业自配比例，这样才能提升整个行业的整体水平。

第八章　我国流通产业政策研究

流通产业的竞争力受流通制度这个重要因素的影响，如果缺乏切实的制度保障，那么一国或是地区的流通产业就不可能拥有真正的竞争力。因此，在现代流通产业竞争力的研究范畴中，制度是最重要的研究对象之一，制度涵盖的范围很广，针对流通业的制度进行探讨，流通产业政策无疑是影响其现代流通产业竞争力的最主要的因素。

第一节　流通产业政策概述

一、流通产业政策的含义、目标及手段

（一）流通产业政策的含义

具体来说，流通产业政策是指一个国家或地区政府为了能够最大限度地实现其全局和长远利益而主动干预流通产业活动的各种政策的组合。① 流通产业政策通常包括流通产业竞争政策、流通产业布局政策和流通产业技术政策。

从本质上来看，流通产业政策是一种政府对市场进行干预

① 袁祖怀．基于协同理论的市矿统筹发展机理研究［D］．中国矿业大学，2013.

的具体行为，是一种非市场性质的经济调控手段。政府管理流通产业的重要实现形式就是合理地制定和执行流通产业政策。要大力发展现代流通产业，使流通产业的竞争力得到有效提高，就必须制定一项适宜的流通产业政策。

(二) 流通产业政策的目标

1. 实现流通产业的振兴与跨越式发展

实现流通产业的振兴与跨越式发展的目标，具体要做到：(1) 形成有利的产业结构形态；(2) 选择和扶持重点企业带动流通产业的全面繁荣；(3) 促进流通技术开发和应用，提高流通产业效率；(4) 促进流通集中，保障规模经济效益，防止大量中小流通企业之间的过度竞争；(5) 协调流通现代化过程中的各种经济矛盾，缩小城乡差距以及地区差距等。[①]

2. 实现流通产业结构的合理化与高度化

实现流通产业结构的合理化与高度化，具体要做到：(1) 加强流通基础设施建设，改善投资环境；(2) 促进传统流通业向现代流通业的转型升级；(3) 逐步加大向海外的投资力度，力争在流通国际化的竞争中取得更多的优势；(4) 强化对流通技术创新的支持力度；(5) 重视流通产业布局的合理化；(6) 强化信息技术对传统流通业的渗透和改造，进一步推动传统流通业的现代化。

3. 增强本国流通产业的国际竞争力

增强本国流通产业的国际竞争力，具体要做到：(1) 要增强对新型流通技术的研发和投资力度；(2) 加强国家对流通技术创新的支持力度；(3) 加强国家级信息基础设施建设，推动

---

① 晓明，修国义，段伟．黑龙江省非国有经济产业政策分析 [J]．科技与管理，2005 (04)：16－18＋22.

流通产业信息化；（4）在信息化的基础上推动流通企业之间的战略联盟和流通企业内部组织结构的扁平化，提高整个流通产业的组织效能；（5）加大知识资本的投入比重，确保流通产业的持续增长；（6）扩大国际市场份额，同时在经济全球化中审时度势、趋利避害，确保流通主渠道掌握在自己的手中，保证国家的经济安全。

（三）流通产业政策的手段

1. 直接干预手段

直接干预的手段，一般来说主要包括许可证制度、审批制度、政府直接经营等方式，其直接干预流通产业的发展，对流通产业活动中各种违法违规行为予以及时的纠正，以最大限度保证产业政策目标的实现。

2. 间接诱导手段

间接诱导的手段具体是指通过提供行政指导、信息服务、税收减免、融资支持、财政补贴等方式，诱导流通企业能够自觉服从政府的流通产业政策目标。

3. 法律规制手段

法律规制则是指以立法的方式对流通企业行为、政策执行机构的工作程序、政策目标和措施等进行严格的规范，以保障流通产业政策目标的进一步实现。例如，以《反垄断法》《反不正当竞争法》等法律规制手段来实现流通产业组织政策的目标。

二、流通产业政策的作用

（一）弥补市场失灵的缺陷，引导流通产业健康发展

由于规模经济、公共产品、外部性等市场失灵领域的存在，

仅靠市场机制根本无法避免垄断、不正当竞争、基础设施投资不足、过度竞争等现象的发生，这就必须依靠流通产业的政策，进一步弥补流通领域市场失灵的缺陷。

（二）促进流通产业结构合理化与高度化

通过依靠市场机制，虽然在一定程度上可以实现资源的有效配置，但是由于市场机制往往具有一定的盲目性，因而不可避免地带来资源的浪费。

流通产业政策作为政府行为，完全可以借助科学预见来实现事前调节，避免不必要的资源浪费与闲置。通过制定合理的流通产业政策，政府的有形之手可以有效地对流通产业的发展予以大力支持，可以实现流通产业的现代化目标，从而有力地促进流通产业结构的合理化与高度化，最终实现资源的优化配置。

（三）增强流通产业的国际竞争力

对于流通产业而言，其具有的国际竞争力主要是建立在本土流通企业的国际比较优势基础上，流通企业的流通技术水平、国际市场开拓能力以及流通规模与效率都是影响一国流通产业国际竞争力的重要因素。而流通产业政策对增强流通企业创新能力和国际市场开拓能力有着较为重要的作用。

（四）掌握流通主渠道，保障国家经济安全

流通产业政策在一定程度上来讲，有利于本土流通企业掌握流通主渠道，从而保障国家的经济安全。流通领域的竞争，不仅涉及流通产业本身是由外资控制还是内资控制的问题，而且，由于流通产业是制造业的终端产业，所以，控制了流通产业，在某种意义上就相当于控制了制造业。

因此，流通主渠道掌握在谁的手中是重要的战略问题。只有切实地依靠流通产业的政策，鼓励本土流通产业的发展，通

过兼并、联合、合作等方式建立企业战略联盟，中国本土流通产业才可能在外资流通巨头的冲击下保持强大的竞争优势。

第二节　流通产业竞争政策

一、流通产业竞争政策的理论依据：产业竞争理论的演化逻辑

（一）古典竞争理论

亚当·斯密是最早对竞争机制进行详细阐述的，在其《国民财富的性质和原因的研究》一书中，详细地对市场机制进行了论述，即“看不见的手”如何利用自发的利益机制形成一个理想的市场秩序和最优的经济社会。

然而，在相当长的一段时期内，许多的西方经济学家认为，政府不应过多干预经济的相关运行，政府的作用以及政策的制定应该着眼于如何维护正常的竞争秩序，以保证竞争机制能够正常运行。他们认为，只要市场接近于完全的竞争状态，那么资源的最优配置和社会福利的最大化就可以自然而然地得以实现。

（二）新古典竞争理论

如果说古典经济学能够促使人们意识到竞争机制具有的重要作用，那么新古典竞争理论则使人们认识到现实竞争形态的多样性，以及竞争与垄断的关系。

最早论及竞争与垄断关系的是“马歇尔冲突”所揭示的矛盾，即大规模生产在为企业带来规模经济性的同时必然导致市场垄断因素的增加。1933 年，哈佛大学教授张伯伦和英国剑桥大学教授罗宾逊夫人同时出版了自己的专著《垄断竞争理论》和《不完全竞争经济学》，提出了纠正传统自由竞争概念的垄断

竞争理论。① 这一理论对于传统对竞争与垄断非此即彼的划分方法进行了否定，他们认为现实中各种不同程度的垄断与不同程度的竞争总是相互交织在一起的。他们依据垄断因素的强弱，将市场划分为完全垄断、垄断竞争、寡头垄断以及独家垄断四种。正是由此，张伯伦、罗宾逊夫人和马歇尔被奉为产业组织理论的始祖。

（三）哈佛学派理论

克拉克在 1940 年提出了具体的有效竞争概念，简单地说就是既有利于维护竞争又有利于发挥规模经济作用的竞争格局，因此协调两者关系的主要方法或手段就是公共政策。

虽然提出了有效竞争概念，但是克拉克并没有在实质上解决有效竞争的评价标准，其后续工作也都是由哈佛学派的经济学家所完成的。

哈佛学派以新古典的价格理论，构造了一个产业有效竞争与公共政策的研究框架，即 SCP 分析框架。他们认为，市场结构、市场行为、市场绩效存在着依次递进的因果关系，即市场结构决定市场行为，市场行为决定了市场绩效，因此公共政策的重点在于调整和改善不合理的市场结构。哈佛学派的 SCP 分析框架在逻辑上是一种单向的直线式因果逻辑关系，显然看来相对较为简单。

（四）芝加哥学派理论

20 世纪 60 年代后期，在接连对哈佛学派的批判中崛起了一种芝加哥学派的竞争理论，其在理论上继承了奈特以来芝加哥传统的自由主义经济思想。

芝加哥学派主要是以斯蒂格勒为代表，他们认为，即使在市场中存在某些垄断势力或不完全竞争，但只要不存在政府的

---

① 产业组织理论演变解析［EB/OL］. https：//max. book118. com/html/2016/0325/38694975. shtm.

进入规制，长期的竞争均衡状态在现实中也是可以成立的。[①] 他们强烈抨击了哈佛学派，并一致认为市场绩效或市场行为决定了市场结构。芝加哥学派在原则上并不赞同哈佛学派主张的对长期过度集中的大企业采取分割的政策和实施严格兼并控制的做法，而是着重强调反垄断政策的目的在于提高经济效率，主张将反垄断的重点放在对企业行为进行干预上，主要是禁止和控制对企业间的价格协调行为和分配市场的协调行为。

可以说芝加哥学派是彻底的经济自由主义思想，他们一直以来坚信唯有自由企业制度和自由的市场秩序才能使产业的活动效率有所提高，进而增加消费者的福利。因此，他们对政府在众多领域的市场干预政策的必要性持怀疑的态度，认为应尽可能地限制政府对产业活动的介入，从而使企业和私人自由的经济活动范围得以扩大。

（五）可竞争市场理论

鲍莫尔等人在芝加哥学派产业组织理论的基础上提出了可竞争市场理论，1982 年《可竞争市场与产业结构理论》的出版标志着该理论正式形成。该理论认为，只要保持市场进入的完全自由，不存在特别的市场进出成本，潜在的市场竞争压力就会迫使任何市场结构条件下的企业采取竞争行为，因此即便在寡头市场，甚至独家垄断的市场结构，生产效率和技术效率等市场绩效也能得以实现。

可竞争理论是以完全可竞争市场及沉没成本等概念分析为中心，来推导可持续的有效率的产业组织的基本态势及其内生的形成过程。按照可竞争的市场理论，在近似完全可竞争的市场中，自由放任政策比政府规制更有效。他们认为，政府的竞争政策与其说重视市场结构，倒不如说重视是否存在充分的潜在竞争压力，而确保竞争压力的关键就是降低沉没成本。为此，

① 刘根荣．市场秩序的利益博弈透视［J］．特区经济，2005（06）：353－355.

他们极力主张，除了积极研究能够减少沉没成本的新技术、新工艺外，还要排除人为的进入与退出壁垒。

二、发达国家流通产业竞争政策的主要内容

（一）美国的流通产业竞争政策

1. 反垄断法

1890年，美国颁布并实施了最早的反垄断法——《谢尔曼法》。《谢尔曼法》的颁布对流通领域造成了一定的影响，具体表现在：禁止竞争者之间达成价格协议以及分配市场区域或顾客的行为。

1914年，美国又出台了《克莱顿法》，禁止以下垄断行为：（1）搭配销售；（2）成立连锁董事会（两个或两个以上相互竞争的连锁企业的董事会中大部分成员是相同的）；（3）公司间相互持股；（4）价格歧视（包括供应商对不同零售商的价格歧视）；（5）全面强制购买；（6）束缚性合同；（7）排他性销售等。[①]

同年，美国还根据《联邦贸易委员会法》成立了联邦贸易委员会，作为独立的规制机构处理不公平贸易和消费者投诉。

2. 反不正当竞争法

美国国会于1936年通过了《罗宾逊—帕特曼法》，又称“反连锁商店法”，其主旨在于对大零售商采取不公平价格进行一定程度的限制，并极力要求供应商给予特别的价格折扣。

1931—1941年，美国45个州陆续实施《公平贸易法》，它允许制造商采取限制转售价格行为，即要求不同零售商按照同一固定零售价格销售其产品，旨在帮助小零售企业对抗连锁

① 夏春玉，任博华．中国流通政策的构建——基于美日流通政策的比较研究[J]．经济与管理研究，2006（08）：48—54.

企业。

总之，这两部法律严格意义上来说都是为了保护小零售商，但是实际上均没有达到预期的效果。

1975 年年底，《公平贸易法》被正式废止。

3. 中小企业法

为了能够有效地扶持中小企业，美国制定了许多相关的政策。例如，1953 年的《小企业法案》、1958 年的《小企业法》、1964 年的《机会均等法》、1980 年的《小企业经济政策法》、1981 年的《平等公正法》《经济复兴税法》、1982 年的《小企业技术创新开发法》《准时付款法》、1984 年的《小企业二级市场改善法》等，并设立了专门的小企业管理局作为小企业的利益代言人，向小企业提供资金、技术、管理援助，帮助其在政府采购过程中能够占有一定的份额。

(二) 日本的流通产业竞争政策

1. 禁止垄断法

日本通过以美国的反垄断法为样板，有计划地制定了禁止垄断法，即《关于禁止私人垄断及确保公平交易的法律》(简称《禁止垄断法》)，其中详细阐释禁止私人垄断、禁止不正当交易、禁止不公平的交易方法三个方面的内容，目的在于促进公正、自由的竞争。

日本在 20 世纪 70 年代以前，经济一直都处于快速发展阶段，其《禁止垄断法》实施中规定了大量的例外情形，因此就其《禁止垄断法》而言，具体实施的力度相对较弱。

为了进一步把垄断现象对经济运行的负面影响予以消除，1977 年，日本对《禁止垄断法》进行了一定的修改，使其作用的强度得以慢慢恢复。1982 年，全面修改了与流通活动直接相关的“不公正交易方法的规定”。

另外，1984 年日本还公布了有关不正当贱卖的政策指南，并制定了零售店需要在合并前进行重点审查的标准。1991 年，日本在国际化压力下颁布了《流通·交易惯例指南》，对不公正交易进一步加强执法。

2. 大店法与中小零售商业振兴法

（1）大型零售商的限制政策

1937 年，日本制定了第一个《百货店法》，并明确规定营业面积 1 500 平方米以上的百货店的开业、分店设置、面积扩大都需要国家主管大臣的批准才可进行。

1947 年《禁止垄断法》制定后，《百货店法》得到废除，但随着百货店的再次兴起，1956 年又相继制定了第二个《百货店法》。[①] 随着超级市场的兴起，1973 年日本又废除了《百货店法》，取而代之的是《大规模零售店铺法》，这一次对所限制的对象范围进行了扩大，1979 年对该法进行了再次修改，对大店的规制更加严格。

1992 年、1994 年分别又对《大规模零售店铺法》进行了修改，1999 年该法被《大店立地法》正式取代，对大型店的限制重点放在了其具体的选址上。

（2）中小零售商的扶持政策

1959 年，制定了《零售商业调整特别措施法》；1962 年制定了《商店街振兴组合（合作社）法》；1973 年制定了《中小零售商业振兴法》，规定对建设商店街、店铺集团化、开设共同店铺、用计算机进行经营、连锁化、中小零售商援助者等采取低利融资以及给予折旧、税收方面的优惠等措施。

1991 年，适当地修改了《中小零售商业振兴法》，新制定了《特别商业聚集整备法》，从政策角度支持中小零售商参与大型商业公共设施建设。

① 夏春玉，任博华．中国流通政策的构建——基于美日流通政策的比较研究［J］．经济与管理研究，2006（08）：48－54．

三、中国流通产业竞争中存在的主要问题

（一）从市场结构来看，流通产业集中度低

流通产业的集中度偏低，主要是由流通产业进入壁垒低所造成的。正是由于流通产业进入壁垒低，使得大量的小商业资本进行盲目的投资，过度竞争，最终导致流通企业无规模经济可言。由于缺乏必要的进入管制，加上本土零售企业“散、乱、差”的现状，本土企业规模小、实力弱，从而导致外资流通巨头纷纷在中国市场抢滩登陆，并且快速发展。

由于外资流通企业有着雄厚的资金实力，规模经济十分明显，而且以丰富的流通业态以及低价的营销策略，吸引了越来越多的消费者，导致许多本土中小流通企业纷纷关门倒闭，中国流通主渠道正面临着被外资全面掌控的危机，改革迫在眉睫。

（二）从市场行为来看，流通领域各种不正当竞争行为普遍存在

1. 不正当竞争行为普遍

由于经营网点没有较为完整的整体布局，使得低水平的过度竞争变得日趋激烈。从空间分布来说，近几年新建的大中型商场主要都集中在城市商业中心，出现过于密集的情形。这些商业企业的经营业态和经营内容缺乏自身特色，大同小异。

为了能够争夺有限的客源，爆发各类恶性价格竞争的情况不可避免，主要表现在各种低价促销手段此起彼伏且没有创新。过分的不正当的竞争行为误导消费者，在一定程度上对竞争对手的商业信誉与声誉造成了损害。

2. 经济性垄断行为渐显

具体说来，主要包括协议限制竞争行为和滥用市场优势行

为。值得注意的是，中国流通产业组织中经济性垄断已开始渐渐出现。特别是随着中国加入WTO，外资流通巨型企业进入市场的数量和步伐都在不断加快。

一些地方的消费市场已经进一步被这些超级终端所牢牢掌控，其垄断势力对上游供应商特别是中小制造商的利润空间造成了严重的挤压趋势，由此，形成了严重不对等的零供关系，供应商别无他法，只能被迫承担大量名目繁多的商品通道费。

另外，一些地方大型流通企业之间进行价格共谋，对市场进行联手操控，对新的竞争者进行排挤。

四、完善我国流通产业竞争政策

（一）反垄断与反不正当竞争政策方面

1. 完善《反垄断法》，切实执行反垄断政策

2007年8月30日，十届全国人大第二十九次会议表决通过了《中华人民共和国反垄断法》，这标志着中国终于有了“经济宪法”。《反垄断法》的出台为治理流通领域的垄断问题提供了法律依据，这是中国市场经济制度建设的重大进步。

但有一点我们必须看到，《反垄断法》虽然已出台几年，但还没有实际的判例，而且还有许多不完善的地方，还有众多问题没有得到解决。因此，应明确对行政垄断的直接责任人员的处罚，依据其所形成的危害后果追究刑事与民事责任。要加强对于流通领域的经济性垄断的监控，特别是对超级终端的流通企业更要加强监控，对于其滥用市场势力的行为进行有效的治理。

2. 加强《反不正当竞争法》的执行力度

对于各种不正当竞争行为依法予以切实的整顿和打击，特

别是对于广泛存在的商业贿赂现象、虚假广告以及销售假冒伪劣的行为定期进行集中治理，适当加大处罚的力度，让那些不法商家为自己的行为付出沉重代价，预防与威慑各种潜在的违法行为发生。

要对消费者的权益进行切实的维护，对各种侵害消费者的行为进行严肃查处，同时加大对消费者维权意识的培养，鼓励消费者能够正确运用法律的武器来维护自身的合法权益。

（二）流通产业进入规制政策方面

由于我国流通产业管制不是很到位，使得其市场后果已经对流通产业的有序、健康发展造成了严重的影响，还影响了市场经济条件下流通产业在国民经济中先导性作用的发挥，因此，必须高度重视流通产业的进入管制的必要性。同时，我们也要认识到，对流通产业进入进行管制，应在不违背世贸组织规定和国际惯例的前提下进行。积极借鉴发展中国家和地区的经验，我国应从以下两个方面规制流通产业进入。

（1）明确统一、权威的流通产业进入管制主体。从国外经验来看，确立统一、权威的流通产业进入管制主体是提高管制效率的先决条件。我国必须以商务部为核心，建立流通产业的中央管制机构，地方各级要本着精简、高效、合理的原则设置相应的机构，使中央与地方形成一个统一的进入管制主体体系。积极发挥行业协会的作用。在市场经济条件下，随着专业的流通行政管理机构的精简及其职能的转变，行业协会也将在流通产业的进入管制中发挥重要作用。

（2）健全流通产业进入管制的法律体系。我国已经加入世界贸易组织，为履行入世谈判中有关流通领域对外开放的承诺，使外资适度有序进入我国流通产业，必须尽快制定有关流通产业市场准入的法规，以增加管制的透明度，改善流通产业的引资效率。[①] 为贯彻世贸组织中诸多原则，我们应以中央各部门颁布的有关流通的规定与条例为基础，参考一些国家的法律，制定一部完整的商法。有关流通产业市场准入的规定应是这部法律的重要组成部分。在这部商法中，应该对进入流通产业主体的资格、开办条件、进入管制主体、审批程序、网点布局的原则、管理及法律责任等作出明确的规定。

第三节　流通产业布局政策

一、制定流通产业布局政策的原则

（一）坚持市场化原则

以效率为中心是我国流通产业布局政策的一个基本原则，要在国家宏观调控的指导下，积极发挥市场机制对资源配置的基础性作用。要以经济效率的高低为依据，来决定政府重点扶持地区流通产业的具体规模。只有这样，才能够使资源配置得到真正的优化，进一步提高我国流通产业总体实力及国际竞争力。

（二）坚持“大流通”原则

要想顺利实施流通产业布局规划和政策，就要把各种地区封锁、条块分割的经济壁垒进行打破，为资源的自由流动创造丰厚的条件，建立统一的大流通市场体系。

因此，在制定我国流通产业布局政策时就需要有“大流通”

---

① 文启湘，赵玻．论我国流通产业进入管制制度创新［J］．商业经济与管理，2003（04）：10－14.

的视野，能够充分保证各地方产业布局政策的协调与配合，避免不利格局出现。

（三）坚持比较优势原则

国家制定区域经济发展和流通产业布局政策、促进资源空间配置合理化的前提就是地区比较优势，当然地区比较优势也是各地区制定正确的流通产业发展的详细战略，从而进一步实现地区经济健康发展的条件。

总结我国地区分工的经验与教训，“扬长避短，因地制宜，发挥优势”仍然是指导地区分工的基本原则。在对发达地区流通产业发展的政策制定上，要以技术进步与流通产业结构优化为导向，使之成为我国流通产业现代化的先导。在不发达地区流通产业发展政策的制定上，要逐步加强对不发达地区流通基础设施的建设，并通过吸引发达地区的商业资本促进其流通产业的发展。①

（四）适应经济国际化原则

我国经济发展的国际化趋势已经随着经济全球化的发展变得日益明显。流通产业的地区分工必须适应经济国际化的要求，主要体现在流通产业对外开放的时序上以及重点地区的选择上。

目前来说，我国已进入了后 WTO 时期，流通领域已经完全处于一种对外开放的局势，这就需要全面履行承诺。经过多年的努力，我国于 2019 年 3 月 15 日发布了《中华人民共和国外商投资法》，并于 2020 年 1 月 1 日起施行。

---

① 刘根荣．海峡西岸经济区现代流通产业发展路径研究［J］．中国经济问题，2012（03）：63－70．

二、发达国家流通产业布局政策

（一）美国的流通产业布局政策

1. 商业网点规划与管理政策

从商业网点规划与管理政策来看，美国已经详细将商业网点规划纳入城市建设的总体规划中，具体包括商业网点规划在内的市区建设规划必须经过市政规划部门提出计划草案，经市政府同意后提交市议会讨论通过。

市议会通过的规划具有法律效力，不得随意更改；若需要更改，必须经过市政规划部门重新提出修改报告，按照原批准程序再办理修改事宜；确定后的规划必须严格执行。

美国各商业网点的业主在开业前必须把包括店名、规划、经营内容、资金情况、可行性研究等内容的申请报告进行提交，经过市政规划部门的相关审核，确定是否符合城市建设总体规划，再由建筑主管部门予以审批。

2. 商业用地政策

从商业用地政策来看，美国没有联邦政府一级的商业用地政策，各州依据本地的土地和流通业状况，自行设立商业用地法规，尤其是制定用途限制和开发基准。

一般各州、市政府都不用商业用地政策来对新的流通企业的进入进行限制，而是使用商业特许权和税制来进行相关的调节。

（二）日本的流通产业布局政策

关于日本的流通产业布局政策，主要由中央政府制定并出台，最终以法令的形式颁布与实施。日本的《大店法》规定：

不管何种业态，凡营业面积超过1 500平方米（东京为3 000平方米）的店铺在建店前必须向通产省申报。而且在向通产省和都道府县申报之前，还要向当地中小零售商事先说明，要经预定开业地区的商工会议或在商工会中设置的商业活动调整协议会（商调会）进行审议。

从惯例上来看，凡是不能通过商调会的审议，通产省则不受理申报。经审查批准后，方可开业。后来，在20世纪90年代，对《大店法》中的内容进行了多次调整。2000年，日本以《大店立地法》取代《大店法》，解除了对大型零售商经营活动的规制，改为对交通阻塞、交通安全、停车、噪声、废弃物、废气排放等环境品质的规范，对流通产业中的商业布局提出了更高的要求。

三、我国流通产业布局存在的主要问题

（一）各类网点分布不合理

1. 东西部地区差距

具体而言，从东西部地区差距来看，东部发达地区人均消费水平整体偏高、商业网点较为密集，而西部不发达地区则恰恰相反，人均收入较低、商业网点也明显的落后。

2. 城乡差距

从城乡差距来看，目前大型流通企业过于集中在大中型城市的中心城区，这样一来，势必就会造成城市中心地带商业网点过度拥挤、竞争激烈，而城郊与农村地区的商业网点配套设施明显不足，导致城郊与农村地区的百姓生活多有不便。

（二）城市商业规划滞后

对于一个城市而言，其健康的发展环节之一就是进行城市

商业规划，也是居民生活便利的一种切实保证。然而我国大多数城市的现状却是缺乏合理的商业规划，导致城市发展与商业布局处于一种长期失调状态。

由于我国的城市商业规划缺乏一定法规的强制性，所以通常以长官意志为主的行政体制导致即使有些城市进行了相关的商业规划，但随着城市主要领导成员的来回调动调整，规划也只能被任意修改。

（三）流通布局条块分割

在地方行政性垄断因素普遍存在的背景下，流通领域市场不可避免地出现了条块分割、各自为政的现象。这种地方性行政垄断对于地区间的正常竞争造成了一定的阻碍，分割了市场，形成了一定的强制性、保守性、封闭的市场环境，严重地妨碍了商业资源的合理配置。不仅如此，流通企业无法实现跨省经营，只能在地区内寻求规模扩张，这势必造成流通企业规模难以扩大的发展趋势，使得资源无法向高效企业进行集中。

四、我国流通产业布局政策的选择

（一）提高对流通产业布局政策重要性的认识

我国当前的流通产业正处于快速发展时期，对流通基础设施的投资也在迅速增长。积极制定和实施流通产业布局政策，进一步发挥流通产业对国民经济的带动作用，是今后流通产业布局工作的一项重要任务。制定和实施流通产业布局政策，有助于合理配置流通领域的资源，优化流通产业结构，促进现代流通业的健康发展。

因此，应适当地根据发达国家的流通产业布局政策总结的经验，并合理地结合我国流通产业布局中存在的问题，积极制定关于我国流通产业的布局政策，以做到流通产业布局兼具系统性和科学性。要求必须从整个流通产业的发展和流通产业的现代化、流通产业竞争力的高度去系统研究流通产业的定位、功能、结构和战略目标，以便制定出高质量、高水平、可操作性强的流通产业布局政策。

（二）强化流通产业布局政策的权威性

流通产业布局政策只有具有一定的权威性，才会具有一定的影响力和约束力。强化流通产业布局政策的权威性，增强流通产业布局政策的影响力和约束力，必须从以下四个方面推进：（1）要把流通产业布局政策与各个城市建设规划相互衔接和协调起来，在选址、土地规划、环保等方面密切配合流通产业布局政策的实施；（2）要实行严格的市场准入制度；（3）要实行公开、透明的审查制度，积极让公众通过“听证制度”参与进来；（4）流通产业布局政策要以法律法规的形式确定下来，确保该政策的权威性。

（三）完善流通产业布局政策的具体内容

第一，在选择流通产业发展重点地区政策方面，由于中国流通产业空间结构失衡，东西部之间、城乡之间差距较大，这对中国整体流通产业发展的规模、水平及其竞争力造成了严重的影响。

因此，针对广大中西部以及广大农村地区的流通生产要素严重不足的情况，流通产业布局政策应该包括：制定国家流通产业布局战略，规定战略期内国家重点支持广大中西部地区以及农村地区；实施差别性的流通经济政策，利用财政、金融杠杠引导资源向中西部以及农村地区集中，鼓励当地流通产业的发展。

第二，在流通产业布局政策中要有物流集中发展战略，优化物流产业的布局，注重对物流基础设施的投资引导，积极发展专业物流公司。要避免出现重复建设或因不合理选址造成的交通堵塞等现象。物流中心的规划布局，要充分考虑物流中心的类型、辐射半径以及交通等方面的因素。一般说来，物流中心选址在市区边缘和交通枢纽节点。现代物流中心规划应对物流中心总体格局、物流中心功能定位、物流基础设施平台、物流信息平台等方面作出专项规划。

第三，在城市商业网点布局政策方面，由地方政府根据地方经济水平、交通状况、城市规划等因素来确定流通网点布局，使流通产业布局政策与地方经济发展战略相协调，并形成对流通企业的进入壁垒，这样在一定程度上可以促进流通产业的有效竞争。

第四节　流通产业技术政策

一、发达国家的流通产业技术政策

（一）美国的流通产业技术政策

1. 美国的电子商务政策

一直以来，美国政府对于电子商务的发展都极其的重视，1996 年 12 月，美国政府正式提出了《全球电子商务纲要》；1997 年 12 月 11 日又发表了《全球电子商务框架白皮书》，明确指出政府有必要修改与制定法律，加快建立规范的电子商务的法律体系。可以明确看出，美国在不同领域都详细制定了针对电子商务的相关政策，主要体现在以下几个方面。

（1）税收优惠政策方面

美国主张对互联网上的交易免征关税或征收新税种，1998 年制定了《互联网免税法案》，规定在三年内禁止征收新的互联网访问及服务税。

在美国的极力倡导下，132 个世贸组织成员国于 1998 年 5 月签署了《关于全球电子商务的宣言》，规定至少一年内对通过互联网销售的软件和货物免征关税，该协议推动了永久性禁止征收电子商务关税共识的达成。

（2）电子支付政策方面

美国政府积极鼓励多种电子支付手段并存，极力反对各国采取强制措施对电子支付进行一定程度的规制。但考虑到资金的安全性问题，从长远来看，需政府与企业共同制定适应市场需要的政策，而非单纯依靠市场和企业自律。

（3）信息基础建设方面

1993 年美国政府制订了信息基础设施行动计划和信息高速公路计划，计划投资 4 000 亿美元；2000 年美国政府向信息和通信产业投入了 8.5 亿美元，还提供了 1.1 亿美元用于发展第二代互联网，为电子商务发展提供了物质技术基础。[①]

（4）网络安全政策方面

在网络安全政策方面，美国也相应制定了互联网数据的安全政策，2000 年正式通过了《电子签名法案》，还进一步制定了较为严格的互联网隐私保护政策。

2. 美国的物流技术政策

（1）美国政府重视物流技术政策

美国在 1980 年通过了《MC－80 法》和《斯塔克斯铁路法》，减少了联邦法律对运输业的相关管制，在一定程度上为物流企业开发或采用先进物流技术准备了充分的条件。1994 年的《机场与航空通道改善法》《卡车运输业规章制度改革法》等一系列法律更是进一步促进了美国综合运输的发展状态。

在立法之外，美国政府还支持基础设施建设。美国政府花

① 王才举．美国电子商务政策对中国的启示与借鉴［J］．江苏商论，2006（08）：53－54.

巨资改善境内公路、铁路、航空等基础设施，为物流的顺畅运行以及物流技术的提高提供了条件。而多式联运更是成为美国政府投资的重点，使得各种运输方式得以集约组合，并对交通设施资源进行优化配置。

（2）美国政府重视推进物流系统标准化

物流系统标准化，具体是指以物流为一个大系统，制定系统内部的设施、机械装备、专用工具等各个分系统的技术标准，制定系统内各领域如包装、装卸、运输等方面的工作标准，以系统为出发点，对于各分系统与分领域中技术标准与工作标准的配合性进行相关的研究。按照配合性要求，对于整个物流系统的标准予以统一，研究物流系统与其他系统的配合性，进一步谋求物流大系统的标准统一。[①] 美国政府针对物流基础设施与装备，制定基础性和通用性标准；针对安全与环境制定强制性标准；支持行业协会对物流专业和服务制定相关的行业标准。

（3）美国政府注重物流人才的培养，推动物流技术进步

在美国，有许多大学都相应开设了关于物流科技与管理方面的专业，对物流技术人才进行培养，并开展物流技术的具体研究。美国物流管理委员会还建立美国物流业的职业资格认证制度，要求所有物流人员必须培训之后才能上岗。

（二）日本的流通产业技术政策

1. 日本的电子商务政策

除了美国，日本政府对于信息技术也是十分重视的，在不同的历史发展阶段曾制定了不同的信息技术政策。进入 21 世纪后，日本信息化技术的重点是发展信息化网络，将日本建立成为一个世界信息化强国。

为此，日本于 2000 年出台了《日本高度信息网络社会形成

① 李华．构建物流标准化体系 提高物流企业竞争力［J］．福建轻纺，2007（05）：10—16.

基本法》，并制定了《e-Japan》战略，明确了信息化的目标与方向。日本政府对电子商务进行了大量的投资，于1994年准备了2.5亿美元的预算投入电子商务建设。

目前，在客户电子商务方面，已经有超过50家日本银行采用或准备采用"安全电子商务环境协议"（SECT）；公司电子商务方面，日本政府发起了一项被称为SALS的计划，以使研发部门到生产部门的过程数字化得以实现。

2. 日本的物流技术政策

（1）日本政府重视物流产业发展

关于物流技术的发展与实际运用，日本政府一直都高度重视，并且把发展物流业视为提高国家经济和产业竞争力的主要因素。日本政府从提高企业国际竞争力的战略高度制定了物流大纲。

1997年，日本政府制定了《综合物流施策大纲》，2001年7月又通过了新的《新综合物流施策大纲》，明确指出政府要加大对物流基础设施的投入。主要措施包括：完善满足客户需要的、拥有多种选择方式的基础设施；消除物流的瓶颈环节；建设和完善国际中心港湾、中心机场，如建设高规格的干线公路、港湾和机场铁路；增强主要干线铁路的货物运输能力；建设国际海上集装箱集散地、多功能国际集散地、国内贸易集散地等。

（2）日本政府积极开展物流技术研发与技术应用

1972年，正式成立"财团法人流通系统开发中心"，这种私人经营、政府引导的流通系统开发中心，对日本整体物流水平的提升起到了非常重要的作用。该中心主要进行与流通产业有关的技术研发与技术推广工作，如开发无人店铺系统、POS系统、流通信息网、统一销售交易码、再生资源物流系统、货物托盘、市内最佳货物运输系统，改善市内物流状况、不同行业的流通系统等项目，另外，还进行消费品物流成本调查、物流系统设计人员培训等工作。

(3) 日本政府积极建设物流信息平台

日本政府明确地意识到流通产业系统化建设必须依靠政府来予以一定的承担。日本政府采取统筹规划，根据运送和作业过程效率化的总体目标，进行信息平台的整体规划，包括支持货主与物流企业之间进行交易的EDI平台、为用户提供即时信息的物流运行系统平台，以及优化和整合商品配送过程的运输支援系统等。政府将整体规划分割成若干子项目进行招标，由富有资质及开发能力的IT企业承担各子项目，而政府则对那些最好的项目进行资助，并在成果推广中起到积极的引导作用。①

二、我国流通产业技术的现状与问题

进入21世纪以后，我国流通现代化水平在整体上得到了极大的提高，国家加大了对流通基础设施的投入力度，铁路、公路、航空、港口、水路以及管道运输的能力、集装箱运输率、包装标准化率等都显著提升。

虽然，纵观全局我国流通产业技术进步较快，但与西方发达的市场经济国家相比仍然处于落后阶段，主要体现在以下几个方面：(1) 仓储设施普遍陈旧，仓储专业化、社会化水平较低，布局不合理。(2) 信息技术应用整体水平还较低，对流通信息的挖掘与利用能力弱，多数计算机设备只停留在简单的事务处理水平上，建立MIS系统的流通企业不多，且功能较差。(3) 电子商务发展慢，连锁化技术以及配送技术水平低，规范化程度不高，管理模式落后。(4) 物流标准化技术落后。由于行政分割、各自为政的弊病，导致各部门从各自需求的角度建立自我的流通技术标准，使得物流、信息流受阻。(5) 流通基础设施的承载能力弱，超负荷运转。我国的高速公路、港口、铁路的承载能力不足，加上部分基础设施质量差，通行的收费

---

① 张燕，卢杭央．从日本物流看政府在物流发展中的作用［J］．黑河学院学报，2011，2 (04)：49－52.

关卡多，整体上运输能力紧张、效率低。（6）流通技术人才不足。我国缺乏专门的流通技术人才，开设物流管理与技术研发的高校不多，专门的科研力量也不是很充足。

细究我国流通产业技术落后的一个重要原因，主要是由我国尚未形成一套完整有效的流通产业技术政策体系，现行的政策体系落后，且法律效力弱造成的。因此，建立一套完整的、合理的、行之有效的政策法规体系是我国流通产业技术政策的目标。

三、我国流通产业技术政策的选择

（一）建立流通技术创新政策体系

1. 建立有效的流通技术创新平台与创新机制

（1）建立有效的流通技术创新平台

从发达国家的经验来看，建立政府与企业合作的流通技术创新平台是一种有效的方法。政府必须依托大型流通企业和科研机构，建设先进的流通产业技术研发基地，建设和完善拥有先进设备的大型国家实验室以及国家工程技术研究中心，构建起国家级的流通产业技术创新平台。这类创新平台不仅是流通技术的研发中心，更应该是先进技术的产业化中心，推动最新成果的产业化。

（2）建立有效的流通技术创新机制

政府应该通过完善金融政策与财税政策，诱导企业与研究机构、政府进行合作，建立以企业为主导、资金多元化，在自愿、平等、利益共享的基础上的合作机制。政府可以成立风险投资基金，参与企业的技术创新；政府还可以通过国家技术创新基金的课题研究，推动流通产业技术创新。

2. 提供流通技术创新的多元化融资渠道

对技术进行一定程度的创新，需要强有力的资金作基础保障，资金的短缺往往成为制约流通技术创新的一个短板。因此必须为流通企业的技术研发提供多渠道的资金融通。主要措施包括：(1) 完善资本市场，为企业市场化融资提供更多的选择；(2) 设立流通的国家技术研发基金，为重点技术创新直接提供支持；(3) 对大型的重点流通技术创新项目提供优惠贷款或政府直接投资；(4) 鼓励各类风险投资基金进入流通领域等。

3. 大力培养创新型的流通人才

技术创新的基础主要是以大量的创新型人才为保证，如果缺乏足够的创新型流通人才，那么就不会有真正的流通技术创新活动。我国流通企业创新型人才一直以来都极为短缺，主要体现在以下两个方面：(1) 缺乏具有信息化意识和创新精神的企业或经理人员；(2) 缺乏信息化技术应用人才。因此，就要求国家在创新型流通人才的培养上，必须制定一种长远的发展战略，积极鼓励有条件的高校开设相应的专业，鼓励流通企业自身加强企业内部信息化技能培训；大力提倡高校与企业在人才培养上的直接合作，实行订单培养人才计划。

4. 完善知识产权保护体系

推动技术创新，知识产权保护体系也是一种重要的制度安排，如果流通企业的技术创新成果得不到相应的保护，那么对于流通企业而言，就不能从技术创新投资中获得预期的收益，企业就不会进行技术创新投资。

在流通领域，其所创造出来的技术创新成果很容易被其他竞争者模仿取得，这样就会导致创新企业的预期收益变小，因此，为了激励流通企业的自主创新，国家必须积极完善知识产权保护制度，以对创新企业的利益进行切实的保护，从而进一步推动技术进步。

（二）建立流通技改扶持政策体系

1. 实施优惠政策，鼓励流通企业进行技改

在市场经济条件下，流通企业作出的技术选择往往是其自我决策的内容，这一点政府是无法进行强制实施的。因此，政府必须通过优惠的政策体系诱导流通企业能够采用先进的流通技术。

2. 鼓励流通企业做大做强，并实施技术准入制度

想要进一步扩大流通企业的规模，就必须促进流通企业在技改方面的大力度投入。这是因为，只有大型的流通企业才有能力进行技术改造以及技术消化。流通领域的技术转移与扩散活动，往往是通过大型流通企业来实施的。由于我国流通企业规模普遍偏小，市场控制力弱，技术改造和技术创新的能力低。因此，要求国家必须制定相关的政策，积极鼓励流通企业做大做强；此外，鼓励中小流通企业在技术改造方面进行相关合作，共同提高企业的竞争力，促进流通产业整体技术水平的提升。对于政府而言，应适当设置市场进入的技术标准，对于新进入者要提出强制性的技术要求。

（三）加大流通基础设施建设

1. 信息网络化的建设

流通的信息化主要依赖于发达的计算机网络，网络的覆盖面、网络速度、稳定性等都会对流通信息化技术的应用水平造成直接的影响。因此，要加大对信息高速公路的建设，提高网络的覆盖面、稳定性、安全性。

2. 交通设施的建设

拥有便利的交通体系是现代物流运行的根本基础所在，政府应该加大对铁路、公路、航道以及港口的建设投入，并不断地对多式联运制度进行完善。

(四) 完善流通技术引进与国际合作政策

提高我国整体流通技术水平的一项主要措施，就是在流通领域引进先进的流通技术。通过适当地引进国外商业资本，增加与国外企业的合资、合作，获得外商直接投资的技术外溢效应。沃尔玛、家乐福、麦德龙等国际流通巨头进入中国市场，直接给中国企业带来学习先进管理与技术的样本，使得内资企业在竞争中取得技术进步的直接来源与改善动力。

从技术政策出发，今后在吸引流通领域的外商直接投资时，要选择那些高技术含量的项目，如电子商务、现代物流项目。同时，还要与发达国家之间展开亲密合作，在大力推进流通国际化的多边或双边谈判中，为本国流通产业谋取一个广大的发展空间；对于国际电子商务的发展也应积极推进。

第九章　我国流通产业的发展方向

改革开放40余年来，中国流通产业已经有了巨大发展。流通产业在国民经济中的地位不断得到有效的提升，对国民经济发展的贡献逐步增强。它是反映一个国家经济发展和社会繁荣程度的窗口，是观察一个国家综合国力和人民生活水平的晴雨表，是实现市场经济的运行起点——需求与消费不断上升并转化为新的运行起点，从而不断启动市场的“加速器”和“助推器”，[①] 因此，明确流通产业的发展方向就显得极其重要。

第一节　全球化与流通产业发展

一、流通产业全球化发展趋势

（一）主导地位——发达国家

1. 在全球化浪潮中，欧美发达国家处于主导地位

对于欧美发达国家而言，他们不仅拥有数量众多的实行全球化战略的流通企业，而且他们在全球化浪潮中居于主导性的

① 文启湘，张庆亮．当前我国流通产业发展的方向及其政策措施［J］．商业经济与管理，2000（07）：9－13.

地位，成为流通全球化尤其是零售全球化的主角。随着流通产业的不断发展，流通产业的地位也在逐步提高，而欧美发达国家在全球500强中的地位也在不断攀升。

目前看来，进入全球500强的企业主要以欧美发达国家中的美国、法国、德国、英国和日本为主。其中来自美国的沃尔玛企业不仅在全球零售商250强中居于榜首，而且在全球500强中名列第一，成为全球雇员人数最多的500强企业。尽管这些企业来源国有所差异，经营业态不一，但是最终目的都为开拓国际市场，而且各具特色。这些企业在逐步稳定其国内市场的同时，都在积极寻求进入发展中国家和新兴市场的机会。

除此以外，日本的零售业在全球扩张的步伐也是比较快的，代表性的企业有7—11便利店，在全球为包括中国在内的18个国家提供相关的零售服务。

2. 全球最有竞争力的流通企业主要为欧美发达国家

零售全球化可以说是当前流通全球化最为明显的一个特征。在零售全球化的过程中，参与进来的国家和地区既包括美国、德国、法国、英国、日本等发达国家，也包括非洲/中东，同时还包括拉丁美洲以及其他亚洲/太平洋地区。

但是，如果按照流通全球化竞争企业的来源国进行计算的话，全球最有竞争力的流通企业主要来自于以美国为首的欧美发达国家。

3. 全球流通业销售额绝大部分是欧美发达国家

尽管一直以来，以美国、德国、日本、法国和英国在内的发达国家和地区流通产业都在积极寻求拓展国际市场，实行全球化战略，但是，整体而言，全球流通业最发达的市场或者说流通产业销售额的主要来源地仍旧主要集中在经济水平较为发达的国家和地区。

（二）新兴市场——发展中国家

1. 流通全球化促进全球零售市场环境发生改变

在全球化进程不断加速的情况下，包括巴西、印度等在内的为数众多的国家的零售市场环境正受到来自全球化力量的影响。

欧美发达国家在印度、巴西等国家的零售业布局正在对全球零售环境进行改变，对全球市场结构产生深远的影响。李嘉图·赛纳斯·鲁比欧等经过实证研究表明，盈利能力的主要决定因素包括市场份额和效率，尽管效率对于盈利能力的差异具有很强的解释力，用来反映市场势力的市场结构也可以使连锁企业的盈利能力得到提升和发展。

由此可知，跨国公司在全球零售市场份额的提升，势必能让这些企业的效率得到有效的提升，从而为这些企业在下一轮国际竞争中奠定坚实的基础。从全球流通业发展来看，以发达国家为主导、以大型跨国连锁机构为主要特征的市场结构正在逐渐地形成。

2. 发展中国家开始成为流通全球化的新兴市场

随着发达国家的国内市场日益趋于一种饱和的状态，以中国、印度等为代表的新兴经济体释放出的巨大需求，成为对发达国家的流通企业形成的巨大诱惑。尤其是近年来，中国经济持续高速增长形成的巨大市场，更是深深吸引了来自欧美的流通企业。美国的沃尔玛、法国的家乐福、英国的乐购等一些大型跨国流通企业纷纷进入中国市场，并加紧在中国进行大面积的布局。

这里值得注意的是，跨国流通企业不仅纷纷进入中国经济较为发达的沿海地区市场，而且从省会城市和直辖市向中国的三线甚至四线城市转移成了他们的开发目标。

二、中国流通产业全球化现状

(一) 中国流通业正处于产业化发展的起点

1. 市场化程度得到很大提高

多种经济成分、多种经营方式、多渠道并存的流通格局已经形成；商品价格基本放开，市场在资源配置、价格形成中的基础性作用明显增强；市场交易的透明度、开放度、公正性不断提高，市场竞争日趋激烈。

2. 社会化组织化程度也大大提高

(1) 连锁经营浪潮方兴未艾，我国从 20 世纪 90 年代初开始导入这种经营组织形式，其后便迅速演变为现代商业发展的主要形式。与此同时，我国商品批发市场体系已初步形成，成为重要的商品流通渠道。全国已形成一批规模较大、辐射功能和带动作用较强的重点骨干市场。

(2) 流通主体正在向集团化、规模化方向发展，竞争实力逐年提高。目前，我国各类商贸集团大量涌现，除传统的批发贸易商外，以海尔、联想为代表的一批生产制造商也直接进入流通领域，构建自身的营销网络和销售体系，实行工贸一体化经营，成为重要的流通主体。各类市场中介组织逐步发育，经纪公司、快递公司、报关服务公司、会计事务所、审计事务所等机构不断涌现，使得商品流通的专业化与组织化程度有所提高。

3. 流通业的对外开放速度加快

1992 年中国政府在商业领域实行对外开放试点，到目前已有 300 多家外商企业以合资合作等多种形式进入中国市场。沃尔玛、麦德龙、家乐福等一些大型跨国商业集团先后登陆，超市、便利店、专卖店、仓储式和会员制的大卖场等各种新的商业形式、业态和经营方式都已采用。

外资商业的广泛进入标志着中国商品流通业已开始融入国际市场，外资企业不仅带来了先进的经营理念和管理技术，促进了国内流通业的组织化程度和经营管理水平的提高，同时也带来了激烈的市场竞争，各种业态的生命周期明显缩短，这使得中国的流通业现阶段发展带有明显的跳跃性和急速扩张性。

4. 流通的现代化逐渐起步

商业设施投资的规模与建设不断发展，各种商品交易市场、配送中心、物流中心、加工储运中心相继建立，在流通中的作用开始显现，物流体系建设正在带动传统仓储业向现代物流业发展。新的管理技术与管理手段的采用，使流通作业的自动化与管理的信息化水平有所提高。电子计算机、条码、POS 系统等现代信息处理手段已被逐步采用。流通业由传统的手工操作、柜台销售、经验性管理逐步转向专业化分工与规模经营，行业的资金与技术含量都有所提高。深圳、上海、天津等地已着手物流基地的建立，通过规划和多渠道投资形成一种新的产业优势。

(二) 加快商品流通的产业化对我国经济增长目标的实现意义重大

(1) 流通产业化有助于推进工业化进程。从世界上发达国家走过的历程来看，在工业化发展到一定程度时，都经历了一个流通现代化的阶段。如日本曾在 20 世纪 60 年代连续推出三个流通现代化的五年计划，意在配套和促进工业化的进一步发展；韩国在 20 世纪七八十年代也效仿了这一做法，并大大提升了流通产业化水平，为增强本国经济的竞争力、实现出口导向型的发展战略做出了积极的贡献。

再从我国的情况来看，尽管工业化发展水平与世界上发达国家仍有较大差距，但相比较而言，流通产业化水平滞后于制造业的升级和结构调整，成为制约我国工业竞争力提高的主要因素之一。在流通设施、管理手段、经营组织方式上基本还是沿用了原来的一套，经营分散、管理落后、流通成本高、效率低、服务水平差的问题并没有从根本上得到解决。[①]

以物流成本为例，据有关资料统计，美国全年的物流成本为 8 000 亿美元，占国民生产总值的 11%，德国的物流成本约占 GDP 的 10%，中国为 30%。这在很大程度上影响了我国制造业的竞争实力。[②]

（2）从我国现阶段经济发展来看，商品流通业是第三产业的主体和发展的重要带动力量。在后工业化时期，第三产业的加速发展成为产业结构发展演变的必然趋势，而流通产业的率先发展能够进一步带动第三产业的发展。

（三）应对经济全球化挑战的重大举措——流通产业化

1. 传统产业的主导地位为流通产业的发展提供了巨大的发展空间

从我国的现实情况出发，传统产业仍然有着较为广阔的市场需求，仍是我国综合经济实力的一个重要支柱。在相当长的一段时期内，丰富而且素质较高的劳动力资源是我国最大的比较优势。在整个国际分工中，中国正逐步成为众多工业品的世界性生产基地，成为跨国公司的加工基地。中国正在跻身于世界生产大国的行列。

我们目前面临的严峻任务主要是采用高新技术对传统工业进行改造，从而实现一个工业大国向经济强国的转变。在我国

---

① 李达．以现代服务业发展推动先进制造业基地建设——关于江苏加快制造业基地建设的思考［J］．江苏教育学院学报（社会科学版），2008，24（06）：45－47＋59.

② 浅谈物流管理在我国经济发展中的作用［EB/OL］．http：//wenku.baidu.com/view/2125f390d4d8d15abe234e32.

经济增长过程中最大的市场仍将是传统产业，这在客观上为商品流通业创造了广阔的发展空间，同时也对它提出了产业化的要求。构筑商流、物流的全球性网络，不仅需要基础设施的配套，还需要及时更新管理技术、管理手段，使流通的产业化势在必行。

2. 从商贸服务领域讲，我国传统商业在现代化的初始就面临商业全球化的危机

目前看来，我国传统的商贸企业基本上仍是在相对封闭、狭小的市场范围内开展业务活动，经营规模小，经营方式单一，组织化程度低，市场的应变能力差，流通设施和技术手段比较落后，尤其是生产的组织服务能力薄弱，按现代商品流通标准衡量，总体上仍处在传统商业阶段。

中国在加入 WTO 以后，无论是传统的零售业和批发服务，还是制造业的分销服务活动都要面对国际流通业的竞争。即使是国内市场，也已成为国际竞争的舞台。在与跨国公司、国外企业同台竞技中，赢家与输家只有一把共同的尺度——流通效率最大化，流通成本最小化。面对这样的市场环境，中国流通业必须加速其产业现代化进程，这是中国面临全球经济一体化发展趋势的唯一选择。

第二节 信息化与流通产业发展

一、全球流通产业信息技术发展历史变化

（一）早期流通技术：EPOS 与 EDI 等技术

信息技术的使用能够进一步改进企业内不同生产活动的组

织，从而在带来生产效率提高的同时，还能使得企业管理阶层效率得以提高。对于零售业来说，信息技术种类也是繁多的，比如客户关系管理、企业资源规划、快速反应技术、实时销售技术、条形码技术、无线射频技术以及支付手段等。

电子实时数据销售系统（Electronic Point of Sale，EPOS）的使用能够使成本有所降低，使销售服务质量有所提高，获取降低存货等方面相关的信息，改善商品分类同时实现员工部署最优化等方面功能，所以在服装零售等行业受到了广泛使用。在国际流通业界尤其是零售业界，规模比较庞大的跨国零售企业中通过物流和供应链一体化的方式，构建起及时需求—拉动的供应系统，这个系统通过与实时电子销售数据（EPOS）的联系，不仅可以记录消费者的重复订购需求，而且允许企业可以对从生产商到零售商的订单进行跟踪，为大大削减零售商存货水平以及减少存货资金的占用提供了基础。这在乐购等国际大型零售企业中已经得到了充分体现。大型零售商运用 EPOS 取得的绩效对其他中小型零售企业有强烈的示范效应。从 20 世纪 90 年代开始，EPOS 开始加速发展，如今已经被小型连锁和独立零售商广泛使用。

信息技术在流通业界尤其是零售业界的使用能为企业管理提供新的可能性，比如早期的电子数据交换（Electronic Data Interchange，EDI）就是其中一例。电子数据交换是指按照同一规定的一套通用标准格式，将标准的经济信息，通过通信网络传输，在贸易伙伴的电子计算机系统之间进行数据交换和自动处理。由于使用 EDI 能有效的减少直到最终消除贸易过程中的纸面单证，能够有效地降低流通企业的运营成本。从实际来看，EDI 带给流通企业的好处不仅仅如此。（1）给流通企业提供更多信息；（2）给流通企业提供更多的可以提取质量更高信息的通道；（3）能够在更短的时间内，给流通企业的客户提供更多关于订单或者装船方面的信息；（4）能够在更短的时间内获取关于销售额变动的信息，因此能够更加快速地对市场变动做出反应。（5）使用 EDI 的供应商能够和顾客进行必要的合作，增进交流，有效排除冲突和错误产生的许多原因，从而能够构建更加紧密的合作关系，使得供货商能够更好地集中于满足顾客需要。

（二）流通技术的最新进展：从 Wi-Fi 到蓝牙到 RFID 再到 NFC

进入 21 世纪，信息技术得到了迅猛的发展，从 Wi-Fi 到蓝牙，从无线射频技术（Radio Frequency Identification，RFID）到近场通信（Near Field Communication，NFC）的出现，所有这些技术创新均对信息的快速传递、传播和交流起了一定的加速作用。

无线射频是 20 世纪 90 年代兴起的一种非接触式的自动识别技术。相对于传统的磁卡及 IC 卡技术来说，无线射频具有非接触、阅读速度快、无磨损等特点。无线射频技术在阅读器和射频卡之间进行非接触双向数据传输，以达到目标识别和数据交换的目的。与传统的条型码、磁卡及 IC 卡相比，射频卡具有非接触、阅读速度快、无磨损、不受环境影响、寿命长、便于使用的特点和具有防冲突功能。和 EDI 使用时间较长且历史悠久所不同，在流通业界无线射频技术的使用是 21 世纪初期的事情。最早在零售供应链中使用无线射频技术的是盖普（GAP）公司。

无线射频技术对于单个零售商尤其是特别注重体验服务的零售业态来说，还有很多可以拓展和深入挖掘的功能。研究发现，如果将无线射频技术与智能产品交叉销售系统（Intelligent Product Cross－Selling System，IPCS）进行联合使用，能够提高零售业交叉销售水平。在 RFID 技术支持下，开发出智能试衣系统（Smart Dressing System，SDS）。通过该系统，消费者店铺内的数据可以通过 RFID 支持的 SDS 系统进行收集，用来更加有效地对消费者推销或者交叉销售新产品。IPCS 能便于时装设计师将合适的时尚产品更轻松地推销给消费者，从而进一步提高零售店铺销售业绩。[①]

自助结账的应用越来越广。在许多大型超市购物的消费者都正在使用自助式结账服务技术。自助式结账主要用来减低零售商成本和提高消费者的购物体验，从而风靡全球超市。尽管自助式结账服务的初衷是削减成本、加快结账速度和提供更多便利，同时超市经营者希望自助服务的使用能够增加消费者体验和满意度，最终提高消费者忠诚度。

除了条形码和扫描仪以外，在零售业界，在行政、存货控制、仓储最优化以及产品定价和促销等过程中信息技术的密集使用，也给零售业带来间接的好处。事实上，这些信息技术的使用对于零售业不仅影响到零售商的劳动生产率，还对零售业的组织结构产生影响。对于流通产业来说，信息技术资本不应该停留在传统意义上的额外要素投入阶段，信息技术应该被视为一种重要的资本，并且将其视为生产过程中固定资本的重要组成部分。信息技术的投入，在很大程度上有助于提升顾客满意度。

对于流通行业来说，电子标签拣货系统（Computer Assisted Picking System）可以有效替代传统的纸张拣货，通过电子标签迅速记录进出仓库的商品品种和数量，提高拣选争取率，节省拣选时间，使物流效率尤其是配送效率得到大大提升。电子标签在实际使用中，主要有两种方式——摘取式 DPS（Digital Picking System）和播种式 DAS（Digital Assorting System）。

需要指出，并不是所有的技术解决方案都能被消费者同等程度感知，也就是说消费者对不同的流通活动尤其是零售活动中信息技术密度的评价存在差异。这在耐用消费品销售和易耗品销售之间就存在很大差异。即使对同一种流通信息技术，从零售商视角和消费者视角来看，其所提供的好处和存在的不足

① W. K. Wong, S Y S Leung, Z. X. Guo, Z H Zeng, P Y Mok. Fashion Supply Chain Management Using Radio Frequency Identification (Rfid) Technologies [M]. Woodhead Publishing, 2014: 159-186.

也存在显著的差别。

表 9-1 就对目前已经出现的主要的流通技术分别从生产者和消费者视角，进行了简要的概括和评价。从表中可以看出，每一种流通信息技术都有其独特的优势，但是也面临其内在的缺陷。即使对于同一种流通信息技术，不同的国家消费者反应也不一样。所以，并不是所有的流通技术创新在推广中不存在任何障碍，在不同国家不同市场和不同的流通业态中，流通技术的使用和广泛接受度都需要经历市场考验。

表 9-1　主要流通技术创新的优缺点

技术类型	零售商		消费者	
	优点	缺点	优点	缺点
条形码和扫描仪	在每个商品上放置零售价格，没有额外费用。由于收款员顾客移动速度更快，从而提高了结账生产率，提高了对销售和存货数量的掌握度，数据分析对供货商的反馈更快捷	定价准确性和定价错误	店铺结账速度更快，销售收据更详细；由于零售商将节省的成本传递给顾客带来的价格降低	定价准确性和定价错误；对使用的技术不信任

续表

技术类型	零售商		消费者	
	优点	缺点	优点	缺点
电子货架标签	由于在店铺货架上的价额和结账处的POS机上的价格文件中存在协调，因此没有定价错误。各种各样的包括销售价格、促销等信息都可以展示一个甚至多个。店铺结账处和店铺货架上的价格变化可以瞬间更新，降低劳动成本和耽搁援助促销活动的损失	单个摆放成本得到期望的投资，回报率的投资回收周期长	由于在店铺货架上的价额和结账处的POS机上的价格文件中存在协调，因此没有定价错误。可以展示包括销售价格、促销信息等在内的各种各样信息关于店铺内的价格和价格减让的信息可以快速更新	对使用的技术不信任
自助式结账	降低劳动成本；免费的雇员提供；其他顾客服务改善劳动力配置，从而带来更高的效率。在未预期的顾客数量突然增加的时段，能更好地处理超过预期的顾客拥堵，获得期望的投资，回报率的回报周期短	冲动购买减少，减少了工作机会，某些顾客偏好于和人类打交道，而不是和机器打交道	速度的感知，结账时候排队短并且提高了隐私；免费的雇员能帮助购买者做出购买决定；对结账经验控制达到新的水平；按照顾客的速度进行商品扫描的能力，让顾客有时间证实价格	担心会犯尴尬的错误，在使用技术的时候顾客会犯错误，除非监管进行干预，否则使用类似技术会让整个系统停止工作；当香烟或者酒精类饮料被购买时，减少了结账程序

续表

技术类型	零售商		消费者	
	优点	缺点	优点	缺点
智能手推车	降低劳动力成本，提供顾客服务任务的雇员免费通过给顾客提供信息和服务，从而减少了交货周期，改善了管理忠诚度计划	减少了工作机会；某些顾客偏好于和人类打交道，而不是和机器打交道	能够扫描选择的商品，并且能将购物车屏幕上的价格进行登记注册，能够看到采购的所有成本、采购清单和单件商品的额外信息；提供产品的位置信息	对使用的技术不信任
RFID无线射频仪	存货管理日益自动化并且更新显著，降低了用来寻找放错地方的商品的时间；当有人进入未经许可的领域的时候，可以给该品类的保安发出可视或者可听见的警告，降低商品偷窃，加速POS结账，降低劳动成本	标签的基本成本	更愉快的购物体验服务和便利性的改进	某些消费者有隐私的担忧

续表

技术类型	零售商		消费者	
	优点	缺点	优点	缺点
指纹认证	更快和更好的信息关系，减少欺诈成本；降低身份盗窃的发生率；在试图寻找信用卡或者支票时候以及提供其他的认证信息时候，无须在结账处排队等待；增强客户关系管理更多的销售，降低成本和交易费用	改进成本不能被某些顾客群体接受	无须担心顾客的信用卡被欺诈使用；无须携带任何现金或者身份证明，比如信用卡或者借记卡，提高安全和保障	对隐私的保护容易产生负面联想和负面的感知，因为一个人的指纹当且仅当自己被视为罪犯时，才会按指纹。很多人由于肤色或者宗教禁忌等无法按指纹
互动信息终端	能够产生销售额、促销品牌，并为消费者提供增值服务，改善管理忠诚度程序	不能被某些顾客接受，比如老年人必须常规性地更新，以确保互动性和信息化水平	使用轻松和愉悦；能定位店铺商品能决定特定产品、品牌和规模是否能提供；能够获得替代产品或者互补产品等的相关建议，获得产品的更多信息	要求消费者的信息技术体验达到必要的技术水平才能实行

续表

技术类型	零售商		消费者	
	优点	缺点	优点	缺点
门户网站和网络零售	能与供货商进行信息交流，提高零售商的形象；能够接触到地理上更为分散的消费者，按照成本有效的方式，开展零售商务活动	并不能被某些顾客群体接受，比如老年人必须对网站进行常规性更新，以确保重复访问，很难将实体店铺交易与网络交易进行协调	易于获取产品、价格、店铺位置、顾客忠诚度评价等方面的信息	由于隐私政策，很难找到某些东西

国际流通业界信息技术在不断进行更新换代，且其有更新速度快应用推广时间变得越来越短的特点。从全球流通产业技术变迁的特点来看，主要有以下三个方面的特征：

第一，从经济发展水平来看，流通信息技术一般最先在发达国家涌现，并被发达国家的流通产业采纳、使用，然后向发展中国家扩散，并逐步推广开来，但是仍然由发达国家流通企业手掌握着流通技术的标准制定权。

因此，在流通信息技术研发中，发达国家和发展中国家存在明显的技术差距。从流通信息化发展现状来看，RFID 尤其是电子标签在国际上已经开始进入广泛应用阶段。无论是防伪还是生产流水线管理，或者销售渠道管理和仓储管理中，电子标签都已经广泛使用，但是我国电子标签市场才刚刚启动。

第二，从流通信息技术的服务群体来看，以往的流通技术开发主要着眼于提高流通企业经营管理效率，即以企业为中心。随着流通业态的变迁尤其是买方实力的增强，以分析顾客需求为核心或者说以获取顾客资料为中心的流通技术纷纷问世，使得流通企业的供应链管理效率得到进一步提升。

第三，从企业规模来看，由于大规模流通企业资本实力更雄厚，大型流通企业通常比中小规模流通企业采纳先进流通技术的动机要来得强烈。一般来说，大规模流通企业率先采用先进的流通技术，并将其充分运用到企业经营管理实践中。

尽管大规模流通企业在流通信息技术使用和扩散中具有强烈的示范效应，但是中小流通企业受到资金实力、管理水平等方面条件制约，在先进流通技术的使用上往往落后于大型流通企业。

二、技术变革与电子商务在中国的发展

（一）信息技术的发展促进了电子商务产业的诞生

1. 技术变革大大促进了经济的增长

经济增长的基础是技术进步、制度变革和意识形态的调整。邓小平指出："科学技术是第一生产力"。从世界经济发展史的过程中可以看出，每一次技术变革都会极大地推动经济的增长。在最初的 1 000 年中，技术变革很少，经济基本处于停滞状态。然而，英国工业革命之后，世界经济得以提速，尤其是最近半个多世纪以来，世界经济快速地发展，1950—2003 年世界经济的增长速度达到 3.9%。具体如表 9-2 所示。

表 9-2 世界经济增长状况[①]

时间跨度	经济增长速度（%）
0—1000 年	0.0
1000—1500 年	0.2
1500—1600 年	0.3

① Citigroup estimates based on original data from Angus Maddison, The World Economy: A Millennial Pespective, Development Research Ccenter, 2001, OECD, Paris, and "The west and the rest world economy: 1500－2030", 2005, Australian National Universtity, Canberra.

续表

时间跨度	经济增长速度（%）
1600—1700 年	0.1
1700—1820 年	0.5
1820—1870 年	0.9
1870—1913 年	2.1
1913—1950 年	1.9
1950—2003 年	3.9

人类社会发展从古至今，可以说是经历了数次的技术变革。2500 年前有了农业革命，中国就是农业革命的受惠者。250 多年前开始的工业革命，西欧的英国、法国、德国等经济体抓住了工业革命以后几次重要的新技术革命和产业变革的机会后，迅速脱颖而出。系统来讲，可以把技术变革主要归纳为五次，具体如表 9-3 所示。

表 9-3　巨大的技术变革[①]

时间跨度	标志性技术
1780—1840 年	蒸汽机
1840—1890 年	铁路
1890—1930 年	电力
1930—1980 年	廉价石油和汽车
1980 年至今	信息通信技术、新材料、新能源、云计算、物流网等

目前看来，我们一直处于信息技术的变革时期。近年来，随着互联网和移动网络的普及，打破了传统的人际交互模式，催生了各类新型的模式（见表 9-4），特别是云计算、物联网、大数据的发展，使得电子商务与实体经济进一步深入融合，促进了人们的生产、消费和生活乃至社会交往发生重大变革。

① 荆林波．技术变革与模式创新［J］．MBA 教育中心工作简报，2013（11）．

表 9-4　互联网的技术发展①

代表年份	核心动力	代表公司或者产品
1995—2000 年	分类信息，人工编辑	YahOO，Infoseek
2000—2005 年	精准搜索，程序算法	Google，百度，Altavista
2005—2010 年	社交网络，人人参与	Facebook，Twitter，博客，QQ
2010—2015 年	即时移动，人机合一	微信

2. 互联网和手机的普及为电子商务的发展打下了良好而坚实的基础

电子商务是以信息网络技术为手段，以商品交换为中心的商务活动；也可理解为在互联网（Internet）、企业内部网（Intranet）和增值网（VAN，Value Added Network）上以电子交易方式进行交易活动和相关服务的活动，是传统商业活动各环节的电子化、网络化、信息化。它面向企业和个人，提供全面而有针对性的商务服务。电子商务涉及社会经济中的许多传统行业和新兴行业，围绕电子交易方式的实现，形成了庞大的电子商务生态系统，对社会经济运行和组织机构的运作方式造成了深刻的影响。电子商务已经成为世界经济最前沿的话题。

而且电子商务已经不仅仅是一种商业模式，其地位作用已经大大超出了商业本身，成为信息化、市场化、国际化新条件下的一个重要的资源配置途径，成为引领经济社会发展进步的一种重要力量。大力发展电子商务，已经成为世界各国提高国家竞争力的一项重要战略举措。② 近年来，随着我国网络基础设施不断得到相应的改善，用户规模也相继出现了快速增长的趋势，使得互联网普及率由此上升，这为电子商务的发展奠定了坚实的基础。

---

① 荆林波．技术变革与模式创新［J］．MBA 教育中心工作简报，2013（11）．

② 荆林波．技术变革与电子商务在中国的发展［J］．价格理论与实践，2013（03）：11—13．

(二) 电子商务成为我国经济发展的新引擎

1. 电子商务的崛起

总体说来，我国的电子商务发展大致经历了三个时期：1999 年到 2002 年是萌芽阶段，网民少，网商更少，以 8848 为代表的一批企业折戟沉沙；2003 年到 2007 年是兴起阶段，中小企业电子商务平台——阿里巴巴开始盈利，当当、卓越、淘宝、eBay、易趣等一批电子商务企业快速崛起，网商从 2004 年的 400 万家发展到 2007 年年底的 3 550 万家；2008 年至今电子商务进入爆发式增长阶段，阿里巴巴、网盛上市标志着 B2B 领域的发展进一步规范化，淘宝战略调整、百度试水 C2C 市场，意味着电子商务开始优化和细分，苏宁、国美等传统零售商纷纷跟进，PPG、红孩子、京东商城等更是引爆了整个 B2C 市场。[①]

电子商务在短期内迅速崛起主要是因为：从本质上来看，电子商务具有跨越时空的特点。通过网络，可以将地理上分散的企业组织连接在一起，从单纯的地理空间进入地理空间与虚拟空间复合叠加的一个新空间。在这个新空间，信息流和资金流通过互联网可以畅通无阻地流动，极大地拓展了商业空间和交易效率。电子商务能够大大缩小生产者与消费者的距离，实现个性化消费和柔性化生产的有效对接，尽可能地释放市场消费能力。

而且，电子商务产业有效地推动了流通业、制造业、物流快递、宽带、支付等产业的发展。从这个意义上来说，电子商务必将对我国经济社会产生巨大而深远的影响。

(1) 推动组织方式发生变革

在现代经济社会，企业经营环境发生了根本性的变化。市场需求的多样化、个性化以及生产的相对过剩，使得产品生命

---

① 荆林波．电子商务：中国经济发展的新引擎［J］．求是，2013（11）：15—17.

周期缩短，价格竞争加剧。原有的大规模标准化生产、海量营销模式受到了挑战，企业需要更多地从消费需求出发来组织生产和营销。电子商务正是利用其跨地域、实时化、低成本的特性，推动企业业务流程的改造，甚至创造出全新的经营模式，使原有的大规模工业生产能力对接市场上的小批量个性化需求，实现了柔性大规模定制，提高了企业市场竞争力。

（2）促进区域经济结构优化

国内商品市场长期存在区域分割的问题。电子商务的发展能够加速区域经济融合，有效促进全国性大市场的形成，帮助中东西部地区工业品及商品更便捷的销售，缩小地区差异，尤其是农村电子商务的发展带动了跨区交易的形成，在一定程度上降低了区域经济发展的不平衡。另外，凭借互联网有助于打破国界和各种贸易保护主义屏障的特点，电子商务还可以为我国中小企业进行海外市场的营销与贸易提供平台，增加出口机会。

（3）增加就业，推进民生改善

根据调查资料显示，每增加1%的中小企业使用电子商务，就可带来4万个新增就业机会，每一个电子商务直接就业又可以带动约2.85个间接就业。电子商务还给人们带来了工作、生活方式的转变，使得SOHO和数字化生活成为现实，人们足不出户就可以进行网上购物、网上娱乐、网上旅行预订等，极大地方便了人们的生活。更重要的是，掌握了电子商务技能的草根阶层能够通过诚信勤奋的网上经营来解决生存和发展问题，实现了自我价值，也赢得了社会认同。①

2. 电子商务发展遇到的问题及解决的方法策略

电子商务及其相关产业在发展过程中也出现了一些问题，对于不同问题我们应当有所区分，差别对待。（1）有些问题是传统商贸领域也存在的，如假冒伪劣、缺乏诚信等，对此政府

---

① 荆林波．电子商务：中国经济发展的新引擎［J］．求是，2013（11）：15—17.

应加强监管，积极维护市场的正常交易。(2) 还有一些则是由电子商务交易特性延伸出来的问题，如网关认证、网络安全等，还有 B2C 企业只赚规模、不见盈利的问题，从最早的 8848 到如今的卓越网，再到后来成长起来的红孩子、凡客都普遍存在这些问题。我们认为，这类问题是在商业创新过程中出现的，监管部门和业界应当抱以宽容的态度，用市场的方法解决，切不可一遇到问题就动用行政手段严格约束。对电子商务产业的监管更多应侧重于对消费者权益的保护，通过完善相关法律法规，使维护消费者合法权益成为规范企业行为促进行业健康发展的动力。

确实，电子商务的快速发展对原有商业秩序构成了巨大的冲击，特别是与传统产业的矛盾在加深，电子商务的发展不仅影响了传统商业企业的增长空间，也侵占了他们现有的市场。

寻根究底，当前电子商务领域出现的问题，关键在于对电子商务的理论研究和阐释不足，没有比较完备的理论体系，也没有前瞻性的宏观规划。

因此，要进一步强化电子商务的教育与培训，大力培养电子商务人才；特别是要加强对电子商务理论的研究，从而制定科学合理的产业规划。大专院校和科研院所应以电子商务产业发展中的现实问题为对象，开展深入系统的理论研究，为产业政策提供理论依据和指导。各地各级政府部门决不能简单搬用其他产业的发展方式，要科学制定电子商务发展规划，保障电子商务健康发展。

值得称道的是，备受关注的《中华人民共和国电子商务法》于 2018 年 8 月 31 日经第十三届全国人大常委会第五次会议表决通过，并于 2019 年 1 月 1 日起正式施行。该法具有以下特点：一是严格范围；二是促进发展；三是包容审慎；四是平等对待；五是均衡保障；六是协同监管；七是社会共治；八是法律衔接。该法的出台，将进一步保障并促进我国电子商务的健康发展。①

第三节　工业化与流通产业发展

一、当前中国工业化进程与流通产业发展情况

（一）在国内生产总值中中国流通业占比偏低

尽管中国的流通业在中国GDP中的比重已经达到历史最高水平，但是仍旧远远低于发达国家流通业在GDP中所占比重。比如，美国和日本在20世纪50年代批发零售业产值在GDP中的比重就已经超过15%。根据流通产业在GDP中的比重和一个国家的经济发展水平之间的倒“U”形关系，可以做出一个基本判断，那就是中国流通产业生产总值占GDP比重总体来说比较低，目前尚未达到拐点。

（二）虽然中国流通业对制造业发展存在溢出效应，但是流通业并不比制造业拥有更高的边际生产率

冉净斐在《流通发展与经济增长的关系：理论与实证》一文中最先利用菲德模型（Federa，1982），针对中国流通业对制造业发展的外溢效应展开研究。② 参照菲德模型的基本框架，冉净斐将国民经济视为由流通部门与非流通部门（工业部门）两个部门构成的经济体，通过将流通部门纳入工业部门生产函数的方式用来表示流通部门对工业部门溢出效应传递的机制，并

① 荆林波．电子商务：中国经济发展的新引擎［J］．求是，2013（11）：15－17．

② 冉净斐．流通发展与经济增长的关系：理论与实证［J］．生产力研究，2005（03）：21－22＋62．

做出流通部门的边际生产率比工业部门高的假设。冉净斐以批发和零售贸易餐饮业的产值作为流通产业产值的代理变量，利用中国1980—2001年的时间序列数据进行实证分析的结果表明，流通部门的发展确实对工业部门发展产生外溢效应，但实证分析结果并不支持流通部门的边际生产率比非流通部门高的假设。

之后，赵萍、赵凯与宋则、刘振滨等相继利用菲德模型，对中国流通产业的外溢效应进行研究。在这些研究中，除了在进行实证检验的数据的时间跨度、流通产业产值的测度不同以外，均得到与冉净斐相同的结论，即并没有找到流通产业的边际生产率更高的证据。到目前为止，国内几乎所有的实证研究均表明流通业对中国发展的支持和促进作用不显著，但是这并不代表流通业发展对中国工业化进程不重要，恰恰表明中国工业化进程需要进一步发展流通业。

要实现中国新型工业化道路，从工业化中期向工业化后期转变，对于中国来说，迫切需要发展以流通业为代表的服务业。

二、工业化进程中流通产业发展的国际经验——以美国为例

（一）发达流通业与发达制造业相匹配，促进工业化进程发展

美国是世界经济强国，经济总量居全球之首。同时也是世界上的制造业强国。在美国强大的制造业背后，美国工业化进程中所起到的重要支撑力量是不能予以忽视的，那就是美国强大的服务业，尤其是强大的服务业背后所隐藏的具有国际流通网络和话语权的美国流通业。

早在20世纪50年代美国批发零售业增加占GDP的比重就已经超过15%。20世纪70—90年代的20多年中，美国零售商已经成功实现了从本地化到全球化、从商人到零售品牌管理者、从传统店铺到创新性业态、从简易操作到技术密集型、从供应

链上的脆弱者到强大的参与者五个方面的转变。在 20 世纪最后 30 年中，以批发、零售商为代表的流通产业已经从受市场驱动的产业顺利转变为驱动市场的产业。发达的流通业和美国先进的制造业相互匹配，共同推动了美国工业化进程。①

美国工业化水平在制造业和流通业良好的产业关系构建基础上得到进一步提升。尤其是随着市场从卖方主导向买方主导转变的过程中，由于美国流通业发展水平的提升，对美国制造业的支撑作用逐步增强。在美国工业化中后期曾经出现了产品供大于求的局面，媒介生产和消费的流通业在接触和促进消费中的功能越来越壮大。已有的传统流通模式无法迅速及时满足消费者的需求，在实体销售基础上，美国流通界不断探求新的流通模式，比如邮购销售、电视营销等直接销售渠道模式。

（二）依托电子商务发展，深入挖掘国内制造业市场的实现空间

在连锁超市等传统零售业态的日趋成熟以及其在发达国家市场的日趋饱和状态下，发达国家流通企业亟待流通领域的创新。20 世纪末期电子商务的兴起，催生了新的商业模式，引发新的流通革命。在经济最发达的美国，电子商务代表着流通产业发展的新趋势，表现为规模迅速扩张、在零总额中的比重日益提高。②

从当前整体发展趋势来看，移动商务正成为美国电子商务的另一潜在增长点，尽管目前只占美国电子商务的 10%，但是增长潜力十分巨大。随着智能手机和平板电脑的逐步普及，越来越多的美国消费者喜欢通过智能手机进行网络购物。而为吸引更多移动购买消费者，沃尔玛、塔吉特、梅西等零售商都纷

① 袁平红．沿海地区以流通服务驱动制造业升级的问题研究［J］．商业时代，2013（05）：122－124.

② 袁平红．沿海地区以流通服务驱动制造业升级的问题研究［J］．商业时代，2013（05）：122－124.

纷推出加载速度更快、适合智能手机屏幕的移动版网站。

第四节　城镇化与流通产业发展

一、流通业与城镇化的关系

从国内外学术研究成果来看，关于流通业与城镇化之间的关系，代表性观点主要有如下两种。

(一) 商业发展是促进城市发展或形成的重要因素

就像以藤田爱和克鲁格曼（Fujita and Krugman，1995）为代表的新经济地理学派认为，制造企业的规模效应或者说规模经济是城市化的驱动力、以色诺芬（Xenophon）和威廉·配第（Willaim Petty）为代表的古典学派则认为分工与城市的出现之间有内在联系一样，事实上城市的起因多种多样，也许商业仅仅是促进城市形成的重要因素之一。以下学者的观点对此进行了表述。

(1) 英国的巴顿在其代表作《城市经济学：理论和政策》(1984)[①] 中认为，城市化的早期阶段，要么由帝国主义的扩张所引起，要么是从贸易发展起来，后者如土耳其在丝绸之路上的绿洲城市的兴起。尽管巴顿（1984）承认商业在城市形成初期具有重要作用，但并没有将商业作为城市形成的唯一原因。

(2) 约翰·希克斯在《经济史理论》(1987) 中以雅典、佛罗伦萨和威尼斯等城市的兴衰为例，说明无论是城市的发展还是城市的扩张，都是在商业的发展或者支撑下得以实现的。但这并不说明商业是城市形成的唯一原因，也就是说，城市形成的原因多种多样。相比较之下，单独某个城市则有可能因为商

① （英）巴顿著；上海社会科学院部门经济研究所城市经济研究室译．城市经济学：理论和政策［M］．北京：商务印书馆，1984，第17页．

业发展得较快而带来专业化水平提高或者分工水平提升，从而使得城市发展从中受益①。

（3）法国年鉴学派的代表人费尔南·布罗代尔（1992）则以布宜诺斯艾利斯为例，说明城市之间差异的原因与该城市的起源，以及与商业或手工业的重要性有关。1580 年重建后的布宜诺斯艾利斯最初是一个商业城镇。依托于庞大的商人队伍和商业活动，通过装载木料的大车、来往的人流、车流以及海上运输，布宜诺斯艾利斯与安第斯山和利马、与波托西的银矿构建联系的同时，获得了来自巴西的糖和黄金，并通过走私活动与葡萄牙和非洲之间构建联系，正是这种全方位的依托海洋和内陆的商业网络使得布宜诺斯艾利斯迅速成为当时世界上的著名港口和世界商业中心。

（4）西蒙和娜得纳里（Simon and Nardinelli，1996）对英国 1861—1961 年城市数据的经验研究则表明，包含高比例的职业商业人的城市经济增长更快，由此说明交易条件与城市的大小之间存在正相关关系。

（5）阿瑟·奥沙利文（2003）的看法和巴顿（1984）相同。在阿瑟·奥沙利文看来，城市形成的原因和企业的类型有关，商业只是贸易型城市形成的原因。1700 年的欧洲前 10 座大城市中的 4 座新的港口城市——伦敦、那不勒斯、里斯本和阿姆斯特丹的兴起就是这些地方的商业发展或者说贸易促进的结果（奥沙利文，2003）。而以孟菲斯为代表的防卫性城市和海利、波斯为代表的宗教城市的兴起则是基于商业活动中储藏服务的规模经济、宗教服务中的规模经济的原因，由此来看，商业并不是形成城市的唯一原因。

（6）朗顿和马斯莎乐（Langdon and Masschaele，2006）通过大量史料，对中世纪英国的商业活动和人口增长进行研究后，认为正是社会和商业机会的相互作用从而产生了人的变化，进

① （英）约翰·希克斯著；厉以平译．经济史论［M］．北京：商务印书馆，1987，第 55 页．

而促进了城市的发展。张卫良（2004）在对16—18世纪英国社会的商业化历史进程研究中发现，英国城市的成长与当时英国出现的国内外商业贸易发展的轨迹具有高度一致性，也就是说当时英国的商业贸易兴衰直接决定英国沿海港口城市的兴衰①。

需要指出说明的是，以上研究都是针对大量史料进行推断。大部分的研究，尤其是国内研究主要利用的是现代的城市发展数据。从实证研究方面来看，以王小平和董哲（2006）、陈阿兴等（2007）、宋德军和刘阳（2008）、王春宇和仲深（2009）等基于不同的时间序列数据，进行实证分析的结果均支持流通产业发展有利于城市化的观点，并且是单向关系。其中，王春宇和仲深（2009）的研究则指出，流通产业发展对城市发展的促进作用受制于城市自身的经济发展态势。如果城市发展处于上升阶段，则有利于流通产业对经济的促进作用的发挥，反之则，则不利于。

（二）城市化有助于促进流通产业发展

以厄尔曼（Ullman，1962）、刘易斯·芒福德（2004）、丁勒索兹（Emin M. Dinlersoz，2004）为代表的观点认为，城市的发展能促进商业的发展，即两者之间存在单向关系。

（1）厄尔曼（Ullman，1962）认为，城市的人口规模为商业发展提供了便利。当城市人口规模增长时，为了保证城市的正常运转，城市的自给自足能力不得不大幅度提高。增加的人口规模对于城市的商业和工业企业来说也就是潜在市场的增加，因此工商业企业获得更大的发展空间。如果这个城市的工商业企业进入外地市场遇到的障碍较大的话，这些工商业企业出于对运输成本等的考虑，会更倾向于扩展本地市场。这种扩张过程本身就是工商业企业得到发展的过程。② 因此来看，城市的发展能促进商业的发展。

---

① 张卫良．英国社会商业化历史进程［M］．北京：人民出版社，2004，第192页．

② （英）巴顿著；上海社会科学院部门经济研究所城市经济研究室译．城市经济学：理论和政策［M］．北京：商务印书馆，1984，第17页．

（2）马克斯·维贝尔（1981）对中世纪的商业和城市进行研究后得出结论，坐商的出现是城市发展的结果。城市的职业商人阶级最初是从流动商人或者流动商贩发展起来的。在城市中取得居留权后，流动商人变为有固定住所的商贩，有条件定期地去外地出售产品或从外地贩运产品。随着经营规模和经营实力的增强，坐商可以让一个雇员或仆役或合伙人替他到外地去进货或者销货。当商人的资本逐步壮大时，商人就能在外地建立住所，通过在那里设置雇员的方式，在商人所在的城市和其外地店铺之间建立跨地区关系的制度。① 也就是说，职业商人的形成与城市发展具有密切的关系。

在国内，晏维龙等（2004）、晏维龙（2006）、王德章等（2006）、朱发仓等（2007）、宋德军（2007）、王德章（2007）等则针对中国的城市与流通产业关系进行了实证研究。晏维龙等（2004）、晏维龙（2006）② 的实证研究结果表明，城市化水平对流通产业发展的促进作用随我国经济体制改革与改革开放的深入在逐步提升。尽管采用的数据有所差异，但是王德章等（2006）、朱发仓等（2007）、宋德军（2007）、王德章（2007）得出了与晏维龙等（2004）、晏维龙（2006）类似的结论。由此表明，流通产业的发展与城市化之间两者密切相关。

二、新型城镇化为流通业发展带来机遇与挑战

（一）新型城镇化背景下流通业发展的机遇

新型城镇化在进行发展过程中，不只在于城镇人口的增长和城市面积的扩张，更重要的是关于消费结构的升级、生活方

① （德）马克斯·维贝尔著；姚增译．世界经济通史［M］．上海：上海译文出版社，1987，第183页．

② 晏维龙．中国城市化对流通业发展影响的实证研究［J］．财贸经济，2006（03）：55.

式的转变以及人民生活水平与质量的根本性提升，需要在城镇化过程中，释放农村的消费潜力，统筹城乡发展。以消费品零售额为例，2014 年 12 月，城镇消费额达到了 22 166 亿元，农村消费额仅为 3 635 亿元；近 3 年来，城镇消费品零售额一直是农村水平的 5 倍以上。①

由此可见，农村地区拥有巨大的消费潜力，在城镇化过程中，农村向城镇的转化可以带来原有消费水平 5 倍以上的平均增长。而消费潜力释放的关键首先要依靠流通业的城乡协调发展，让城镇的工业品流入农村的同时，让农产品更高效、快速地进入城镇，带动城乡消费的互补与良性循环。可以说新型城镇化为流通业发展带来机遇，流通业的发展也反过来促进新型城镇化的推进。②

（二）新型城镇化背景下流通业发展的挑战

1. 我国农村地区商品流通体系建设投入严重不足

由于严重受二元经济结构的影响和农村生产力水平的制约，使得我国长期存在“重城市、轻农村”“重生产、轻流通”等错误理念与问题，进一步降低了农产品市场化的程度。

2. 我国农村商品流通体系组织设置十分分散

虽然我国的农村人口整体众多，但是居住地域却不是很集中，反而极为分散，由于低密度人口的限制，导致农村商品市场大多数规模较小，层次较低，实力较弱，难以形成集聚的商业网络体系组织。

3. 农村物流业发展滞后

由于受到地形差异等多种因素的影响，导致部分农村，尤

---

① 张畅．新型城镇化背景下流通业发展研究［J］．现代商业，2015（05）：33－34.

② 张畅．新型城镇化背景下流通业发展研究［J］．现代商业，2015（05）：33－34.

其是中西部地区交通等基础设施建设不便，造成农村地区商品的采购、运输、仓储成本高，流通效率与效益低下，这就对农村的消费与流通业的发展造成了严重的制约。

在新型城镇化过程中，现代商品和服务业引入农村之初，往往没有充足的配套基础设施，物流成本和经营成本甚至要高于城镇地区，这些因素，都在很大程度上对农村商品流通体系的建设和城乡流通业的协调发展产生了影响和制约。①

（三）促进城乡流通业协调发展的对策

1. 实行“流通先导”的新型城镇化战略

只有合理地实行“流通先导”战略，才能又好、又快地推进我国城镇化进程。在关于未来城市发展的总体规划中，应坚持流通主导的方针，从各种中心城市和小城镇的建设开始，逐步形成和完善我国的商品流通体系。

在关于新型城镇化过程中，要加强中心城市与小城镇和乡村之间的联系与配合，使乡镇中的劳动力、农产品等顺利地流入城市，相应的城市中的资金与技术更好地进入到乡镇中去，坚持大中小城市与乡镇地区流通业的协调发展。②

2. 大力发展农村物流与基础设施建设

我国的农村物流体系与基础设施建设长期以来一直处于一种严重匮乏的状态，因此，应积极引导现有农村物流企业改造升级，推动其向专业化、规模化方向发展，改善农村商品流通规模和效率，进一步与城市商品流通对接。

不仅如此，还要加快建设以冷藏仓储、运输为主的农产品运输系统，提升鲜活农产品流通效率，减少不必要的损耗，制定合理的农村产品铁路运输价格与公路运输车辆通行费，进一

① 张畅．新型城镇化背景下流通业发展研究［J］．现代商业，2015（05）：33－34.

② 张畅．新型城镇化背景下流通业发展研究［J］．现代商业，2015（05）：33－34.

步减小农产品流通成本改善的阻碍。

除此之外，还应加大农村基础设施建设的力度，加快农村电力、自来水供应和网络移动设施等建设步伐。政府要统一流通基础设施布局，促进城乡交通一体化、基础设施一体化与流通业发展的衔接与相互促进。

3. 构建城乡一体化流通信息网络平台

为了能够在一定程度上使得商品流通效率有所提高，还要进一步加强农村市场信息网络建设，统一全国的农村商务信息服务平台，提供及时、有效、准确的经济信息分析和咨询服务，实现流通企业、商品供求、商业网点以及流通业发展政策等信息共享。

这就要求各级政府在加快公益性农业信息数据库建设的同时，要对数据与使用效果进行监控与维护，让广大农民切实享受到网络平台建设的成果。

与此同时，还要探索电子商务在城乡流通业协调发展中的作用，发展农产品网上批发和零售，把电子商务等新型业态对城乡流通业协调发展的促进作用充分利用起来。①

① 张畅．新型城镇化背景下流通业发展研究［J］．现代商业，2015（05）：33－34.

参考文献

［1］王世进．流通产业发展对居民消费影响研究［M］．北京：中国财政经济出版社，2017．

［2］李晓慧．中国流通业发展实证研究［M］．北京：北京首都经济贸易大学出版社有限责任公司，2017．

［3］王成荣．流通新动力：创新力·规划力·文化力［M］．北京：中国经济出版社，2016．

［4］李陈华．外资商业竞争与中国流通产业安全研究［M］．北京：中国社会科学出版社，2016．

［5］王锦良．流通产业与经济发展——理论分析、中国经验与政策选择［M］．杭州：浙江大学出版社，2015．

［6］洪涛．流通产业经济学［M］．北京：中国人民大学出版社，2014．

［7］刘根荣．现代流通产业竞争力理论与实证研究［M］．厦门：厦门大学出版社，2014．

［8］李智．流通产业技术装备［M］．北京：清华大学出版社，2014．

［9］荆林波，袁平红．未来二十年中国流通产业发展战略：若干重大问题及政策研究［M］．北京：经济科学出版社，2014．

［10］宋则等．流通产业发展评价指标体系研究［M］．北京：中国商业出版社，2014．

［11］王耀．2009中国零售业发展报告［M］．北京：中国经济出版社，2010．

［12］彭辉．流通经济学［M］．北京：科学出版社，2010．

［13］夏春．流通概论［M］．大连：东北财经大学出版社，2009．

［14］曹静．中国流通产业结构优化研究［M］．大连：东北财经大学出版社，2008．

［15］马龙龙．流通产业政策［M］．北京：清华大学出版社，2006．

［16］丁俊发．中国流通［M］．北京：中国人民大学出版社，2006．

［17］冉净斐．流通和谐论［M］．北京：中国物资出版社，2006．

［18］张卫良．英国社会商业化历史进程［M］．北京：人民出版社，2004．

［19］张声书．流通产业经济学［M］．北京：中国物资出版社，1999．

［20］（美）瑟夫·熊彼特著；易家祥译．经济发展理论——对于利润、资本、信贷、利息和经济周期的考察［M］．北京：商务印书馆，1997．

［21］张绪昌，丁俊发．流通经济学［M］．北京：人民出版社，1995．

［22］（英）亚当·斯密著；郭大力，王亚南译．国富论（上卷）［M］．北京：商务印书馆，1992．

［23］（英）约翰·希克斯著；厉以平译．经济史论［M］．北京：商务印书馆，1987．

［24］（英）巴顿著；上海社会科学院部门经济研究所城市经济研究室译．城市经济学：理论和政策［M］．北京：商务印书馆，1984．

［25］李骏阳．改革开放以来我国的零售革命和零售业创新［J］．中国流通经济，2018，32（07）：3—11．

［26］黄一宁．论流通产业发展及结构调整［J］．商业经济

研究，2017（12）：155－156.

［27］张荻．现代化进程下城市商贸流通结构的完善与优化［J］．商业经济研究，2017（02）：14－16.

［28］徐宝勤．新经济背景下零售业态的变革与创新［J］．商业经济研究，2017（19）：5－7.

［29］荆林波，龚雪．我国流通业现状、未来趋势与对策分析［J］．商业经济研究，2017（22）：5－9.

［30］余世友．中国近代经济成分的发展变化［J］．青苹果，2016（7）：49－53.

［31］张畅．新型城镇化背景下流通业发展研究［J］．现代商业，2015（05）：33－34.

［32］黄国雄．批发商业：商品流通的起点［J］．商业经济研究，2015（04）：4－8.

［33］王燕铭．基于投入产出法的我国流通产业特性、地位及发展态势［J］．商业时代，2014（16）：7－9.

［34］李陈华．中国流通产业的"序数安全度"测算——基于结构及趋势调整方法［J］．财贸经济，2014（04）：93－103.

［35］李义福．我国批发业发展对策研究［J］．中国商贸，2014（01）：84－87.

［36］宋则．推进国内贸易流通体制改革建设法治化营商环境［J］．中国流通经济，2014（01）：126.

［37］周凌云，顾为东．中国流通现代化发展现状、思路及政策建议［J］．全球化，2014（01）：86－96.

［38］周晓娜．对外开放中的流通产业安全问题新议［J］．商业时代，2013（06）：20－22.

［39］荆林波．技术变革与电子商务在中国的发展［J］．价格理论与实践，2013（03）：11－13.

［40］黄漫宇．FDI对中国流通产业安全的影响及对策分析［J］．宏观经济研究，2011（06）：19－22＋89.